Study on Marx's Thought of Distributive Justice
and its Value in the New Era

马克思分配正义思想及其新时代价值研究

蒋富强 著

中国科学技术大学出版社

内容简介

本书聚焦新时代我国不平衡不充分发展中的分配正义问题，对马克思分配正义思想的形成过程、主要内容及显著特征等进行了阐述，立足于马克思分配正义思想，对新时代我国出现的分配正义问题及其原因，以及马克思分配正义思想在新时代的理论价值与实践价值等进行了研究。在学界已有研究的基础上，结合新时代社会主要矛盾转化背景下我国在收入分配问题上的具体国情，对马克思分配正义思想作了进一步深入的研究，以发挥马克思分配正义思想的新时代价值。

本书可供高校马克思主义理论专业学生及研究此问题的专家学者参考。

图书在版编目(CIP)数据

马克思分配正义思想及其新时代价值研究/蒋富强著.--合肥：中国科学技术大学出版社,2024.6
ISBN 978-7-312-05890-5

Ⅰ.马… Ⅱ.蒋… Ⅲ.马克思主义政治经济学—分配理论—理论研究 Ⅳ.①F0-0 ②F014.4

中国国家版本馆CIP数据核字(2024)第042553号

马克思分配正义思想及其新时代价值研究
MAKESI FENPEI ZHENGYI SIXIANG JI QI XINSHIDAI JIAZHI YANJIU

出版	中国科学技术大学出版社 安徽省合肥市金寨路96号,230026 http://press.ustc.edu.cn https://zgkxjsdxcbs.tmall.com
印刷	合肥华苑印刷包装有限公司
发行	中国科学技术大学出版社
开本	710 mm×1000 mm　1/16
印张	13.5
字数	249千
版次	2024年6月第1版
印次	2024年6月第1次印刷
定价	50.00元

前　言

　　历史常常出现这样一种现象,即一种思想不仅在当时产生过广泛而深远的影响,而且在今天依然具有历久弥新的当代价值,马克思的分配正义思想就是如此。分配正义问题作为正义问题的一个领域,创造财富与分配财富作为人类经济社会发展的两个基本问题,都是马克思高度关注的问题。新时代对分配正义问题的分析和解决,需要我们以马克思分配正义思想为指导,结合新时代中国的具体国情和分配实际需要,以继承和发展马克思分配正义思想,进而凸显马克思分配正义思想对实践的指导意义。本书对马克思分配正义思想进行了探索,立足于唯物史观,站在科学社会主义的高度,马克思以政治经济学的范式和方法对资本主义的分配关系、分配方式和分配结果的非正义性进行了科学探讨,这些科学阐述散落于其对资本主义的批判中,既同资本主义经济规律的探索紧密相关,又同人类解放的主题密切关联。

　　马克思分配正义思想有其自身萌芽、发展、形成和深化的脉络,是一个不断演化的过程。首先,马克思分配正义思想的萌芽时期是在其读博士阶段,在对伊壁鸠鲁自然哲学的阐释中内含了对正义思想的阐发,在他的博士论文中对正义思想的阐发是间接和隐晦的。在为《莱茵报》撰稿期间,马克思接触了大量的社会现实,并以正义观念对这些社会现实进行了批判,所表述的正义思想较为清晰,但是马克思这一时期的思想仍然没有超出资产阶级民主主义理念,马克思所强调的自由和平等包含着自由主义正义观的具体观念。其次,马克思分配正义思想的发展主要体现在《黑格尔法哲学批判·导言》《德法年鉴》《神圣家族》《1844年经济学哲学手稿》等经典文献中。在《黑格尔法哲学批判·导言》中,马克思对黑格尔关于政治国家的正义、法的正义进行了批判,同时对自由主义分配正义思想进行扬弃,指出分配正义实现的基础是消除异化劳动和私有制。再次，马克思分配正义思想的形成集中体现在《关于费尔巴哈的提纲》《德意志意识形态》《哲学的贫困》《共产党宣言》等文献中。《关于费尔巴哈的提纲》确立了历史唯物主义的核心观点——实践的观点，马克思分配正义思想立足于唯物史观这一哲学基础，指出生产方式的变迁决定分配正义的内容，资本主义分配非正义性的原因是不合理分工和生产资料私有制，而解决分配正义问题的途径，是通过阶级斗争的方式推翻资本主义生产资料私有制。最后，马克思分配正义思想的深化体现在以历史唯物主义方法论指导下的政治经济学批判，相关论述呈现在《1857—1858年经济学手稿》《资本论》《哥达纲领批判》《工资、价格与利润》等文献中。马克思从政治经济学的视角对分配问题进行了研究，通过解释现代社会经济运行的规律，剖析建立在资本主义制度基础上的工资本质，进而揭示剩余价值的秘密，掌握了研究分配正义问题的科学方法。此外，马克思晚年的分配正义思想研究的视野变得更加宽广，对东方社会跨越"卡夫丁峡谷"中所表现的社会公平正义问题进行了研究，内含深刻的分配正义思想。

本书在研究马克思分配正义思想形成脉络的基础上，指出马克思分配正义思想有其形成的哲学基础、伦理学基础和政治经济学基础。唯物史观作为马克思分配正义思想形成的视域，为其分析资本主义社会分配问题提供了哲学依据；分配正义作为马克思分配正义思想形成的视野，为其构建正义的、按照个体合理需要进行分配的方式提供了伦理学支撑；劳动价值理论和剩余价值理论作为马克思分配正义思想形成的语境，为其剖析资本主义分配非正义问题提供了政治经济学指导。马克思通过对魏特林的"交易小时"分配方案、拉萨尔主义"不折不扣"的分配正义思想以及对蒲鲁东"平等原理"的批判，对资本主义社会的分配正义问题进行了深入的分析。马克思分配正义思想的构成要素，包括分配正义与生产力水平、分配正义与人的需要、分配正义与时间等。在马克思那里，作为生产中一个环节的分配是决定于生产的，分配源自生产，从这种意义上讲，消费资料的分配是生产资料分配的结果，分配正义的原则由生产方式所决定。

马克思以历史唯物主义方法论为指导，在其浩瀚的著作中对分配正义的平等原则、按劳分配原则以及按需分配原则从不同视角进行了间接的论述。对分配问题的演变趋势以及分配正义的实现形态进行了展望,马克思认为分配正义是一个社会历史范畴,受到生产力发展的制约,人们的分配正义观念受这一影响具有阶级的和历史的烙印。分配正义的实现形态可以分为价值正义、制度正义以及人的自由全面发展三种类型,价值正义是分配正义实现的思想基础,制度正义是分配正义实现的国家保证,人的自由全面发展是分配正义实现的价值旨归。就该思想理论的特征而言,本书认为分配正义在马克思的著述中体现了事实判断与价值判断相统一、理想性与现实性相统一、普遍性与特殊性相统一的特征。马克思的分配正义思想有很强的历史感、实践感和现实感。

党的十八大以来,中国特色社会主义进入新时代,新时代我国社会主要矛盾已经转化为人民日益增长的美好生活需要和不平衡不充分的发展之间的矛盾,人民对于正义、公正的需求也日益增长。公平正义是实现社会和谐的基本条件,分配正义是社会主义的本质要求。新时代我国发展的不平衡不充分问题包括分配正义问题,具体表现为城乡收入差距问题、地区之间收入差距问题以及阶层(行业)收入差距问题。社会主要矛盾的变化以及对社会主要矛盾的化解,加强了解决新时代分配正义问题的紧迫性,新时代分配正义问题的解决,需要以马克思主义政治经济学为指导,发挥马克思分配正义思想的理论价值与实践价值。而分配正义原则作为建立正义分配关系的价值方向和参考体系,作为人的自由与全面发展所必需的制度保障是非常重要的,通过构建新时代分配正义的平等原则、贡献原则、需要原则以及共享原则,在一定程度上能够保证实现正义的分配。新时代实现分配正义的路径如下:其一,必须以发展生产力为前提,推动分配正义;其二,必须以完善生产资料所有制为基础,促进分配正义;其三,必须以构建合理分配体系为重点,完善分配正义,具体来说可以通过调整初次分配、完善再分配以及积极引导第三次分配来构建。

本书的出版得到中国科学技术大学出版社大力支持,在此表示衷心的感谢。在写作过程中,参阅了国内外大量的相关文献,已在书中列出,在此对这些作者和资料收集者表示衷心的感谢。若有遗漏,恳请见谅。限于作者研究的水平和能力,本书不足之处在所难免,恳请业界专家和广大读者不吝赐教。

目　录

前言 ··· (i)

第一章　导论 ··· (001)

第二章　分配正义概述 ··· (013)
 第一节　正义与分配正义 ··· (013)
  一、"正义"概念 ··· (014)
  二、"分配正义"概念 ·· (019)
 第二节　马克思的分配正义概念 ······································ (027)
  一、马克思在政治经济学意义上对分配正义概念的使用 ······ (027)
  二、马克思在伦理意义上对分配正义概念的使用 ·············· (031)
  三、马克思在法律意义上对分配正义概念的使用 ·············· (034)

第三章　马克思分配正义思想的演进脉络 ···························· (038)
 第一节　马克思分配正义思想的萌芽 ································ (038)
  一、博士论文对正义问题的理性思考 ····························· (038)
  二、《莱茵报》时期对正义问题思考的深化 ····················· (042)
 第二节　马克思分配正义思想的形成 ································ (046)
  一、唯心主义转向唯物主义的分配正义思想 ···················· (047)
  二、分配正义的现实基础：消除劳动异化 ······················· (050)
  三、分配正义的实践指向：扬弃私有制 ·························· (052)
 第三节　马克思分配正义思想的深化 ································ (058)
  一、立足唯物史观对分配正义问题的剖析 ······················· (058)
  二、对分配正义问题的归因 ··· (063)
  三、对资本主义分配非正义性的批判 ····························· (068)
  四、正义视野转向东方社会：跨越卡夫丁峡谷 ················· (071)

第四章　马克思分配正义思想的基本内涵 ···························· (074)
 第一节　马克思分配正义思想形成的基础与构成要素 ··········· (074)
  一、马克思对几种错误分配方案的批判 ·························· (074)
  二、马克思分配正义思想形成的基础 ····························· (082)

三、马克思分配正义思想的结构要素 ……………………………(088)
  第二节 马克思分配正义的原则 ……………………………………(096)
   一、平等原则 ………………………………………………………(096)
   二、按劳分配原则 …………………………………………………(099)
   三、按需分配原则 …………………………………………………(102)
  第三节 马克思分配正义的实现形态 ………………………………(105)
   一、分配正义实现的基础:价值正义 ……………………………(105)
   二、分配正义实现的保障:制度正义 ……………………………(109)
   三、分配正义实现的旨归:人的自由全面发展 …………………(113)

第五章 马克思分配正义思想的特征 …………………………………(117)
  第一节 事实判断与价值判断的统一 ………………………………(117)
   一、马克思分配正义思想体现的事实判断 ……………………(117)
   二、马克思分配正义思想体现的价值判断 ……………………(121)
   三、马克思分配正义思想体现了事实判断与价值判断的统一 …(126)
  第二节 普遍性与特殊性的统一 ……………………………………(129)
   一、马克思分配正义所体现的普遍性 …………………………(129)
   二、马克思分配正义所体现的特殊性 …………………………(133)
   三、马克思分配正义思想是普遍性与特殊性的统一 …………(137)
  第三节 理想性与现实性的统一 ……………………………………(140)
   一、马克思分配正义思想的理想性 ……………………………(140)
   二、马克思分配正义思想的现实性 ……………………………(143)
   三、马克思分配正义思想是理想性与现实性的统一 …………(146)

第六章 马克思分配正义思想的新时代价值 …………………………(151)
  第一节 新时代我国分配正义问题的表现与原因 …………………(151)
   一、新时代我国收入差距产生的背景与表现 …………………(151)
   二、新时代我国分配正义问题归因 ……………………………(158)
   三、新时代解决分配正义问题的紧迫性 ………………………(162)
  第二节 马克思分配正义思想的传承与新时代发展 ………………(166)
   一、中国共产党人以马克思分配正义思想为指导进行的探索 …(167)
   二、新时代分配正义的价值指向 ………………………………(173)
   三、新时代分配正义原则的构建 ………………………………(177)
   四、新时代实现分配正义的路径探索 …………………………(184)

第七章 结语 ……………………………………………………………(196)

参考文献 …………………………………………………………………(199)

第一章 导 论

随着改革开放不断走向深入,社会主义市场经济不断走向成熟,我国经济在"做大蛋糕"的同时,如何"分好蛋糕"这一问题日益凸显,亟须妥善解决。在经济发展过程中,城乡收入差距、区域收入差距、阶层收入差距等分配正义问题也浮出水面,分配过程中的正义问题也日益引起人们关注。今天,分配正义问题已经成为中国经济社会发展过程中必须慎重对待的问题。实践呼唤理论,学界对此问题的研究也开始持续升温。分配正义问题无疑已经成为多学科、多领域、多层次人们关注的热点,引发了学界多角度、多学科的深入研究。在既有的研究成果上,本书站在马克思主义的立场上,以唯物史观为指导,按照"分配正义思想是什么""马克思的分配正义思想是如何形成的""马克思分配正义思想主要内容是什么""马克思分配正义思想的特征有哪些""新时代背景下我国分配正义问题现状及原因""化解我国当前分配正义难题的路径"的逻辑,试图开展自己的理论探究。

一、研究缘起

党的十八大报告、十九大报告以及二十大报告对分配领域所出现的问题都有所聚焦。党的十八大报告指出:"实现发展成果由人民共享,必须深化收入分配制度改革。"这是解决好人民最关心的利益问题、提高人民物质文化生活水平的一个重大的、足以影响全局的基础性制度建设。党的十九大报告作出重要判断:"中国特色社会主义进入新时代,我国社会主要矛盾已经转化为人民日益增长的美好生活需要和不平衡不充分发展之间的矛盾。"这要求在提高人民收入和共同富裕导向下,坚持在经济增长的同时,实现居民收入同步增长,在劳动生产率提高的同时,实现劳动报酬同步提高,扩大中等收入群体规模,缩小贫富差距。党的二十大报告提出"要规范收入分配秩序,规范财富积累机制,保护合法收入,调节过高收入,取缔非法收入。坚持多劳多得,着重保护劳动所得,增加劳动者特别是一线劳动者劳动报酬,提高劳动报酬在初次分配中的比重"。居民收入增长应该与经济增长保持同步,生产率提高的同时劳动报酬也应当同步提高,深化收入分配制度改革,规范收入分配秩序与财富积累机制,以解决好人民最关心的利益问题,构建合理的分配制度也是一个重大的、足以影响全局的基础性制度建设。分配正义既是摆在我们面前的一个理论问题,又是需要解决的一个现实问题。本书对马克思分配正义思想及其新时代价值进行研究,具有一定的理论意义和现实意义。

马克思主义究竟有没有分配正义理论?指导我国当前分配实践的是马克思的分配正义理论,还是西方不同学派的分配正义理论?是中国化的马克思主义分配理论,还是其他什么分配正义理论?新时代,如何在收入分配这个问题上兼顾效率和公平?如何实现分配正义?这些问题是我国马克思主义政治经济学研究者不容回避的重要问题。对马克思分配正义理论的研究具有溯本清源和指导分配实践的意义。以马克思主义政治经济学为指导,站在新时代的高度,对我国分配正义相关问题进行研究,就具有一定的现实紧迫性。基于此,本书聚焦这一理论问题进行了研究,我们党对于马克思主义继承和发扬的过程,同时也是不断推进马克思主义中国化与时代化的过程,如何结合新的时代背景、针对当前我国社会发展所遭遇的突出问题,以问题为导向创造性发展马克思主义,也是摆在我们面前的一个理论课题。马克思分配正义思想是其宏大理论体系中的一个组成部分,本书对马克思分配正义思想开展研究,有助于对我国出现的居民收入差距大、分配非正义等问题进行解释与解决,更从理论上作出指导。

从实践上讲,当前我国分配正义的实现路径仍然需要依靠经济体制和经济结构的变革,深刻、有效的改革实践需要科学的理论作为指导,我们以什么样的分配理论指导当下我国的分配实践,是一个大是大非的问题,是一个事关社会经济发展大局的问题,更是一个事关社会稳定和人民幸福的根本性问题。中国特色社会主义进入新时代,在经济发展、社会发展等方面取得一系列发展成就的同时,也面临着许多的问题。其中,社会主义市场经济发展过程中出现的公平原则上的形式正义问题、收入分配差距拉大、劳动报酬在初次分配中的占比过低问题以及国家与市场的问题等,都是较为突出和急需解决的问题。我们对这些问题的解决需要与时俱进地发展马克思主义理论,马克思的分配正义理论就是其中之一。我们要坚持马克思主义政治经济学在收入分配改革和发展中的主导地位,对马克思分配正义理论进行创新性发展,从而为我国收入分配制度的改革提供行动指南。

二、学术梳理

经过40多年的改革开放,在"做大蛋糕"的同时,如何"分好蛋糕"的问题也浮出水面,分配正义问题日益凸显出来。马克思认为,分配正义不只是一种理念,更重要的是基于生产发展和经济结构之上的正义制度设计,以及与之相适应的实施方案。目前,学界对于马克思分配正义理论的研究,已经取得了较为丰富的研究成果,梳理和分析既有的研究成果是本书进一步研究的基础。自罗尔斯的《正义论》在国内传播以来,国内学者对公正问题、正义问题的研究形成了一个热潮,取得了大量的研究成果。但是,与西方正义理论的大量研究成果相比,我们对于马克思正义理论、马克思分配正义理论的研究成果还较少,研究也较为薄弱。梳理国内成果可以看出,研究大致呈现两个阶段,第一阶段是从20世纪80年代到21世纪初,随着我国社会主义市场经济体制的初步建立,学术界围绕效率与公平的关系问题,对马克思和恩格斯公平正义思想进行了初步研究;第二阶段是21世纪以来,随着有关分配正义问题研究的深入,学界开始注意对马克思经典著作中的相关思想进行挖掘,从不同角度探究了经典作家的分配正义思想。

第一,对马克思分配正义思想的挖掘与梳理。十一届三中全会之后中国进行了改革开放,以前"大锅饭"的平均主义分配模式被打破,学术界围绕着"公平"与"效率"这两个范畴及其相互关系对"正义"问题进行了初步探讨。"效率优先,兼顾公平"观点的提出比较有代表性,当时很多学者站在马克思主义的立场上,运用马克思主义的方法对正义、公正、平等、公平等范畴进行了研究。其中就包含对于马克思分配正义问题的探讨,在研究的过程中对马克思分配正义思想的发展脉络进行了梳理,从历史的纵向维度对马克思分配正义理论进行研究,包括马克思分配正义理论的内在演变以及马克思正义理论的历史分期,学界取得了一定的研究成果。不同的学者通过对马克思经典文本的解读得出了不同的正义"镜像",人们在马克思正义问题上的研究观点充满着分歧和争论,如果我们能够从根本上把握马克思正义理论的历史性维度这一特质,许多争议和分歧就可以迎刃而解,历史性构成了马克思分配正义理论的基本向度和内在规定性。对马克思在著作中的正义概念是价值判断还是事实判断、马克思有没有批判资产阶级无偿占有无产阶级的剩余劳动为不正义、社会主义按劳分配是否正义等问题,学界进行了论辩。有的学者认为在马克思的著作中分配正义是一种价值判断,也有的学者认为分配正义在马克思的著作中是事实判断。有的学者阐述了马克思分配正义理论的历史逻辑与其理想维度的内在关联,马克思对资本参与分配持批判态度,但马克思的文本中并没有明确认为资本参与分配是不正义的论述,这一争议的根源在于没有从历史的逻辑来看待分配正义问题。分配正义的历史逻辑表明,在资本主义社会和共产主义社会之间的过渡阶段(即社会主义阶段)只能实行按劳分配,而共产主义阶段则实行的是按需分配,按需分配和按劳分配的区别在于分配与贡献脱钩,按需分配是更加合理的分配。①

第二,关于马克思分配正义思想的比较研究。基于比较的视域,国内学者围绕马克思分配正义理论与哈耶克、罗尔斯、诺齐克等人在分配正义理论上的差异性进行研究。马克思分配正义思想的阐释是在他批判魏特林的"交易小时"方案、普鲁东主义的分配正义理论、拉萨尔主义的分配正义理论等基础上形成的,是建立在深入批判以往分配正义理论的基础上,立足于唯物史观阐述了自己的分配正义思想。有研究认为在马克思的分配正义理论中,分配是作为一种权利出现的,分配作为一种权利,它的来源是对生产资料、生产工具、生产要素和生产条件的所有权,分配作为一种权利不是一种抽象的道德权利,而是一种现实的经济关系和经济权利,这种将分配正义置于生产关系和经济关系中的研究使得马克思的分配正义理论比诺齐克、罗尔斯等人的公平正义理论更具有理论的说服力。②

第三,关于马克思分配正义思想的当代价值研究。具有中国特色的分配正义理论是伴随着中国特色社会主义道路、中国特色社会主义理论的不断发展而不断完善的,是在马克思主义指导下不断地形成、发展与深化的过程。我国仍然处于社会主义初级阶段,这就决定了我国的生产资料所有制是以公有制为主体、多种所有制经济共同发展,这一生产资料所有制决定了以按劳分配为主体、多种分配方式并存这一收入分配制度,这种收入分配制度不可避免地会造成人们在收入上存在差距。此外,我国市场经济发育还有待完善、法制机制有待进一步健全等因素也是造成国民收入分配不公正和贫富差距的诱因。有学者研究指出具有中国特色的分配正义理论应当确立以公平为取向的价值目标,构建包容性增长、共享式发展、权利平等与按贡献分配的四大正义原则。③新时代我国面临着来自分配正义问题的现实困境与理论挑战,我们应当充分挖掘马克思分配正义理论的科学内涵。依据马克思的分配正义相关理论,贫富差距在马克思分配正义的视域中只不过是收入分配过程的最终结果,贫富差距等分配正义

---

① 郭彩霞,李永杰,等.马克思分配正义的历史逻辑及其当代价值:从资本参与分配是否符合正义的争论谈起[J].中共中央党校学报,2018,22(6):53-60.
② 贾中海,张景先.三种经典公平正义理论之比较[J].理论探讨,2011(4):143-145.
③ 邹琨.中国特色社会主义分配正义理论研究[D].成都:电子科技大学,2013.

问题产生的根源是对生产资料的占有,对生产资料占有的不公正导致了收入分配起始状态参与竞争的个体所掌握权力和资源的失衡,因此,对分配正义问题的解决需要继续坚定不移地全面深化改革。

第四,新时代关于习近平对收入分配相关论述的研究。习近平收入分配正义相关重要论述的源泉是马克思劳动分配正义思想,是对马克思劳动分配正义思想的继承和发展。习近平有关劳动分配正义重要论述是一个具有内在逻辑关系的系统体系,主要内容包括以增进劳动者幸福为劳动分配宗旨的人权法治劳动分配正义论述、就业劳动分配正义论述、人才激励劳动分配正义论述、全球治理劳动分配正义论述,这些重要论述集中体现了劳动分配正义对关注劳动者幸福、劳动权平等、劳动机会平等、劳动能力平等、全球审思视角的内在要求。[①]还有的学者对习近平分配正义的特质进行了研究,概括出大力发展生产力的根本前提、以人民为中心的价值取向、共享的核心理念、全球分配正义的空间视野四种特质。[②]新时代社会主要矛盾的转化加剧了解决分配正义问题的紧迫性,也提出了新要求,推进新的收入分配改革促进社会公平正义需要坚持以人民为中心和共享发展的价值旨趣,完善收入分配制度,构建"橄榄型"收入分配格局,进而推进共同富裕,辩证处理好"做大蛋糕"以及"分好蛋糕"之间的关系。

第五,西方学者关于分配正义的研究。20世纪的后半期,围绕"马克思是否有正义观"这一问题,以伍德和胡萨米之间的论争为代表,西方学界展开一场持续时间很长的大争论,这些争论的观点从不同层面、不同视角深化了对马克思分配正义理论的研究。在"马克思是否批判资本主义为不正义"这一问题上,不同学者站在不同的立场从不同的视角进行了争论和探讨,其中以伍德和胡萨米之间的争论最具有代表性,西方学界对马克思分配正义理论的研究始于"塔克尔-伍德命题",围绕"马克思与正义"这一命题进行了持续的论证。国外在对分配正义问题上的研究历史悠久,研究学派有很多,比较有代表性的分配正义理论有自由主义分配正义理论、功利主义分配正义理论、社群主义分配正义理论。

首先,自由主义分配正义理论的代表人物是罗尔斯和诺齐克,该学派以自然法和契约法为方法论,将人的自由视为最高的价值追求。罗尔斯的代表作《正义论》坚持人的自由是最高的价值追求,罗尔斯在书中通过"无知之幕"的设计,在他的理论中人是被设定为社会合作中的人,在这一前提下,提出了分配正义中的差别原则和公平公正原则,这一分配正义理论的核心观点是"作为公平

[①] 朱成全,李东杨.习近平劳动分配正义思想及其渊源研究[J].上海师范大学学报(哲学社会科学版),2019,48(2):25-31.

[②] 徐如刚.论习近平新时代分配正义的四个特质[J].甘肃理论学刊,2018(7):87-93.

的分配",就是"最小值最大化"的原则。①诺齐克所提出的分配正义理论是以"自我所有权"这一概念为基础的,所坚持的是正义的历史性,因此他只承认资格正义而反对分配正义以及正义的目的论模式。诺齐克又进一步将其正义分为持有正义、转让正义和矫正正义三种具体的类型。②

其次,功利主义作为一个学派,其理论影响深远,不同时期的代表人物主要有穆勒、休谟、边沁等,功利主义在对分配正义的论述中,其具体观点有所不同,但都坚持以"最大多数人的最大幸福"为分配正义的根本原则这一主线。他们认为,整体的利益高于部分的利益,只要有利于整体利益最大化的分配就是正义的,在确保整体利益最大化的前提下,可以牺牲个体利益和局部利益,在分配中坚持这一分配正义原则,实质上是坚持了社会效用的最大化。但是,在实践中,还是遇到了很大的麻烦,因为它割裂了整体与部分的辩证关系,只看到二者的对立,看不到二者的关联,从而无视每个人基本权利的平等性。功利主义更关心的是经济的增长,其观点认为,经济增长和效率提高可以以牺牲穷人的利益为代价。因此,功利主义分配正义理论由于其自身所存在的缺陷,也长期受到了其他学派的批判。艾伦·布坎南批评道:"最大限度提高(总)功利的原则——或者更简单地说,功利原则——也是在道德上容易引起争议的,因为它似乎无视那种据直觉来看似乎有理的概念,即在某种根本意义上,社会是或者应当是一种互利的安排。最大限度提高总功利会允许甚至要求、至少是可能要求——社会上一部分人过一种贫困的奴隶生活,只要他们的劳役对他们主人创造的功利超过他们自己的负功利。"③

最后,同样是对权利和自由的关注,自由主义所关注的重点是人的自由和人的权利,社群主义不同于自由主义,他们所关注的重点则是共同体或者说是群体的自由与权利这一价值。代表人物是沃尔泽,他提出复合平等分配正义思想,认为正义是取决于社会意义的,而非取决于平等或者不平等。对待正义问题需要辩证地去看,正义是特定时期历史与文化的必然产物,不同时期的社会基础也是不一样的,因而不同时期社会中正义的标准也是不同的,因而正义是具体的,对社会不同的分配应当依据不同的程序、基于不同的理由、通过不同的

---

① 罗尔斯.正义论[M].何怀宏,等译.北京:中国社会科学出版社,1988:54-118.
② 诺齐克.无政府、国家和乌托邦[M].姚大志,译.北京:中国社会科学出版社,2008:181-184.
③ 艾伦·布坎南.伦理学、效率与市场[M].廖申白,等译.北京:中国社会科学出版社,1991:14.

机构,而不同领域的分配是有差别的。①因此,在分配正义问题上,不同的社会物品所遵循的分配原则也是不一样的,是有差异性的,社群主义认为分配正义的原则可以确定为平等原则、应得原则和需要原则。在分配正义的实现路径上,需要借助国家权力,以国家权力保证分配正义的实施;同时,还需要有责任意识、权利意识的公民,通过公民公共意识的达成与国家权力形成合力,从而实现分配正义的目标。

此外,印度诺贝尔经济学奖获得者阿马蒂亚·森认为,发展的过程是人们享受真实自由的过程,通过提高生产领域人的基本能力,可以进一步提高生产能力,进而在分配领域可以提高人的收入,社会中出现的因缺乏消费资料而导致的贫困现象是对人的基本可行能力的一种剥夺,同时也是对人的发展权利的一种忽视,而分配正义不能仅仅局限于人的收入是多少,分配正义的衡量以人的可行能力为标准更具有合理性。②

第六,国外马克思主义者关于分配正义的研究。西方马克思主义者围绕马克思与正义的问题在20世纪70年代进行了一次大讨论,影响深远,以伍德为代表和以胡萨米为代表的观点进行了交锋。伍德认为马克思对资本主义的批判是一种总体性批判,这种总体性批判的来源是资本主义对"非道德善"的破坏,马克思对资本主义这种总体性批判在伍德看来并不是依据伦理道德的,所以伍德得出马克思并没有批判资本主义为不正义的观点,伍德重视生产方式与正义之间的联系,提出了正义的"社会决定标准"③。以胡萨米、罗默、科亨等为代表,对马克思分配正义理论进行了研究,所持观点不同于伍德,这种观点认为,马克思在其著作中将资产阶级无偿占有无产阶级剩余价值描述为"剥削""占有"等。这些描述表明马克思有一个明确的正义标准,依据这一明确的正义标准,马克思对资产阶级剥削无产阶级进行了严厉的谴责。

胡萨米对塔克尔和伍德的论点进行了批判,胡萨米认为伍德等人对马克思的社会道德观的理解与马克思的原著是存在一定偏差的,而出现这种偏差的原因是伍德等人没有认识到社会法律制度所具有的统治阶级属性。进而胡萨米提出,马克思在其著作中对生产方式和阶级利益决定上层建筑,已经十分明确地进行过阐述;因此,我们对一个道德原则的解释,必须以这一道德原则产生的生产方式背景为前提,从这一前提出发来阐明与道德原则相关的社会阶级。历

---

① 迈克尔·沃尔泽.正义诸理论:为多元主义与平等一辩[M].褚松燕,译.南京:译林出版社,2002:4-5.

② 阿马蒂亚·森.以自由看待发展[M].任赜,等译.北京:中国人民大学出版社,2002:1-30.

③ Wood A W. The Marxian Critique of Justice[J]. Philosophy and Public Affairs, 1972, 1(3):244-282.

史上的每一种生产方式都有与之对应的分配权利与分配义务的方式,占统治地位的阶级总是会把符合自身利益的分配方式看作正义的,而这种"正义"的分配方式维护的只是统治阶级的利益,是以牺牲非占有者的利益为交换的。与之相反,作为被统治阶级,也就是被剥削阶级,会用自己的正义观念对存在于一个国家中的分配方式进行评价,对收入分配和财富的分配作的是一种否定性的批判。[①]

此外,尼尔森对马克思分配正义理论的研究得出的观点,既不认同塔克尔、伍德等所认为的马克思没有批判资本主义不正义的观点,也不认同胡萨米、罗默等认为马克思批判资本主义是源于资本主义非正义性的观点。尼尔森认为,马克思对正义的看法是多角度、多层次、多维度的,对于马克思的分配正义观点应该辩证地看待;对于马克思分配正义思想的理解,需要立足于历史唯物主义的基础,避免对马克思作历史主义的解读。[②]

第七,存在需要进一步深化的地方的研究。首先,国内既有的对分配正义问题的许多研究成果是以自由主义分配正义理论、西方功利主义分配正义理论、社群主义分配正义理论等理论框架为基准的,因此这些研究在解释和指导我国分配正义实践中难免水土不服,把中国收入分配正义问题的"蛋"放在西方诸学派分配理论的"筐"中,有削足适履之嫌。这种"肢解"式的研究,没有坚持马克思主义理论的指导地位。其次,国内学界对马克思分配正义思想的研究,没有及时做到联系实际、与时俱进,没有从我国实际国情出发,对当下我国分配正义问题出现的因由、具体特征、演化规律等,作出符合马克思分配正义逻辑的推演说明,使得马克思分配正义理论对当前我国出现的种种分配正义问题的解释力下降。最后,既有的理论成果,对分配正义理论的研究,其理论视野还有局限,缺乏站在新时代的视域来看待分配正义问题。中国特色社会主义进入新时代这一重大政治论断赋予党的历史使命、理论遵循、目标任务以新的时代内涵,告诉我们理论研究者,研究一切理论问题或实践问题都要牢牢紧扣这个时代境遇,否则,研究成果必然流于抽象。

总之,从整体来看,目前学界对马克思分配正义思想的研究还存在薄弱环节,存在着一定的不足,需要进一步开展的研究工作主要有:首先,需要进一步对马克思分配正义的实现形态以及马克思分配正义思想的特征等作进一步纵深性的探索。其次,新的时代背景下对当前我国分配领域所出现的公正问题进行相关的研究,需要以马克思主义政治经济学为指导,立足于马克思分配正义

---

① Husami Z. Marx on Distributive Justice[J]. Philosophy and Public Affairs,1978,8(1):41.

② Nielsen K. Marx on Justice: The Tucker-Wood Thesis Revisited[J]. The University of Toronto Law Journal,1988,38(1):28-63.

理论,进一步深入分析新时代我国分配正义问题的特征及原因、解决方法与路径等。系统梳理和深入挖掘马克思分配正义理论的相关资源,揭示其当代意义,结合时代特点和实践需要,研究如何更好地坚持和发展马克思分配正义理论。

三、本书的研究内容与结构安排

(一) 本书的研究内容

一方面,在前人研究基础上,依托马克思《1844年经济学哲学手稿》《资本论》《1857—1858年经济学手稿》《哥达纲领批判》等系列文献,结合新时代我国的实际国情,对马克思关于分配正义思想作进一步深入的研究。马克思对于分配正义相关问题的研究,是建立在对资本主义生产方式批判的宏大视域,紧紧结合对资本主义生产关系诸环节的全面考察而对分配正义问题展开了深入的研究,完全不同于那种对于正义、分配正义进行抽象、孤立的形而上学式的研究方式。马克思的分配正义理论,内蕴于辩证唯物主义和历史唯物主义、政治经济学、科学社会主义理论之中,马克思学说思想的主题,是无产阶级和全人类的解放,是实现人的自由全面发展。在马克思的论著中,无论是对资本主义的批判还是对共产主义的阐述,都内含着对于正义的追求。通过对马克思分配正义思想形成过程、基本内涵、思想特征等内容,依托原著进行相关的研究,对马克思分配正义思想形成的萌芽时期、形成时期、发展时期和深化时期进行划分,在研究过程中提出马克思分配正义实现的基础是价值正义,分配正义实现的保障是制度正义,分配正义实现的旨归是实现人的自由全面发展。基于此,本书进一步论证了马克思分配正义思想的特征,即事实判断与价值判断的统一、普遍性与特殊性的统一、理想性与现实性的统一。本书的研究,在一定意义上有助于理解系统化、体系化的马克思分配正义思想。

另一方面,当时马克思之所以要批判资本主义的分配不正义,就是因为资本主义生产方式不可能实现资本家与工人的分配正义。新时代我们要科学解决分配正义问题,必须以马克思主义为根基,汲取马克思分配正义理论的营养,充分挖掘马克思分配正义理论的新时代意蕴,实现马克思分配正义理论的中国化时代化。推动社会主义市场经济体制的不断完善,实现中国式现代化,需要高度重视分配正义问题。马克思指出:"理论在一个国家实现的程度,总是取决于理论满足这个国家的需要的程度。"①本书以马克思分配正义思想为指导,并

---

① 马克思,恩格斯.马克思恩格斯选集:第1卷[M].北京:人民出版社,2012:11.

结合当下中国城乡收入差距、地域收入差距以及行业收入差距和阶层收入差距等分配非正义问题,剖析其产生的原因、提出解决的路径和方法。深化收入分配改革与在全社会实现分配正义密切相关,其核心问题还是解决分配正义问题,本专著旨在探索新的时代背景下如何实现分配正义,如何建立兼顾效率与公平的收入分配体系,如何以马克思价值理论为指导,在中国特色社会主义市场经济大的背景下,深化收入分配制度改革,如何扩大劳动报酬在初次分配中的比重等重大问题。

本书以马克思主义为指导,通过理论的深化研究,致力于激活马克思分配正义思想,使其成为我们思考和分析社会发展的重要理论资源,使之成为指导分配实践的科学理论。通过对马克思分配正义理论与时代特色相结合的创新,彰显马克思价值理论与时俱进的科学品质。与时俱进的实践,需要与时俱进的理论作指导,马克思主义政治经济学是以历史唯物主义和辩证唯物主义为理论内核的理论,创新是马克思主义活的灵魂。正如习近平总书记所言:"马克思主义中国化形成了毛泽东思想和中国特色社会主义理论体系两大理论成果,追本溯源,这两大成果都是在马克思主义经典理论指导下取得的。《资本论》是经典的经典,经受了时间和实践的检验,始终闪耀着真理的光芒。"因此,本书立足中国当前实际国情,结合当下社会经济现实,对马克思分配正义理论进行拓展研究。

(二) 本书的结构安排

本书除了导论和结语部分外,还包含两部分内容,具体如下:

本书第一部分主要对马克思分配正义理论进行了探索,包括马克思在异化劳动批判理论、资本逻辑批判理论中对于正义的探究、马克思唯物史观视域中的分配正义思想以及政治经济学研究中的分配正义思想等,对这些资源进行梳理和总结,概括马克思分配正义从萌芽到发展、从形成到深化的基本脉络。同时,对马克思分配正义思想的结构进行研究,包括马克思分配正义思想结构的要素以及诸要素的生成逻辑、马克思分配正义思想的相关特征。

本书第二部分是以马克思分配正义理论为分析框架,对当前我国分配过程中存在的问题及原因进行探索。一方面,对我国当前分配领域出现的不公正与非正义现象进行研究;另一方面,对这些分配不公正和非正义现象的成因进行深入剖析。针对问题,以马克思分配正义理论为指导,探索新时代分配正义问题化解的路径,以期对新时代我国收入分配的效率与公平问题作进一步的理论回答。我国是社会主义市场经济国家,社会主义的本质一方面在于"解放生产力和发展生产力",也就是效率问题;另一方面还在于"消灭剥削,共同富裕",也就是公平问题。在社会主义国家,公平和效率问题具有达到和谐统一的可能性。

四、关于研究方法的简单说明

本书以辩证唯物主义与历史唯物主义基本原理作为基本的方法论指导,综合应用文本分析法、历史与逻辑相统一的方法、比较静态分析与动态演化分析相结合的方法进行研究。

一是文本分析法。恩格斯曾指出:"一个人如想研究科学问题,首先要在利用著作的时候学会按照作者写的原样去阅读这些著作,首先要在阅读时,不把著作中原来没有的东西塞进去。"[1]对马克思分配正义理论进行研究要回到马克思的著作中,通过重读马克思的相关著作梳理出马克思有关分配正义的论述。有一点需要注意的是,马克思对分配正义的论述是夹杂在对资本主义生产方式的研究中的,其本人并没有专门论述过相关问题,这在学术界已经达成共识。本书需要首先采用文本分析法,梳理马克思对资本主义生产方式的产生、运行以及演化的研究,忠实于文本,从经典文本的相关论述中梳理马克思关于分配正义的论述,在梳理马克思关于分配正义论述的基础上对马克思的分配正义理论进行研究。本书采用文本分析法,旨在原原本本地回到马克思那里,厘清马克思有关分配正义概念的使用以及其本来含义,对马克思分配正义理论进行一种正本清源工作,解蔽人们对于马克思分配正义理论的误解和曲解。

二是历史与逻辑相统一的方法。历史与逻辑相统一的方法是马克思倡导的叙述方法,本书既不是纯粹地对马克思分配正义思想的理论发展史和实践运用史进行梳理和总结,也不是抽象地对马克思分配正义理论进行逻辑推演和论证,而是将马克思的分配正义理论与我国收入分配的历史相结合进行考察,运用历史和逻辑相统一的方法,在考察中国特色社会主义分配正义理论的发展进程及其在分配实践应用的历史轨迹的基础上,对马克思分配正义理论的起源、本质、要义等进行理论凝练,揭示在新的历史时期如何更好地坚持和发展马克思分配正义理论。通过逻辑的方法,比较简单的范畴到比较复杂的范畴的演变过程是通过思维的力量实现的,而思维正是借助逻辑的力量和方法推动了范畴的运动,从简单范畴到复杂范畴的发展也是一个从抽象到具体的过程,是用思维掌握具体并把具体当作一个精神上的具体再现出来。马克思指出,在一定限度内,从最简单上升到复杂这个抽象思维的进程符合现实的历史过程。而我们

---

[1] 马克思,恩格斯.马克思恩格斯文集:第7卷[M].北京:人民出版社,2009:26.

所讲的用历史的眼光看问题,就是说要按照历史进程来认识和把握事物的发展,即历史的方法。本书力求遵循历史与逻辑相统一的方法,把握马克思分配正义理论发展与演化的过程,同时将范畴的运动过程与当前我国分配正义实践的历史过程相对应,实现二者的有机结合。

  三是比较静态分析与动态演化分析相结合的方法。比较静态分析方法是指在假定其他背景条件不变的情况下,对现实中不同的资源配置形式进行比较分析,是西方经济学理论研究当中较为常用的一种分析方法。近些年来,随着演化主义方法的引进,从演化的视角对技术与制度性质进行分析,从二者协同演化的角度来分析,为我们提供了一个动态的、历史的视角。随着演化经济学的发展及其对新制度经济学的批判,演化经济学所运用的动态演化分析方法也较好地弥补了比较静态分析方法的一些不足。西方演化经济学发展出的路径依赖、正反馈机制、报酬递增等在内的动态演化分析方法,为我们提供了另一种分析分配正义问题的途径。本书通过把比较静态分析方法与动态演化分析方法相结合,试图用前者分析马克思分配正义理论本体论的相关问题,用后者分析新时代我国分配实践过程中所出现的与正义相关的问题,以期增强马克思分配正义理论解释现实的力量和指导实践的力量。

第二章　分配正义概述

正义作为人类社会的一种道德理想和价值追求,人类的正义观念具有悠久的历史,自从人类的正义观念产生以来,在历史发展过程中,正义这一概念的含义也随着人们实践活动的变化而不断演化,不同时期人们所关注的重点会有所转移。分配正义作为正义的一种具体形式,"分配正义"是一个内涵丰富的概念,这一概念的内涵与人类分配活动的过程、分配正义的主体以及分配活动所处的历史时期紧密相关,对这一内涵丰富的概念的阐释需要我们多维度地进行。

第一节　正义与分配正义

正义作为一种价值追求,是人类社会所特有的,在自然界中则无所谓正义与不正义,因为只有人才会思考正义问题,也只有人才会去追求正义。动物世界依据自然规律与丛林法则不会存在正义与否的问题,而神话世界所展现的都是真善美的正义镜像,也不存在正义与否的问题,只有人类社会存在着正义问题。当然,不同历史境遇中的人所追求的正义也各有不同。但是,"人不是抽象的蛰居于世界之外的存在物。人就是人的世界,就是国家,社会"①。但是,现实的人不是生活在神话世界当中的,人总是处于一定社会关系中的人,而处于社会关系中的人总是要涉及生产和分配的问题以及如何分配的问题,其中就内蕴着分配正义的问题。分配正义作为人类社会自古以来在分配领域孜孜追求的最高分配理想,从不同的视角可以对分配正义作出不同的阐释和区分,这些阐释和区分说明分配正义是一个内涵丰富的概念。

---

① 马克思,恩格斯.马克思恩格斯选集:第1卷[M].北京:人民出版社,2012:1.

一、"正义"概念

我们对"分配正义"概念的分析首先要从厘清"正义"这一概念出发,从一般的意义上来讲,正义属于关系范畴,人类生活于其中的国家和社会总是交织着真与假、善与恶、美与丑等现象,其中,正义与不正义也是同时并存的。在人类的价值追求中,对正义的追求是一种最本质、最崇高的价值追求,在人类社会中正义作为社会体制的第一美德,也是人理想性存在的最高原则。正义是一种价值,这种价值同时也是估量和评判其他价值的一种手段,正义虽然作为各种价值中的一种,但是与其他价值相比具有一定的特殊性[①],正义的原则往往影响和规定着其他价值追求。

(一) 汉语中的"正义"概念

在中国的语境中,正义与公平、公正概念含义接近,"正"是指没有偏倚也没有倾斜,"义"同"宜",指合宜之意,正义对于人来说是一种最高的行为准则。在古代中国,正义由一种神兽——"獬豸"象征。这种神兽形如麒麟,头上长着大角,这一大角具有抵抗不正义之功用,遇到不正义的人就会用角去攻击他。在古汉语中,正义一词是道义一词的延伸,"道义"是古代中国社会人们所追求的一种理想,同时也是评价人与事的一个最根本的准则。"正"与"义"合起来是作为"道义""规范"的引申所使用的,具有丰富的人性内涵,这一丰富的人性内涵包括了人的真理与正确、最高与普遍、中立与中介等意义。"正义"一词在中国古代哲学中蕴含着人的最高理想和生活准则、社会理想与规范等。对正义问题的关注、思考和研究吸引着中国古代一大批的哲学家、政治学家和思想家,他们对什么是正义、正义怎么样才能实现等问题大多有过深入的思考和深刻的阐述,比较有代表性的有儒家的道义论正义学说、道家的自然论正义学说、墨家的功利论正义学说以及法家的法制论正义学说,儒家、道家、墨家、法家站在不同的立场,从不同的视角和维度赋予正义概念不同的内涵。

我们首先来看儒家道义论正义学说对正义概念的阐释。儒家的学说是中国传统文化的重要内容,作为中国古代历史中占统治地位的政治学说和占支配地位的意识形态,儒家对于正义问题进行了深入严密的思考,儒家的正义思想是建立在"道""仁""礼""义"这些思想基础之上的。儒家正义理论的核心结构

---

① Michael J. Sandel, Liberalism and the Limits of Justice[M]. Cambridge: Cambridge University Press, 1998:15.

是"仁→义→礼","'仁→义'说的是正义原则的形成;'义→礼'说的是制度正义的课题,即从正义原则到制度建构,这是正义论的范畴;'礼→乐'说的是行为正义,这是伦理学或道德哲学的范畴"①。儒家这一正义理论结构最为核心的是"义→礼","礼之所尊,尊其义也。失其义,陈其数,祝史之事也。故其数可陈也,其义难知也。知其义而敬守之,天子之所以治天下也"(《礼记·郊特牲》)。因此,"先王制礼,皆有精微之理,所谓义也。礼之所以为尊,以其义之可尊耳"②。在儒家视域里,正义问题集中反映在伦理学和道德哲学领域,制度正义被看作正义的核心问题。孟子以"正"解释"义",亦即正义之意。"义,人之正路也。"(《孟子·离娄上》)荀子则重视行为正义与制度正义,在论及行为正义时,荀子指出,"正利而为谓之事,正义而为谓之行"(《荀子·正名》)。在君主与正义之间,荀子认为正义高于君王,"'从道不从君。'故正义之臣设,则朝廷不颇;谏诤辅拂之人信,则君过不远"(《荀子·臣道》)。

道家则是以自然论正义学说对正义概念作出了诠释。道家学说的代表人物是老子和庄子,老庄对正义概念的理解以个体的需求为出发点,但又以没有违背人的社会存在为结果,"道家注重个体,他们不但不说一类事物所必依照之理,似乎对于类亦不在意"③。老庄认为,同国家相比个人应该放在第一位,个人是比国家更为真实的存在,也是最根本的存在,个人的幸福与善是正义问题的根本。道家赋予正义概念非常深刻的内涵,在老庄对正义的分析中,包含了政治正义、经济正义甚至与生态正义的相关论述。在对政治正义的阐述中,老子提出"以正治国"的思想,把正义看作立国之本;庄子也指出,"正则静,静则明,明则虚,虚则无为而无不为也"(《庄子·庚桑楚》)。正义被看作社会稳定的基础,政治正义凸显的是行政合乎自然状态,即无为而治的政治观,"善治"是政治正义的集中体现,而"善治"的根本在于"无为"、不妄为。在经济正义方面,老庄主张对财富进行平均分配,"无耻者富,多信者显。夫名利之大者,几在无耻而信"(《庄子·盗拓》)。在生态正义方面,老庄认为自然作为人类价值体系的终极参照物,人与自然万物和谐相处是正义的必然要求,正义作为一种行为准则和道德规范应当包含人与自然的生态关系,"万物皆种也,以不同形相禅,始卒若环,莫得其伦,是谓天均。天均者,天倪也"(《庄子·寓言》)。

墨家的正义概念带有浓厚的功利论色彩。墨家认为"万事莫贵于义","义"包含正义的意蕴,墨子主张"强不劫弱,众不暴寡,诈不谋愚,贵不傲贱"(《墨子·

---

① 黄玉顺.论"行为正义"与"制度正义":儒家"正义概念辨析[J].东岳论丛,2021(4):168-175.

② 陈澔.礼记集说[M].北京:中华书局,1994:228.

③ 冯友兰.三松堂全集:第4卷[M].郑州:河南人民出版社,1986:90.

兼爱中》），正义包含了公平、平等，墨家的正义概念重视"义"的利他性，由"利他"推演到利天下，可谓正义。

法家的正义概念则包含法制论的内蕴。法家十分重视"法"的地位和价值，法家代表人物韩非对于正义的阐释也是以法的制定和实施为基础的，法家认为法是保证社会公平与正义的根本手段，法律通过惩恶达到实现正义的目的，"不恃赏罚恃自善之民，明主弗贵也。何则？国法不可失，而所治非一人也"（《韩非子·八经》）。法家的正义观从本质上讲是以统治阶级为本位的国家主义正义观。

总之，正义作为人类共同的价值理想以及现实生活中的一种规范和要求，中国的早期哲学倾向于从人的存在的本然状态中理解和把握正义，着眼于从人自身的生存与发展的境遇来思考正义问题。此后的中国哲学渐渐转向以社会规范、利益、权利等观点来理解和归结正义，正义的本质被认为人对人的自身本质的确认。人具有的追求正义的理想生活目标源于人作为个体所具有追求自身本质的理想追求，而人追求自身本质这一最高的理想追求必然涉及人的目的、人的价值和人的发展这一根本性问题。这一系列根本性问题所指向的是人的根本、人的关系和人的世界，在追求理性生活目标的过程中所出现的理想与现实之间的反差才显现出了非正义生活的存在以及对正义生活的憧憬。

（二）西方"正义"概念

在西方，英语"justice"一词源自拉丁语，西方有关正义的论述最早可以追溯到古希腊早期的《荷马史诗》。西方对justice这一词语的定义并不明确，不同时代的思想家对justice有不同的理解，其定义也有很大的差别，甚至在许多方面是处于对峙状态中的。例如，在一些地方应得概念是作为正义概念的中心概念使用，与之相对，在另一些地方所使用的正义概念可能是否认应得概念的；在一些地方正义概念的定义所根据的是不可转让的人权，而另一些地方正义概念定义所根据的则是功利标准。"正义概念相互之间在许多方面都处于鲜明的对峙之中。有些正义概念把应得概念作为中心概念，而另一些概念则根本否认应得概念与正义概念有任何相关性；有些正义概念求助于不可转让的人权，而有一些概念求助于功利标准。""正义有如一张普洛透斯似的脸，变幻无常，随时可呈现不同形状，并且有极不相同的面貌。当我们仔细查看这张脸并试图解开隐藏其表面之后的秘密时，我们往往深感迷惑。"[①]

在西方社会中正义被看作公民的至高美德，同时也是文明社会追求的最大

[①] 博登海默.法理学：法律哲学与法律方法[M].邓正来，译.北京：中国政法大学出版社，2004：238.

价值。"正义"这一概念的最初含义在古希腊哲学中是指公民依法行事,正义(公正)与智慧、勇敢、节制一起,被奉为最重要的四种美德。正义作为处理社会问题与人际交往问题的一条重要准则,是一种重要的社会美德。正义根植于社会和谐的关系之中,不同个体依据自己的才能在社会共同体中尽自己应尽的义务、做自己适合做的事情,各尽其责,以实现正义这一社会理想,"正义的人不许可自己灵魂里的各个部分相互干涉,起别的部分的作用。他应当安排好自己真正自己的事情,首先达到自己主宰自己,自身内秩序井然,对自己友善"①。柏拉图认为正义是人与自己灵魂里的各个部分达到和谐统一,通过自身内秩序的井然有序达到主宰自己,灵魂里的各个部分不相互冲突、相互对立。②"政治学上的善就是'正义',正义以公共利益为依归,按照一般的认识,正义是某些事物的'平等'(均等)观念。……正义包含两个因素——事物和应该接受事物的人;大家认为相等的人就该配给到相等的事物。"③正义必须处于平等的关系中,对于社会产品的分配必须按照平等的原则将产品公平地分配给社会成员。"使每个人获得其应得"即正义,一种法律、一种制度、一种关系、一种方案等。伊壁鸠鲁认为正义只存在于人们的相互交往中,是为了不损害个体的利益而订立的一种契约,没有人们之间的相互交往,正义也不复存在;人的本质是一切社会关系的总和,人与人之间的交往和联系必然会相互影响和相互制约,维持人生存的物质资料必须进行分配,"正义乃是使每个人获得其应得的东西的永恒不变的意志。"④正义作为一种坚定而美好的愿望是给予每个人应得的部分,同时正义也是给予每个人他应得部分的永恒不变的意志。

"如果公正和正义沉沦,那么人类就再也不值得在这个世界上生活了。"⑤正义作为人们追求的一种价值理想,人类对正义价值的期盼始终伴随着人类历史的不同时期。斯宾诺莎追求"天人合一"的完美状态,认为人的心灵与整个自然规律是相一致的,用中国哲学的理念来说,就是"圣人与理为一"的境界。这里所谓理,即自然界的永恒的必然秩序。由于在自然状态下不存在公有财产与私有财产的差别,因此也就不存在正义与非正义的区别,"给己之所有以与人,或夺人之所有以归己的意志,皆无法想象。换言之,经过公正的承认,确定了何者属于这人,何者属于那人,才有所谓公正或不公正的观念"⑥。人对私有财产的

---

①② 柏拉图.理想国[M].郭斌和,张竹明,译.北京:商务印书馆,1986:172.

③ 亚里士多德.政治学[M].吴寿彭,译.北京:商务印书馆,1965:150.

④ 博登海默.法理学:法律哲学与法律方法[M].邓正来,译.北京:中国政法大学出版社,2004:277.

⑤ 康德.法的形而上学原理[M].沈叔平,译.北京:商务印书馆,1991:165.

⑥ 斯宾诺莎.伦理学[M].贺麟,译.北京:商务印书馆,1983:200-201.

占有权和人身自由权属于人的天赋权利,在有私有财产出现的社会中,社会成员个体需要依据法律控制和节制自己的欲望,依据自己的理性处置私有财产则是正义的,否则就是非正义的。"在国家里面,每个人的财产都是按照共同的法律来确定的。如果一个人具有恒常的意志,把每个人自己的东西归于每个人,他就被称为公正的;如果企图将他人的东西占为己有,他就被称为不公正的。"[①] 在每一个国家里面,公民的个人财产都是按照一定的法律来确定和持有的,在共同的法律制度下,如果每一个公民都具有将每个人的东西归于每个人这种恒常的意志,则该公民就可以被称为公正和正义的;反之,如果某一个公民企图将其他公民的财产或物品据为己有,则他是不正义的。卢梭认为,正义来源于人的自爱心和怜悯心,正义作为人的一种内在的原则可以和人的良心画等号,正义的实现需要个人的良心与社会的法律、制度紧密结合在一起,在实现正义的过程中二者缺一不可。我们在社会中所追寻的是一种"完全出自理性的普遍正义",这种出自理性的、普遍的正义是能够被我们所公认的,因此他认为使正义符合它的目的需要约定和法律来实现权利与义务的结合与统一。[②] 康德对正义的理解跳出了传统的建立在平等基础上的正义观,他认为人的自由是正义的基础,自由作为人天赋的权利,人的意志应当是绝对自由的,同时他强调理性是自由的基础与前提,把自由看作"理性在任何时候都不为感觉世界的原因所决定"[③]。因此,在康德眼里,正义的基础就是人的自由,个人的自由不得以侵犯他人的自由为代价,如果人的自由被限制了,则是不正义的。黑格尔指出在私有制前提下,如果正义仅仅依靠抽象的平等原则是不可能实现的。黑格尔认为,要求个人财产一律平等这种正义主张是错误的,仅仅把个人都应该有的财产作为正义的要求是不正确的。"人们当然是平等的,但他们仅仅作为人,即在他们的占有来源上是平等的。从这个意义上说,每个人必须拥有财产。所以,如果要谈平等,所谈的也就是这种平等。但是特殊性的规定,即我占有多少的问题,却不属于这个范围。由此可见,正义要求各人的财产一律平等这种主张是错误的,因为正义所要求的仅仅是各人都应该有财产。"[④] 所以黑格尔认为,如果要谈平等,就是这个意义上的平等。黑格尔的正义思想以绝对精神为基础,他指出正义是合乎人性的,同时也是促进社会发展的重要推动力,正义是一种超越社会、超越历史的永恒价值。黑格尔对近代自然法的正义进行了分析与批判。黑格尔主张,自然、人类的行为、人类社会组织、人类政治组织都是绝对精神的体

---

① 斯宾诺莎.政治论[M].冯炳坤,译.北京:商务印书馆,1999:22.
② 卢梭.社会契约论[M].何兆武,译.北京:商务印书馆,1980:48-49.
③ 康德.道德形而上学原理[M].苗力田,译.北京:上海人民出版社,1986:107.
④ 黑格尔.法哲学原理[M].范扬,张企泰,译.北京:商务印书馆,1961:58.

现和外化。绝对精神表现为普遍伦理的力量,就必然要求外化为客观存在,在此过程中它开始自我分化、自我设定:对立面相互斗争,在双方各自获得相对完满的规定以后,正义获得完成,伦理实体潜在地包含着双方的积极要素,作为全能而公正的命运在社会生活中表露出来。黑格尔通过对正义的法律、道德及伦理现象与绝对精神关系的分析,揭示了正义的本质是蕴含着绝对精神的最高法则。

在罗尔斯那里,社会制度的首要价值即是正义,正义所指向的领域主要是社会制度的正义,这种指向社会制度的正义,其核心是"公平的正义"。每一个社会中的公民所享有的平等性以及不可侵犯的自由权利的保障所依赖的基础有两个,即前提的公平和目标的公平:前提的公平指向的是公平的原初状态,在原初状态中正义原则是被社会成员所一致赞成的;而目标的公平所指向的是公平契约和公平结果。"每个人都拥有一种基于正义的不可侵犯性,这种不可侵犯性即使以社会整体利益之名也不能逾越。因此,正义否认了一些人分享更大利益而剥夺另一些人的自由是正当的,不承认许多人享受的较大利益能绰绰有余地补偿强加于少数人的牺牲。所以,在一个正义的社会里,平等的公民自由是确定不移的,由正义所保障的权利决不受制于政治的交易或社会利益的权衡。"[①]作为公平的正义是一种不用最大量地增加善来解释正当的理论,是一种义务论,正当对善具有独立性和优先性,正义所保障的自由权利是至高无上的,不应该受到政治交易和社会利益的权衡,自由本身不能出于其他任何利益的原因而被限制,只能是为了自由本身的原因。罗尔斯提出了"平等自由原则"以及"差别原则"。"第一个原则:每个人对其他人所拥有的最广泛的基本自由体系相容的类似自由体系都应有一种平等的权利。第二个原则:社会的经济好的不平等应这样安排,使它们(1)被合理地期望适合于每一个人的利益;并且(2)所依系于地位和职务向所有人开放。"[②]他们按照这两个原则平等地分配各种基本权利和义务,以及平等地分配社会合作所产生的利益和负担,"自由平等原则"是优先于"差别原则"的,在"差别原则"中,公平机会原则又优先于差别原则。

二、"分配正义"概念

公共生活领域中人们不可避免地要对社会资源和生活资料进行分配,在经济领域和生活领域人们对于正义的追求就转变为对分配正义的追求,分配正义支配了人类生活领域的分配活动,是人类在长期分配实践中形成的价值目标和

---

① 罗尔斯.正义论[M].何怀宏,等译.北京:中国社会科学出版社,1988:1-2.
② 罗尔斯.正义论[M].何怀宏,等译.北京:中国社会科学出版社,1988:56.

核心价值观念,分配正义是正义在分配领域的价值追求。

(一) 分配正义的含义

生产、分配、交换和消费是国民经济运行的四个基本环节,分配是一个重要环节,分配的正义性与合理性会对整个社会经济的运行产生重要的影响。"分配正义"中的"分配"有广义和狭义的区别,广义上的分配,一方面是指分配的内容广,分配内容包括了对所有社会资源进行划分、安排和配置,包括财富、机会、权利、名誉等各个方面;另一方面是指分配的方式广,广义的分配方式包含了所有使本来不属于任何人的资源转为属于个人的种种分配方式。狭义的分配是指作为经济活动基本维度的分配。由此可见,"分配"具有对象性,通常所分配的"标的"不仅仅局限于物质财富,还包含了权利、机会、福利、尊严等。因此,广义的分配正义涉及社会中基本自由权利以及社会成员之间经济利益关系的调节,狭义的分配正义概念只涉及社会成员之间经济利益关系的调节。分配作为经济活动的一个环节,马克思主义政治经济学所讲的分配是指一般劳动产品的分配,这种分配是社会再生产过程的一个重要环节,社会再生产进行的过程是生产、分配、交换和消费的统一体。在这个统一体中,生产作为出发点,在将产品生产出来之后必须进行分配和交换,经过分配与交换之后才能进入消费环节,因此,分配是连接生产和消费的一个必不可少的环节。

正义问题本质上是人的利益问题,分配正义问题是社会正义问题的一个特殊表现,所谓的利益是指社会中个体或群体对有限的社会资源的占有,"分配正义(distributive justice)主要关注的是社会成员或群体成员之间进行权利、权力、义务和责任配置的问题"[①]。社会成员之间的权利与义务问题、责任配置问题等是分配正义所关注的主要问题。社会成员个体对社会资源的占有一般只有通过两种途径才能实现:一是社会分配的途径,二是个体与他人交换的途径。分配正义和交换正义规则的制定是确保分配和交换过程与结果正义的前提和基础,而分配的非正义则需要一种纠正和补偿的规则。亚里士多德认为,"公正分为两类,一类表现在财物和荣誉等的分配中,另一类则在交往中提供是非的标准"[②]。分配的正义与纠正的正义是作为特殊正义的两种类型,可以将正义划分为分配正义、报复正义和矫正正义三种类型,矫正正义和报复正义可以理解为一种广义的分配正义,它所涉及的对象是人们因偏离正义规则而应受到的惩罚,分配的正义是对社会物品、财富、权利以及其他可以在人们之间进行分配的

---

① 博登海默.法理学:法律哲学与法律方法[M].邓正来,译.北京:中国政法大学出版社,1999:265.

② 亚里士多德.尼各马科伦理学[M].苗力田,译.北京:中国社会科学出版社,1990:91.

对象进行分配的一种原则。

英国哲学家霍布斯也区分了分配的正义和交换的正义,对亚里士多德的划分进行了拓展,霍布斯在《利维坦》中指出:"著作家们把行为的正义分为两种,一种是交换的,另一种是分配的。他们说前者成算术比例,而后者则成几何比例。因此,他们便认为交换的正义在于立约的东西价值相等,而分配的正义则在于对条件相等的人分配相等的利益。"①"自然法是根据将按理应属于各人的东西平等地分配给每一个人的法则来的。遵守这一自然法就谓之公道。正像我在之前所说的,这也称为分配的正义。违反这一自然法就成为偏袒。"②在霍布斯那里交换的正义是立约者的正义,也就是在买卖、雇佣、借贷、交换、物物交易以及其他契约行为中对于契约的履行。"分配的正义则是公断人的正义,也就是确定'什么合乎正义'的行为。在这种事情中,一个人受到人们推为公断人的信托后,如果履行了他的信托事项,就谓之将个人的本分额分配给了每一个人。这的确是一种合乎正义的分配,也可以称为分配的正义,更确切地说是公道。"③德国哲学家康德从法律的视角"把公共正义分类为保护的正义、交换的正义和分配的正义。……在第三种正义的模式中,法律通过法庭,根据现行法律,对任何一个具体案件所作的判决,说明什么是正确的,什么是公正的以及在什么程度上如此"④。

现代思想家和哲学家对于分配正义概念的定义聚焦在对弱者生存权利的关注以及对强者权力意志的约束,分配正义被认为处于整个社会正义领域中的基础地位。戴维·米勒认为,"有两种不同的有价值的平等,一种是与正义有联系的,另一种则是独立于正义的。第一种是分配性的。它确定了某种利益。例如权利应当平等地加以分配,因为正义要求这样做。第二种平等则并非在这种意义上是分配性的。它并不直接确定对权利或资源的任何分配。相反,它确定了一种社会理想,即一个人相互把对方当作平等来对待,换句话说,一个不把人们放到诸如阶级这样等级化的排列的范畴中去的社会的理想。我们把第二种平等称作地位的平等,或简称社会平等"⑤。也就是说,存在两种不同的有价值的平等,一种是与正义有联系的有价值的平等,另一种是独立于正义的有价值的平等,而与正义有联系的有价值的平等是分配性的,这种平等确定了某种利、物品或者权利等对象都应当被平等地加以分配,这也是正义所要求的。而第二种平等是独立于正义的有价值的平等,不是一种分配性的平等,这种平等是一

---

①③ 霍布斯.利维坦[M].黎思复,黎廷弼,译.北京:商务印书馆,1985:114.
② 霍布斯.利维坦[M].黎思复,黎廷弼,译.北京:商务印书馆,1985:118.
④ 康德.法的形而上学原理[M].沈叔平,译.北京:商务印书馆,1991:133.
⑤ 戴维·米勒.社会正义原则[M].应奇,译.南京:江苏人民出版社,2001:259.

种社会的理想。这种社会理想是指社会成员相互之间都平等对待,这种社会理想超越了诸如阶级这样等级化地排列的范畴中去的社会。

因此,独立于正义的有价值的平等也可以称为地位的平等,这种平等并不直接确定对物品、权利或资源进行任何分配。相对于社会正义来说,分配正义是一个比较狭小的概念,分配的另一种含义是指经济上的公平,"它讲的是社会中各种经济联系的公平,这些包括生产中的协作、消费品交易以及集体商品的供给。在交换过程中,特别是自愿交换过程中,一般都存在着交换双方都能获益的可能性,并且,分配公正就是从交换的参加者们各自的努力、机会成本和贡献来看,影响那些个人收益的分配(并因此而普遍影响总生产)的种种安排是公正的"①。分配正义所指的是社会中各种经济联系的公平,这些经济联系中的公平包括生产中的协作、消费品交易以及集体商品的供给。在交换过程中,特别是自愿交换过程中,一般存在着交换双方都能获益的可能性,并且,从交换的参加者们各自的努力、机会成本和贡献来看,影响那些个人收益的分配(并因此而普遍影响总生产)的种种安排是正义的。②

美国当代哲学家罗尔斯提出了自己的分配正义理论,"所有社会价值——自由和机会、收入和财富、自尊的基础都要平等地分配,除非对其中的一种价值或所有价值的一种不平等的分配合乎每一个人的利益"③。罗尔斯所提出的分配正义理论认为需要进行平等分配的包括了所有社会价值,这些社会价值涵盖了自由和机会、收入与财富、自尊的基础等,对所有社会价值中的任何一种价值进行的不平等分配需要合乎每一个人的利益。④诺齐克一方面对罗尔斯的公平正义论作了很高评价,另一方面在批判罗尔斯公平正义论的基础上提出了自己的人权正义论。诺齐克主张用"持有"这一中性词语代替罗尔斯的"分配"。罗尔斯分配正义理论的出发点是"平等",关注的核心问题是大众福利,而诺齐克持有正义论的出发点是公民的个人自由,核心是个人权利。"如果一个人按获取和转让的正义原则,或者按矫正不正义的原则(这种不正义是由前两个原则确认的)对其持有是有权利的,那么,他的持有就是正义的。如果每个人的持有都是正义的,那么持有的总体(分配)就是正义的。"⑤诺齐克认为国家所扮演的角色不是对财产进行分配和再分配,而应该是仲裁和保护私有财产,财产权作为一种资格是社会正义的体现,公民公正地获得这种资格也就是持有正义,持有正义包含三个方面的原则,即持有的获取正义原则、转让正义原则、矫正正义原

---

①② 新帕尔格雷夫经济学大辞典:第1卷[M].北京:经济科学出版社,1992:961.
③ 罗尔斯.正义论[M].何怀宏,译.北京:中国社会科学出版社,1988:58.
④ 罗尔斯.正义论[M].何怀宏,译.北京:中国社会科学出版社,1988:61.
⑤ 诺齐克.无政府、国家与乌托邦[M].何怀宏,译.北京:中国社会科学出版社,1991:159.

则。此外,美国当代伦理学家诺兰认为"报应的公正要惩处侵犯他人权利的行为,或者恢复对一种权利的享受。分配的公正,只根据恰当的差别来确保所有社会成员之间权利和特权的公平分配"[①]。

(二)分配正义的特征

首先,"分配正义"概念具有历史性特征。"平等的观念,无论以资产阶级的形式出现,还是以无产阶级的形式出现,本身都是一种历史的产物,这一观念的形成,需要一定的历史条件,而这种历史条件本身又以长期的以往的历史为前提。"[②] "正义"作为人们的一种观念,这种观念是一定历史的产物,正义这种观念的形成需要一定的历史条件,不同历史条件下所形成的正义观念的内容也是不一样的,同时正义观念形成所依据的历史条件本身又是以以往的历史为前提和基础的,这种正义观念无论是以资产阶级的形式出现还是以无产阶级的形式出现。"分配正义"是一个历史性的概念,不同时期人们对这一概念含义关注的重点是不一样的。在原始社会,生产资料和生活资料同时归所有社会成员共有,社会成员之间共同劳动,共同消费劳动产品,这一时期分配的对象主要是物质财富,由于物质资料的欠缺,人类社会成员之间都是平等进行分配的,无所谓正义与否。进入奴隶社会和封建社会之后,随着生产力的发展,人们可用来分配的物质资料显著增多,出现了对私有财产的争夺,分配正义问题随之出现。奴隶和奴隶主、农奴和封建地主在社会资源的分配上有着截然不同的标准和尺度,人与人之间所享受的物质财富、政治权利、发展机会等的差距逐渐扩大,贫富差距问题日益尖锐化,分配正义问题也日益凸显。社会的发展进入资本主义时代以来,西方资产阶级与无产阶级矛盾的一个核心就是分配问题,资本主义社会的根基是生产资料私有制,资产阶级占有生产资料,这就导致资产阶级在社会资源分配上要比无产阶级所分配的内容要高出很多,西方资本主义社会在分配领域的不正义现象十分广泛,资产阶级作为资本主义国家的统治阶级,在社会资源的分配上占有主导地位,无产阶级作为被统治阶级,在社会资源的分配上属于从属地位,在政治权利、物质财富、福利机会等分配上存在严重的分配正义问题,这也是正义问题、分配正义问题一直是西方社会研究热点问题的诱因。

其次,"分配正义"概念具有实践性的特征。"正义"这一概念的产生与使用是在理解和处置人们之间的关系时,"分配正义"则是理解和处置分配领域人们之间的分配关系所使用的一个概念,分配正义所涉及的价值选择是现实社会中

---
① 诺兰.伦理学与现实生活[M].姚新中,译.北京:华夏出版社,1988:406-407.
② 马克思,恩格斯.马克思恩格斯选集:第3卷[M].北京:人民出版社,2012:484-485.

人们必然要面对的实践问题,如何进行价值分配事关每个人的物质利益,因此,它必然具有实践性的特征。分配正义作为一种思想理论对指导社会发展过程中的分配领域实践具有重要的意义。分配作为经济活动中的一个不可或缺的环节与生产具有同样的价值,"分配维度贯穿于整个经济活动之中,不仅是它的结果,而且也是它的起始条件和过程"①。分配这一环节贯穿于整个经济活动之中,一方面分配环节是整个经济活动的结果,另一方面分配环节也是整个经济活动的前提、起始条件和过程,分配正义作为分配活动的一种价值考量,其必然是以分配的实践为对象的。

再次,"分配正义"概念具有阶级性的特征。经济基础的性质决定了上层建筑的性质,这是唯物史观的根本观点,分配正义作为一种意识是建立在一定经济基础之上的上层建筑,生产资料私有制条件下存在着阶级剥削的社会中,分配正义概念本身具有的阶级性是受经济基础的阶级性所决定的。马克思和恩格斯站在无产阶级的立场上指出无产阶级所提出的平等要求是对社会中所存在着的明显不平等的现实的一种自发反应,这种自发的反应源于社会中的两种尖锐的对立,既有穷人与富人之间的对立,又有奴隶主与奴隶之间的对立,对立的直接表现是骄奢淫逸与饥饿贫困,作为对明显不平等的对立的自发反应在农民斗争中尤为突出。"无产阶级所提出的平等要求有双重意义。或者它是对明显的社会不平等,对富人与穷人之间、奴隶主和奴隶之间、骄奢淫逸者和饥饿者之间的对立的自发反应……或者它是从对资产阶级平等要求的反应中产生的,它从这种平等要求中吸取了或多或少正当的、可以进一步发展的要求,成了用资本家本身的主张发动工人起来反对资本家的鼓动手段……在上述两种情况下,无产阶级平等要求的实际内容都是消灭阶级的要求。任何超出这个范围的平等要求,都必然要流于荒谬。"②无产阶级与资产阶级共同生活在资本主义社会中,无产阶级在生活、工作的过程中对于资产阶级所提出的平等要求也会有自己的思考和反应,资产阶级所拥有的平等权利与无产阶级所拥有权利的巨大反差,会激发无产阶级改变这种非正义、不平等现实状况的斗争热情。因此可以说无产阶级所提出的平等要求,其实际内容都是指向消灭阶级的要求。资本家和工人有着不同的分配正义诉求,马克思站在工人的立场上,批判了资产阶级思想家提出的形式正义,指出真正分配正义的实现需要诉诸实质正义,"平等应当不仅是表面的,不仅在国家的领域中实行,它还应

---

① 乔治·恩德勒.经济伦理学大词典[M].李兆雄,等译.上海:上海人民出版社,2001:560.

② 马克思,恩格斯.马克思恩格斯选集:第3卷[M].北京:人民出版社,2012:484.

当是实际的,还应当在社会的、经济的领域中实行。"①

最后,"分配正义"概念还具有复杂性的特征。分配正义问题是社会生活中的一个重要问题,同时也是当前学界关注的重点问题,不同的学者从不同的学科和视角站在不同的立场上对分配正义问题进行了持续和深入的研究,在对"分配正义"这一概念含义的研究中尚未达成一致。关于这一概念,不同学科的研究对其的定义也存在不一,具有复杂性。分配正义概念是一个多学科概念,随着生产力发展和科学技术进步所导致的社会分工和合作提高了劳动生产率,创造出比以往更多的物质财富,如何分配这些物质财富以及由此衍生出来的机会、福利、权利等就涉及分配正义问题。进入现代社会以来,特别是从封建社会进入资本主义社会以来,分配正义问题成为社会关注的焦点,政治学、伦理学、经济学等都从不同的视角对分配正义概念进行了定义。

(三) 多学科视域中的分配正义概念

分配正义往往体现为多种维度,它不仅是经济学的问题,也是伦理学的问题,还是法律的问题。在现实生活中,经济学、伦理学和法学也常常纠结和交织在一起,共同对社会成员产生影响。

第一,政治经济学中的"分配正义"所指的对象一般为物质财富,包含了生产工具的分配以及生产的产品分配两个方面。立足于生产力的发展水平,特定历史时期,以及不同社会形态中不同的阶级、不同的社会成员对分配正义所持的观念也是不同的。在奴隶社会中,奴隶主与奴隶所持有的分配正义观念是不同的,同样在封建社会,地主阶级和农民所持有的分配正义观念也不同,在资本主义社会,资产阶级与无产阶级所持有的分配正义观念也不同。政治经济学中分配正义概念所蕴含的分配标准包含了新自由主义的标准和马克思的事实标准,人类历史上出现过的分配原则总的可以概括为五种基本类型,"无差别分配原则、按照优点分配原则、按照劳动分配原则、按照需要分配原则和按照身份分配原则"②。马克思主义政治经济学所构建的分配正义原则是建立在生产资料归社会所有的基础之上,以铲除按资分配为前提,实行按劳分配与按需分配相结合的分配原则。政治经济学研究正当时,分配问题是政治经济学研究的核心问题。在政治经济学中,"分配正义"这一概念具有科学性、历史性和客观性的特征。

第二,分配正义问题作为正义问题的一个方面,也是伦理学研究的重点。分配正义理论构成了正义理论的一个部分,伦理学研究中对于分配正义这一概念的定义也不同于其他学科。亚里士多德认为"平等的事是一种适度,公正的

---

① 马克思,恩格斯.马克思恩格斯全集:第3卷[M].北京:人民出版社,1956:582.
② 张文显.法哲学范畴研究[M].北京:中国政法大学出版社,2001:204.

事也是一种适度。……分配的公正要基于某种配得……分配的公正在于成比例,不公正则在于违反比例"①。伦理学研究中,分配正义概念内涵的核心是平等与公正,即我们通常所说的"一视同仁"。首先,伦理学意义上使用的分配正义概念所指的标准涵盖了物质财富、权利、荣誉等,亚里士多德认为分配正义的标准包含了两类,一类是表现于荣誉、钱物或其他可析出的共同财富的分配上(这些东西一个人可能分到同等的或不同等的一份)的公正。另一类则是在私人交易中其矫正作用的公正。矫正的公正又分为两种,相应于两类私人交易:出于意愿的和违反意愿的。此外,亚里士多德认为才高勋重者居上位,才卑功小者居下位。倘若平均分配于贤愚之间,才能之士一定心怀愤懑。对于社会资源的分配需要依据美德标准,对于政治权利、物质财富的分配应该按照各人的人生价值才是正义的。②罗尔斯也认为分配正义包含了荣誉与权利、自尊与机会等。其次,伦理学意义上使用分配正义概念所指涉的主体在不同时期各不相同,奴隶社会和封建社会中,奴隶主和封建地主是分配物质财富的主导者,在伦理道义上也是分配正义的实施主体;人类社会进入资本主义社会以来,分配正义从伦理意义上讲其主体是国家,国家资本主义的发展促成了在分配社会资源中所起的作用越来越大。

第三,法律意义上所使用的"分配正义"概念与政治经济学和伦理学具有一定的差别,法律意义上的分配正义具有强制性,可以有效弥补伦理意义上分配正义的任意性,法律保证分配正义实施的条文"具有产生善行、防止恶性的作用"③。同时,法律意义上的分配正义与经济学意义上的分配正义也相辅相成。法律作为上层建筑的组成部分,法的关系是对经济关系反映的一种意志关系,法的关系的内容以及意志关系的内容从根本上来说是受经济关系本身所决定的。"法的关系,是一种反映着经济关系的意志关系。这种法的关系或意志关系的内容是由这种经济关系本身决定的。"④法律意义上分配正义概念具有强制性、具体性和稳定性的特征。首先,法律意义上分配正义所指的标包含了人身权和财产权,人身权包括生命权和健康权、名誉权和肖像权、荣誉权和姓名权等,财产包括物权、债权、知识产权和继承权等等。法律作为对权利与义务以及二者关系作出规定的条文,在法律意义上分配正义所指的标其本质是权利。其次,法律意义上分配正义所指涉的主体是特定的,奴隶社会和封建社会分配正义的主体往往是皇帝或君主以及各级政府的官员,现代社会法律意义上分配正

---

① 亚里士多德.尼各马可伦理学[M].廖申白,译.北京:商务印书馆,2003:148-149.
② 亚里士多德.政治学[M].吴寿彭,译.北京:商务印书馆,1965:72.
③ 大卫·休谟.人性论:下[M].关文运,译.北京:商务印书馆,1997:448.
④ 马克思,恩格斯.马克思恩格斯文集:第5卷[M].北京:人民出版社,2009:103.

义指涉的主体是多元的,既包含了政府及其行政机关,又包含了不同的组织和团体。再次,法律意义上分配正义概念所蕴含的是对称标准,即权利与义务是对应的。法律制度对于分配正义及其实施的规定一方面符合伦理道德标准,另一方面也符合政治经济正义,现代社会中人与人之间是平等的,所享受的权利和应尽的义务也是相同的,因此,法律对分配以及分配正义的规定必须体现公平和公正的原则,"一切人,或至少是一个国家的一切公民,或一个社会的一切成员,都应该有平等的政治地位与社会地位。"[①]社会中的成员在一个国家中都应该平等拥有政治地位和社会地位。因此,在法律上对分配正义及其实施作出规定是实现社会公正和分配正义的必要保证,这是由法律所具有的强制性和可操作性所决定的。

总之,分配正义作为一种核心价值观念是支配人类社会分配活动的核心,分配的对象是复杂多样的,所涉及的范围也很广泛,不再局限于经济物品的分配。分配正义作为支配人们分配活动的核心价值观念,要求社会成员对社会资源的分配应最大限度地体现公正、公平、平等和正义。对社会资源的分配是人类社会生活的基本内容,也是社会成员生存和发展所需要的基本途径,分配正义问题关系到每一个社会成员的切身利益。

第二节 马克思的分配正义概念

在对资本主义社会制度批判的过程中,马克思对分配正义相关问题进行了阐释与剖析。马克思并没有专门就分配正义相关问题展开集中阐述,在其著作中也从来没有明确、清楚地给"分配正义"这一概念下定义和作规定。马克思在分配领域对正义这一词语的使用,则散见于他批判考察资本主义生产过程的论述中,在政治经济学、伦理学以及法学等领域对分配正义概念都有广泛的使用。分配正义概念在马克思的著作中有着丰富的内涵。

一、马克思在政治经济学意义上对分配正义概念的使用

马克思在政治经济学意义上对分配正义概念的使用包括生产关系决定分

[①] 马克思,恩格斯.马克思恩格斯选集:第3卷[M].北京:人民出版社,2012:480.

配关系、价值分配源于价值创造两个方面。

（一）生产关系决定分配关系

生产力决定生产关系,分配关系是生产关系的重要组成部分,受生产力的决定和制约。正义作为人们对现实中的分配关系和分配主张与其自身利益关系之间的一种评价,这种评价带有一定的主观色彩,是从自身利益出发来衡量分配正义与否的。资本主义社会中存在的分配关系是资本主义生产关系的直接体现。"按照资产阶级经济学的规律,产品绝大部分不是属于生产这些产品的工人。如果我们说:这是不公平的,不应该这样,那末这句话同经济学没有直接的关系。"①资产阶级经济学的规律是站在资本家立场上的,作为生产结果的劳动产品在资产阶级看来理所当然地属于资产阶级,而不是属于生产这些产品的工人。当然,我们认为这种分配方式是不正义和不公平的,是与资产阶级经济学规律相悖的。马克思将物质生产的过程划分为生产、分配、交换、消费四个要素,起决定性作用的是生产,生产决定了其他三个要素以及这些不同要素相互间的关系。分配方式受生产方式的制约,同时对生产方式又有能动的反作用,合理的分配方式能够激发劳动者的热情,促进生产力发展。从这个意义上说,马克思认为分配关系是生产关系的一个方面,分配关系取决于生产关系,对分配是否正义的问题需要放在大的生产关系背景中去考虑。

马克思在政治经济学中对"分配"的界定有广义和狭义之分,广义的分配涵盖了生产要素与生产条件的分配,"在分配是产品的分配之前,它是(1)生产工具的分配,(2)社会成员在各类生产之间的分配(个人从属于一定的生产关系)——这是同一关系的进一步规定。这种分配包含在生产过程本身中并且决定生产的结构,产品的分配显然只是这种分配的结果"②。狭义的分配是指对产品中供个人消费部分的一种索取权利,简单地说即消费资料的分配,"消费资料的任何一种分配,都不过是生产条件本身分配的结果;而生产条件的分配,则表现生产方式本身的性质"③。因此,从狭义上说,分配正义所讨论的对象即个体用于个人消费部分的索取权。马克思认为在劳动强度与劳动生产力确定的情况下,一切有劳动能力的社会成员将劳动分配得越平均,有劳动能力的社会成员在社会工作日中用于物质生产的必要部分就会随之减少,而用于个人的自由活动、脑力活动以及社会活动的时间部分就会越大,"只要分配为纯粹经济的考虑所支配,它就将由生产的利益来调节,而最能促进生产的是能使一切社会成员

---

① 马克思,恩格斯.马克思恩格斯全集:第21卷[M].北京:人民出版社,1965:209.
② 马克思,恩格斯.马克思恩格斯选集:第2卷[M].北京:人民出版社,2012:696.
③ 马克思,恩格斯.马克思恩格斯选集:第3卷[M].北京:人民出版社,2012:365.

尽可能全面地发展、保持和施展自己能力的那种分配方式"①。合理的分配方式会促进劳动生产率提高,不合理的分配方式会通过商品的需求量影响市场,造成恶性循环,即导致经济危机、企业的歇业和失业人数的上升。

(二) 价值分配源于价值创造

商品由价值和使用价值两个因素构成,价值表明了商品的社会属性,使用价值则表明了商品的自然属性,而生产商品的劳动是具体劳动的同时也是抽象劳动。商品的价值取决于生产这一商品所需要的劳动时间,即商品的价值量是由社会必要劳动时间决定的。"生产某个物品所必须花费的劳动时间属于这个物品的生产费用,某个物品的生产费用也就是它值多少,即它能卖多少钱(如果撇开竞争的影响)。""在直接生产领域,某物品是否应当生产的问题即物品的价值问题的解决,本质上取决于生产该物品所需要的劳动时间。"②某个物品的生产费用是由生产这个物品所必须花费的劳动时间所决定的,在撇开竞争这一影响因素下,某个商品所能卖出的价格就是这个商品的生产费用,这个商品生产费用的多少也就是它所能卖出的价钱。也就是说,在生产领域,某一个物品的价值问题本质上取决于生产这一物品所需要的劳动时间。劳动力商品也就是劳动价值的源泉,也是价值的创造者,劳动(力)的价值是由为创造劳动这一商品所需要的劳动时间决定的,劳动本身生产费用的决定因素就是为了使工人保持其为工人,或是把一个不具备技能进行生产的人训练成为工人所需要的费用。

因此,工人必要生活资料的价格决定了工人劳动价格的价值。在商品经济的语境中,劳动力就表现为一种特殊的商品,这种商品本质上迥异于一般商品,其价值关键在于维持活的劳动者的存在,是由维持生产与发展、维持和延续劳动力所必需的生活必需品价值决定的。它包含了三个方面的主要内容:维持劳动者活着所必需的生活资料、劳动者养家糊口延续生产所需要的生活资料以及劳动者所需要的培训和教育的费用。"就是为了使工人保持其为工人并把他训练成为工人所需要的费用","因此,工人的劳动价格的价值是由必要生活资料的价格决定的"③。劳动力商品的使用价值在生产的过程中会创造出大于其自身价值的价值,这一部分价值则是剩余价值,其最终还是由劳动创造出来的。"资本家的必要劳动时间也是自由时间,并不是维持直接生存所需要的时间。"④

---

① 马克思,恩格斯.马克思恩格斯选集:第3卷[M].北京:人民出版社,2012:581.
② 马克思,恩格斯.马克思恩格斯全集:第2卷[M].北京:人民出版社,1957:61-62.
③ 马克思,恩格斯.马克思恩格斯文集:第7卷[M].北京:人民出版社,2009:722.
④ 马克思,恩格斯.马克思恩格斯全集:第31卷[M].北京:人民出版社,1998:23.

为什么会呈现出与雇佣工人的劳动时间根本不同的性质呢？即对资本家来说，其必要劳动时间是用来实现自我发展的，而不是用来维持自己和养家糊口的，后面这项工作由雇佣工人替他们完成了，所以，可以理解为资本家窃取了工人的自由时间。"资本家的必要劳动时间也是自由时间，并不是维持直接生存所需要的时间。既然所有自由时间都是供自由发展的时间，所以资本家是窃取了工人为社会创造的自由时间，即窃取了文明。"①

在社会总产品的价值既定的情况下，工人的工资收入与资本家获得的剩余价值之间是此消彼长的关系，对社会总产品价值的分配，资产阶级的分配正义主张和无产阶级的分配正义主张从根本上来说是对立的，双方在对劳动产品进行分配所进行的博弈，结果通常是资产阶级取得胜利，其根源在于资产阶级在资本主义生产关系中居于主导的支配地位。从政治经济学的视角来看，资本主义社会对社会总产品价值的分配是合乎历史发展规律的，是与当时历史发展阶段以及生产力发展水平相适应的。资本主义社会中的社会价值的创造与价值分配是不同步和不对称的，通常出现大相径庭的状况，出现这种情况的根本原因在于生产关系。

立足于唯物史观，马克思认为，在生产过程中发生的经济交易之所以具有正义性，原因在于这种交易不是外在强加给生产者的，而是一种自然的合乎逻辑的，由生产关系中引发出来的。当这种交易表现为主体的意志行为，表现为一种共同意志，表现为一种国家法律，这些法律形式非但不能决定生产关系这个内容，反而是由生产关系这个内容所决定的。"生产当事人之间进行的交易的正义性在于：这种交易是从生产关系中作为自然结果产生出来的。这种经济交易作为当事人的意志行为，作为它们的共同意志的表示，作为可以由国家强加给立约双方的契约，表现在法律形式上，这些法律形式作为单纯的形式，是不能决定这个内容本身的。这些形式只是表示这个内容。这个内容，只要与生产方式相适应，相一致，就是正义的；只要与生产方式相矛盾，就是非正义的。"②由此可以看出，交换、交易这种形式不是空洞的形式，而是与生产关系这个内容相辅相成的。其正义与否则取决于其是否适应其内容。在政治经济学意义上，马克思对分配正义的相关论述体现了该理论的客观性，即不同时代的生产力发展水平不一，对分配正义的讨论也应遵循现实中的经济规律，马克思批判了杜林关于正义与非正义作为暂时的、容易变化的主观想象，指出在考察财富分配时杜林没有遵循现实的、客观的经济规律。

因此，在政治经济学意义上，马克思对于分配正义的相关论述体现了该理

---

① 马克思,恩格斯.马克思恩格斯全集:第31卷[M].北京:人民出版社,1998:23.
② 马克思,恩格斯.马克思恩格斯文集:第7卷[M].北京:人民出版社,2009:379.

论的客观性,即不同时代的生产力发展水平不一,由此导致的生产关系和生产要素分配的方式也是不同的,这是客观情况,对分配正义的讨论也应遵循现实中的经济规律,"在考察财富的分配时,我们最好还是遵循现实的客观的经济规律,而不要遵循杜林先生关于正义和非正义的一时的、易变的主观想象"①。受生产力发展水平的制约,一部分人占有另外一部分人的劳动价值是不可避免的,剥削具有历史的必然性,剥削在某种程度上也是历史发展的动力,马克思所讲的"'历史正当性'是一种事实判断,它显然不同于作为价值判断的'正义'"②。

二、马克思在伦理意义上对分配正义概念的使用

"分配正义"就伦理意义而言是一种价值判断,在马克思的著作中公平在许多情况下是作为价值判断的,马克思在对资本主义社会进行批判的著作中,"剥削"是经常出现的一个词语,同时,在批判资本对劳动的无偿占有时,"偷盗""抢劫""盗窃"等词汇会被马克思使用,借以揭露这种分配方式的非正义性在于资本家对工人劳动的无偿占有。

(一)剥削在道德意义上是分配非正义

资本家对于工人劳动以一种无偿占有的方式据为己有,是一种不折不扣的剥削,"现代资本家,也像奴隶主或剥削农奴劳动的封建主一样,是靠占有他人无偿劳动发财致富的,而所有这些剥削形式彼此不同的地方只在于占有这种无偿劳动的方式有所不同罢了"③。马克思认为资本主义社会中的资本家和奴隶社会中的奴隶主在本质上是一样的,发财致富的方式都是靠无偿占有他人的劳动产品,资本主义社会中的资本家与奴隶社会中的奴隶主所不同的,只是在无偿占有他人劳动的方式上存在差异而已。马克思在《工资、价格和利润》中对资本家无偿占有工人劳动进行了剖析,如果说在工人工资上,资本家预先支付的资本为1万英镑,工人所创造出来的价值刚好也是1万英镑的话,这就表明工人在工作时间内所进行的劳动有一半是无偿劳动,这一半无偿劳动是被资本家无偿占有的,反映在利润上就意味着获得100%的利润率。另外,如果假定全部预付的资本为5万英镑,其中预付在工资上的资本价值为1万英镑,预付在机器、进行生产的原材料等上的价值为4万英镑,那么我们可以得出利润率只有20%。第一种情形中的利润率体现了有偿劳动和无偿劳动的对比关系,从中可

---

① 马克思,恩格斯.马克思恩格斯选集:第3卷[M].北京:人民出版社,2012:536.
② 段忠桥.马克思的分配正义观念[M].北京:中国人民大学出版社,2018:97.
③ 马克思,恩格斯.马克思恩格斯全集:第19卷[M].北京:人民出版社,1963:125.

以看出资本对劳动的剥削程度;而第二种是通常习惯所使用的,这种使用方式非常便于掩饰资本家榨取工人无偿劳动的程度。

"假定预付在工资上的资本为100英镑。如果所创造出来的剩余价值也是100英镑,那就表明这个人的工作日一半是无偿劳动,并且如果我们有预付在工资上的资本价值去测量这个利润的话——我们就是说,利润率等于100%,因为预付的价值为100,而所实现的价值则为200。另一方面,如果我们不是只看到预付在工资上的资本,而是看全部预付的资本,即假定为500英镑,其中有400英镑代表原料、机器等等的价值,那末我们就看到,利润率只等于20%,因为这100英镑的利润只为全部预付资本的1/5。前一种表示利润的方式,是表明有偿劳动和无偿劳动间的实在对比关系,即对劳动进行exploitation(请允许我用这个字)的实在程度的唯一方式;后一表示方式是通常习惯用的,并且它确实也适用于某几种目的,至少是非常便于掩饰资本家榨取工人无偿劳动的程度。"[①]在资本主义制度下,资本家对工人的剥削表现为对工人劳动的无偿占有这一种形式,无偿占有作为参与分配的一种方式是以牺牲工人劳动所得为前提的,马克思对此进行了批判。

其次,针对资本家无偿占有工人劳动这一分配事实,马克思对此进行了批判,从马克思的相关论述以及论述所使用的带有强烈感情色彩的词汇,我们不难看出,马克思批判了资本家对工人劳动无偿占有的不正义,这种无偿占有的方式是一种抢劫和盗窃,是不正义的。马克思指出资本家财富的获取是一种盗窃,资本家财富积累的基础是通过盗窃工人的劳动时间,资本家剩余产品的获取是从工人手里夺取的"贡品",资本家无偿占有的工人劳动价值就是从工人那里掠夺来的"赃物"。"一离开这个简单流通领域或商品交换领域……就会看到,我们的剧中人的面貌已经起了某些变化。原来的货币占有者作为资本家,昂首前行;劳动力占有者作为他的工人,尾随其后。一个笑容满面,雄心勃勃;一个战战兢兢,畏缩不前,像在市场上卖了自己的皮一样,只有一个前途——让人家来鞣。"[②]

马克思认为生产力发展到一定阶段才会出现分配正义问题,生产力水平极其低下的原始社会以及物质财富极大丰富的真正社会共同体中都不会出现分配正义问题。分配正义相关问题所聚焦的核心是"每个人应得什么",资产阶级和无产阶级在对剩余价值的分配上是不公正的,马克思对资本主义分配制度进行了谴责和批判。

---

① 马克思,恩格斯.马克思恩格斯全集:第16卷[M].北京:人民出版社,1964:154.
② 马克思,恩格斯.马克思恩格斯文集:第5卷[M].北京:人民出版社,2009:205.

（二）伦理意义上的分配正义具有阶级性

伦理意义上所谈论的分配正义是具体的和历史的，不同时期所谈论的分配正义的侧重点是不一样的，不同的分配正义观念是不同历史发展阶段的产物，以生产力发展水平和历史条件为前提，人们的分配正义观念是不断在演化的，不同的经济制度和经济形态就会形成人们不一样的分配正义观念。资本主义生产方式是资产阶级自由、正义、平等的观念产生的源泉，作为一种观念，自由、正义、平等是受生产方式所决定的。"作为纯粹观念，自由和平等是交换价值过程的各要素的一种理想化的表现；作为法律的、政治的和社会的关系上发展了的东西，自由和平等不过是另一次方上的再生产物而已。"[1]人们的各种分配正义的主张以及对分配关系正义与否的评价，都是人们从切身利益出发对特定的分配关系作出评价的结果，带有鲜明的阶级性。一定的分配关系是生产关系的表现，其本身并没有正义与不正义之分，马克思在谈到资本主义社会的分配关系时指出，"一定的分配形式是以生产条件的一定的社会性质和生产当事人之间的一定的社会关系为前提的。因此，一定的分配关系只是历史规定的生产关系的表现"[2]。在资本主义生产关系之中，工资、劳动（实质是雇佣劳动）、利润、资本都不是抽象的存在物，而是具体的生产方式的组成部分，工资是以雇佣劳动为前提的，而利润是以资本为前提的。

生产力发展的水平决定了生产关系，而分配关系又是生产关系的一种表现，我们可以理解为分配关系也是不以人们的意志为转移的生产关系在分配领域的体现，是一种客观事实，人们从自身利益出发对这一客观事实进行评价，因而才出现了正义还是不正义这种价值判断问题，因此社会中不同的成员从其自身的利益出发会产生不同的分配正义主张，这种分配正义主张也是其对既有的分配关系进行评价的依据。"各种分配公平主张都不过是人们从他们自身利益出发对现存分配关系的一种评价"[3]。因此，对客观存在、不以人们意志为转移的分配关系的评价具有阶级性，当一个阶级说一种分配关系是正义的时候，得出是正义判断的根本在于该分配关系与他们的利益要求是一致的，而一个阶级说一种分配关系是不正义的时候，得出是不正义这一判断，其根本原因在于该种分配关系与他们的利益诉求相悖。

不论是资产阶级还是无产阶级、统治阶级还是被统治阶级都有自己的分配正义主张，不同的分配关系给不同群体和个人所带来的具体分配利益则是不同

---

[1] 马克思,恩格斯.马克思恩格斯全集:第46卷下[M].北京:人民出版社,1980:477.
[2] 马克思,恩格斯.马克思恩格斯文集:第7卷[M].北京:人民出版社,2009:998.
[3] 段忠桥.马克思的分配正义观念[M].北京:中国人民大学出版社,2018:9.

的,依据自身的利益所提出各种不同的分配正义主张在不同阶级中是存在极大差别的。因此,对同一种分配关系或分配方式,有的人会认为其是正义的,有的人则会认为其是不正义的,马克思从伦理意义上对分配以及分配正义相关的描述带有阶级性的特征。"什么是'公平的'分配呢? 难道资产者不是断言今天的分配是'公平'的吗? 难道它事实上不是在现今的生产方式基础上唯一'公平的'分配吗?"①站在不同的立场上,人们对分配正义的观念理解各不相同毫不奇怪,因为他们的利益诉求各不相同。

  分配正义作为一种对既存的分配方式和分配关系进行的评价属于观念形态,而对分配正义与否的观念直接来源于现实的经济关系,以及评价者在该分配关系中利益分配的状况,在这一点上正义是评价者从道德角度对现实中的分配关系作出的一种评价,恩格斯认为当工人阶级认为现存的分配关系不正义时,这等于是在说"这些经济事实同我们的道德感有矛盾"②。不同的分配关系给不同的阶级、不同的社会成员会带来不同的利益,对同一种分配关系,不同人的评价也是不同的。例如,不同的分配关系给不同的阶级、不同的社会成员会带来不同的利益,对同一种分配关系,不同人的评价也是不同的,"希腊人和罗马人的公平观认为奴隶制度是公平的;1789年资产者阶级的公平观要求废除被宣布为不公平的封建制度。在普鲁士的容克看来,甚至可怜的专区法也是破坏永恒公平的。所以,关于永恒公平的观念不仅是因时因地而变,甚至也因人而变,它是如米尔伯格正确说过的那样'一个人有一个理解'"③。罗马人和希腊人所持有的正义观认为奴隶制是正义的,资产阶级要求废除不正义的封建制度是符合1789年资产者阶级的正义观的;因此"这样平等的观念说它是什么都行,就不能说它是永恒的"④。

三、马克思在法律意义上对分配正义概念的使用

  马克思以历史唯物主义为基础,在法律意义上对分配正义问题进行了相关的论述,法律作为意识形态的一种形式,是上层建筑的主要组成部分,是由经济基础所决定的,法的关系作为契约形式而存在并固定,法的关系是反映经济关系的一种意志关系,因此法的关系的内容以及意志关系的内容从根本上来说是由这种经济关系本身所决定的。

---

① 马克思,恩格斯.马克思恩格斯文集:第3卷[M].北京:人民出版社,2009:432.
② 马克思,恩格斯.马克思恩格斯全集:第21卷[M].北京:人民出版社,1965:209.
③ 马克思,恩格斯.马克思恩格斯文集:第9卷[M].北京:人民出版社,2009:109.
④ 马克思,恩格斯.马克思恩格斯文集:第9卷[M].北京:人民出版社,2009:113.

(一)法权观念是分配正义观念的来源

正义作为评价分配方式和分配关系的一种观念形态,法权观念是正义观念形态的直接来源,也是正义观念产生的一个前提。马克思认为权利与义务是对立统一的关系,"没有无义务的权利,也没有无权利的义务"[①]。法律是对权利与义务作出规定的条文,是一个国家统治阶级意志和利益的体现。法律意义上的分配正义观念来源于现存的政治经济关系,具有时代性的特征,是特定时期政治、经济与文化发展的产物。分配正义观念作为对社会产品分配是否正义的一种价值判断,法权观念是其一个重要来源。法律所规定的权利与义务是对立统一的,人们的分配所得与人们的劳动付出也应当是成正比的。

马克思认为,资本主义国家法律所体现的是统治者和资本家的意志和利益,所谓平等、正义、人权只是相对于资产阶级而言的,并不是普适的,单从这一点来看,它就明显具有虚伪性。资本主义国家法律所规定的权利和义务在形式上平等,在实质上则是不平等的,资产阶级所享受的权利、所分配的社会产品比他们所尽的义务、所付出的劳动要大得多,在法律规定上资产阶级所享受的权利与应该履行的义务、资产阶级所进行的劳动与所分配到的劳动产品常常背道而驰,存在巨大的反差,资产阶级负责享受而无产阶级负责劳动的分配关系显然是不正义的。资产阶级对于法律的制定,其"公开目的无非是使那种只考虑私人利益,只考虑榨取金钱的立法者靠牺牲他的臣民来最大限度地'发财致富'"[②]。

法律中有关分配的规定是人们判断某一种分配方式是否合理、合法、正义的标准,由于法律所具有的强制性特征,它也保证了制定法律的统治阶级的分配主张得以保障实施。在资本主义社会,资产阶级对分配领域中出现的分配问题达成共识后就会以立法的形式将其固定下来,以保证自己的利益所得,在资产阶级看来是分配正义的主张所保障的只是资产阶级的利益。资本主义社会中现存的分配方式是以损害无产阶级利益为前提的,在社会产品价值既定的情况下,资产阶级对剩余价值的占有在本质上来说是对无产阶级的剥削和压榨。

法权观念作为分配正义观念的来源,由于资本主义社会自由平等的虚伪性,无产阶级的分配主张是不可能上升为国家意志,不可能为自己争取到实质上公平分配的。在穷人看来,法律只不过是压迫的和非正义的产物而已,对这

---

① 马克思,恩格斯.马克思恩格斯选集:第2卷[M].北京:人民出版社,1995:610.(注:人民出版社2012年版的《马克思恩格斯选集》中将《国际工人协会共同章程》这一文献删除,遂引自1995年版的。)

② 马克思,恩格斯.马克思恩格斯全集:第47卷[M].北京:人民出版社,1979:528.

压迫的和非正义的产物——法律,穷人怎么可能会热爱、尊重和履行呢? 因此我们可以得出,贵族们不断地宣扬法律的公平与神圣是从他们自身利益出发的一种考量,但是以牺牲穷人们的利益为代价,又要求他们尊重和履行法律常常是徒劳的,贵族们所标榜的正义的法律在现实中穷人总是在千方百计地规避法律,这些"公平"的法律只有通过威胁、刑罚等暴力手段的使用才勉强得到执行。"在穷人心目中,法律只是非正义和压迫的产物,他们又怎么会热爱和尊重法律呢? 因此,贵族们虽然从自己的利益出发不断地宣扬法律如何神圣,要求人们尊重和服从法律,却完全是徒劳;事实是人人都在千方百计地规避法律,只有施加威胁,运用刑罚采取暴力,法律才勉强得到执行。"①

(二) 分配正义通过法权神圣化

进入现代文明社会以来,法律作为一个国家统治阶级意志的体现,具有强制性的特征,"没有人把正义当成是对自己的好事,心甘情愿去实行,做正义事是勉强的。在任何场合之下,一个人只要能干坏事,他总会去干。大家一目了然,从不正义那里比从正义那里个人能得到更多的利益"②。柏拉图认为,人们做正义的事是勉强的,把正义当成是对自己的好事的人几乎是不存在的,人们不会心甘情愿去做正义的事,在任何场合一个人只要能干坏事他总会去干的,原因是个人从不正义那里会比从正义那里能得到更多的利益③。在分配领域更是如此,如果没有法律作为一种分配关系和分配方式的后盾,个体有可能为了获得更多的个人利益而陷入人与人之间的争斗中,这也将打破社会的和谐。因此,在这个意义上来说,以法律为保障的分配正义可以消除人治的随意性,分配关系通过法律得以固定下来,在实施的过程中,法律使得社会资源的分配有法可依、有章可循,进而保证分配以正义为指向。

一个国家中资产阶级作为统治阶级,那么法律作为上层建筑受经济基础所决定,决定于生产资料私有制的资本主义法律所体现的只能是资产阶级的意志和利益。在资产阶级作为统治阶级的国家,法律所体现的只能是资产阶级的意志和利益,无产阶级与资产阶级的力量以及地位过于悬殊,用来保障无产阶级分配公正的法律是欠缺的,无产阶级实现自己分配主张没有法律支撑,这就导致在分配上无产阶级只能受制于资产阶级。"于是这里出现了二律背反,权利同权利相对抗,而这两种权利都同样是商品交换规律所承认的。在平等的权利之间,力量就起决定作用。所以,在资本主义生产的历史上,工作日的正常化过程

---

① 埃蒂耶纳·卡尔.伊加利亚旅行记:第2卷[M].北京:商务印书馆,1982:32.
② 柏拉图.理想国[M].张竹明,译.南京:译林出版社,2012:41.
③ 柏拉图.理想国[M].郭斌和,张竹明,译.北京:商务印书馆,1986:48.

表现为规定工作日界限的斗争,这是全体资本家即资本家阶级和全体工人即工人阶级之间的斗争。"①

　　这样,就会导致如下对立现象的出现:"权利同权利相对抗,而这两种权利都同样是商品交换规律所承认的。"②在相互对立的两种权利背后,居支配地位的是权利的力量,我们从资本主义生产历史不难发现这一点,资本主义生产历史中工作日正常化是作为一个过程通过斗争的形式不断确定的,斗争的实质内容就是让自己的合法权益置于法律保护之下,斗争的双方是资产阶级和工人阶级。工人阶级必须争取有助于实现和保障自身利益法律的颁布和实施,从而将自己的分配主张通过立法形式固定下来,为自身争取合理分配所得提供法律保障,使自己的分配主张合法化,"工人必须把他们的头聚在一起,作为一个阶级来强行争得一项国家法律,一个强有力的社会屏障,使自己不致再通过自愿与资本缔结的契约而把自己和后代卖出去送死和受奴役"③。

---

① 马克思,恩格斯.马克思恩格斯文集:第5卷[M].北京:人民出版社,2009:271-272.
② 马克思,恩格斯.马克思恩格斯文集:第5卷[M].北京:人民出版社,2009:272.
③ 马克思,恩格斯.马克思恩格斯文集:第5卷[M].北京:人民出版社,2009:349.

第三章　马克思分配正义思想的演进脉络

马克思分配正义思想同历史上其他思想的形成和发展一样，也经历了萌芽、形成、发展、深化的各个阶段，经历了一个历史性的生成过程，在这一过程中，马克思分配正义观点并不是一成不变的，而是不断发展的。这一点我们在马克思不同时期所撰写的文本中可以发现其分配正义思想清晰的发展脉络。马克思分配正义思想的形成也是建立在不断批判前人所提出的分配正义理论基础之上的。马克思通过对古典正义观和自由主义正义观的继承和批判，从而形成了自己的正义观。随着马克思正义思想的深化，分配正义思想作为其中的一个组成部分，也经历了萌芽、发展、形成和深化的阶段，这一分配正义思想是在继承和批判近代自由主义以及启蒙思潮、黑格尔古典正义观、费尔巴哈古典正义观基础上形成的。

第一节　马克思分配正义思想的萌芽

青年时期马克思所信仰的是黑格尔法哲学，青年马克思在进行博士论文选题的时候所围绕的是自我意识哲学这一问题。在博士论文中，马克思对伊壁鸠鲁自然哲学的阐释内含了对正义思想的阐发，这一阐发相对而言是间接和隐晦的。马克思在为《莱茵报》撰稿期间接触了大量的社会现实，并以正义观念对这些社会现实进行了批判。从中我们可以梳理出一条贯穿正义思想的主线，当然，从政治立场上看，这一时期的马克思还是一个民主主义者，他所强调的"自由"和"平等"等具体观念是自由主义正义观的体现。因此，这一时期是马克思分配正义思想的萌芽时期。

一、博士论文对正义问题的理性思考

青年马克思曾经是黑格尔思想的追随者，对研究黑格尔哲学花过很多时间

和很大精力。马克思的博士论文对流行于"博士俱乐部"中的"自我意识"展开了案例性的研究,以自我意识为纲领,诠释了德谟克利特和伊壁鸠鲁自然哲学的分歧所在,在阐释分歧的基础上表达了自己的哲学见解。"从题目上看,是讨论德谟克利特与伊壁鸠鲁的自然哲学的关系问题,但是其主题的底蕴却是通过对伊壁鸠鲁的自我意识哲学的阐释,确认人的崇高地位和价值,以构筑反对封建专制主义的政治哲学的基础。"①深入阐释伊壁鸠鲁原子学说中的自我意识要素的哲学意义,借以表达了自己对"自我意识"神圣性的捍卫,对人的尊严、自由、平等、正义等价值观问题的思考和主张,初步展现了自己的正义思想。

(一) 人的自我意识拥有神圣地位

马克思认为人的"自我意识"是伊壁鸠鲁思想的灵魂,伊壁鸠鲁的原子论思想是对德谟克里特原子论思想的继承和创新。"伊壁鸠鲁认为原子在虚空中有三种运动。一种运动是直线式地下落;另一种运动起因于原子偏离直线;第三种运动是由于许多原子的互相排斥而引起的。承认第一种和第三种运动是德谟克利特和伊壁鸠鲁共同的;可是,原子脱离直线而偏斜却把伊壁鸠鲁同德谟克利特区别开来了。"②

当然这种主张曾遭到西塞罗等哲学家的嘲讽,马克思力排众议,不但肯定了伊壁鸠鲁的这一伟大创见,而且竭力阐发其中蕴含的哲理。马克思揭示德谟克利特同伊壁鸠鲁思想上的根本差异。一方面马克思批判了前人对伊壁鸠鲁自然哲学的误解,另一方面在批判的基础上马克思运用伊壁鸠鲁的原子学说,运用类比的方式阐释了自己对人的自我意识的理解,即原子偏离直线的运动是由于原子有冲破束缚的渴望,源自自我意识对自由正义的向往,这一向往从内部催动原子运动打破常规路线,另辟蹊径。虚空中原子的偏斜运动是对这一必然性运动形式的纠偏,是对自由意志的张扬。直线运动中的常规性、既成性被扬弃,类似于点在线中被扬弃,物体在下坠的过程中会描绘成一条直线,但是物体下坠所描绘的这条直线也导致其自身不断被扬弃。扬弃的过程与物体所特有的质是没有关系的。"正如点在线中被扬弃一样,每一个下坠的物体也在它描绘的直线中被扬弃。在这里与它所特有的质是没有关系的。一个苹果下坠时所描绘的垂直线和一块铁块落下时所描绘的一样。因此,每一个物体,如果它处在下坠运动中,就不外是一个运动着的点,并且是一个没有独立性的点,一个在一定的存在中——即在它自己所描绘的直线中——丧失了个别性的点。"③一

---

① 徐俊忠,等.历史·价值·人权:重读马克思[M].广州:广东高等教育出版社,2000:303.
② 马克思,恩格斯.马克思恩格斯全集:第1卷[M].北京:人民出版社,1995:30.
③ 马克思,恩格斯.马克思恩格斯全集:第40卷[M].北京:人民出版社,1982:211.

个铁球落下时所描绘的轨迹是一条垂直线,同样一个苹果下坠时所描绘的轨迹也是一条垂直线,二者没有本质上的区别。下坠运动中的点相对于垂直线,是一个没有独立性的点,下坠运动着的点是一个在一定的存在中丧失了个别性的点,是在下坠物体自己所描绘的直线中丧失的。

原子偏斜运动理论给我们带来的深刻启示就是:原子之所以能够进行脱离直线的偏斜运动,就在于意志不向命运低头的自我主张,具有敢于挑战机械决定论的革命气概以及不受命运摆布的斗争精神,从根本上展现了自我追求个性自由、个体独立和意志自由的独特品格,具有辩证理解事物自我运动、自我变化、自我发展、自由发展的思想。这里自然暗含着正义的思想内容,马克思虽然没有直接清晰地表述出来,但是以一种隐晦的、暗含着的方式借原子偏斜运动以及对自我意识的论证表述了出来。

在马克思看来,自由不是外在于自我的一种意识,相反自由是自我意识的本性,如同原子冲出束缚的偏斜运动一样,人因为有了自我意识而自由,偏斜运动打破了"命运的束缚",偏斜运动的内在原因正是深潜其中的能够驱使"斗争和对抗"的力量。马克思将原子运动的这一思想类比到人,认为人也和原子一样是作为独立的存在,人是具有理性的,也渴望摆脱各种各样的束缚以实现自身的尊严和价值,获得自由和平等,即自我意识。

马克思运用矛盾的分析方法对原子概念以及原子的运动进行了分析,并以此类推,将这一方法运用到对人的分析,人与原子本质上是一样的,人之所以能够称为人的根本原因在于人自身所具有的内在精神规定性。人所具有的内在精神规定性就是人的自我意识,由于人具有的内在规定性、自我意识,人可以摆脱肉体欲望的控制。"与原子一样,人成其为人在于人自身内在的精神规定对物质规定的局限的超越,在于心灵不为肉体欲望所拘囿而为肉体欲望的主宰。人的这种形式或精神方面的规定,就是人的自我意识。"[1]在博士论文中,马克思阐释了人的本质取决于人的自我意识这一创造性的观点,人是具有双重规定性的存在物,即物质规定性和精神规定性,但是精神规定性对人而言则更加重要,人的本质取决于精神规定性而不是不取决于物质规定性,而马克思从人的本质取决于人的自我意识这一观点出发,从人的自我意识中解读了"自由"和"平等"两种理念,含有丰富的正义思想。平等作为一个关系范畴,马克思通过演绎原子与原子之间的关系,进而进一步推论出了人与人之间的平等关系。

---

[1] 张兆民.马克思分配正义思想研究[M].北京:中国社会科学出版社,2016:37.

（二）正义是人的自我意识的一种运用

伊壁鸠鲁原子偏斜运动学说中蕴含着"自我意识"这一活的灵魂，"自我意识"中又蕴含着自由、平等、正义等要素。这就是马克思博士论文所揭示的思想成果。人作为独立存在的个体不仅是自由的，而且是平等的。原子的偏斜运动是原子"真实的灵魂"，而不是外在于原子的，原子偏斜运动蕴含着"自我意识的绝对性和自由"①。同样的道理可以推导出自由也不是外在于自我意识的，而是自我意识的本性所在，人们因为有了自由意识而自由。原子的直线运动是一种丧失了自我意识、丧失了自由的运动，处于直线运动中的原子命运是早已注定的，每一个体都被束缚于既定的轨道上，根本没有自由和选择的权利，原子为了摆脱这种轨道而进行的偏斜运动是对命运的反抗，是实现自由的一种途径，偏斜运动所折射出的斗争精神，对于自由发展的追求和对自己命运的把控，无不表明了自我意识追求独立的主观能动性思想。正因为这些思想，伊壁鸠鲁被马克思推崇为古希腊最伟大的启蒙思想家。②原子实现自由摆脱定态的方式是脱离直线运动，转向偏斜运动，马克思将对伊壁鸠鲁原子偏斜运动的阐述进一步深入延伸到对自我意识中自由要素的研究，原子获得自由的前提是通过扬弃直线运动的被规定性和必然性而"打破了'命运的束缚'"③。

原子发生偏斜运动需要借助其他原子的力量，一个原子（个体）同其他原子（个体）之间是平等的关系。我们可以把一个原子看作个体，个体与其他个体的关系也是它与其自身的关系，它们都具有相同的规定和属性。个体与个体之间体现的是"类"关系，相互之间体现的是"平等"的关系。"平等是人在实践领域中对人自身的对自身的意识，也就是人意识到别人是和自己平等的人，人把别人当作和自己平等的人来对待。"④

马克思在阐述完原子之间平等的类关系之后，又将其延伸到对人与人之间关系的探讨上。每个人若想获得自由就必须像原子一样摆脱相对其自身的定位，人同其他人之间是一种平等的关系，同属于一个"类"，人只有打破纯粹自然的力量才能获得个体的自由，而打破的前提是把其他人看作同自己一样的个体，同一类的个体之间是平等的关系。马克思认为，在实践领域中，平等是作为个人自我意识的显现，它来自个人从自身之外的其他人，人与人之间就像原子与原子之间一样，是平等的关系，命运铺在每个人面前的路都是敞开的，通向自由的路是多样的。没有哪个人的路是被堵死的，没有哪个人是被束缚在必然性

---

①② 马克思,恩格斯.马克思恩格斯全集:第1卷[M].北京:人民出版社,1995:63.
③ 马克思,恩格斯.马克思恩格斯全集:第1卷[M].北京:人民出版社,1991:33.
④ 马克思,恩格斯.马克思恩格斯全集:第1卷[M].北京:人民出版社,1995:25.

的牢笼里动弹不得的。①

通过对人的自我意识论述的延伸,马克思还探讨了自由平等思想,而人自我意识中自由平等的思想是正义思想的根基所在。契约是伊壁鸠鲁原子思想在政治领域的具体运用,人与人之间是平等的,为了实现自我保护和保证人的自由平等需要订立契约,契约是正义得以实现的保障,人将自身的自我意识应用于实现平等的手段上,在实现平等的手段上契约保证了公正和正义。"对于一切不能签订关于彼此互不伤害也不让双方遭受伤害的契约的生物来说,既没有公平,也没有不公平,对于一切不能或不愿签订关于彼此互不伤害也不让双方遭受伤害的契约的民族来说,也是如此。公正不是自在之物,而是一种在无论什么样的地区内在相互交往中产生的关于彼此互不伤害也不让对方遭受伤害的契约。"②

青年马克思自觉意识到:人因具有自我意识而是自由的和平等的。同时,马克思又进一步通过对于自我意识、自由平等思想的阐发间接表达了自己的正义主张,这一延伸是通过将原子偏斜中的排斥运用到政治领域中,通过类比阐述了不损害他人的利益而且具有普遍意义的契约就是正义。伊壁鸠鲁的自然哲学所蕴含的正义思想停留在精神领域,马克思在对伊壁鸠鲁正义思想的解读中将其付诸现实,有很强的现实性,并从自我意识中解读出了正义所蕴含的自由和平等两种理念,这是马克思重要的思想创造。

二、《莱茵报》时期对正义问题思考的深化

由于出众的管理能力和务实的精神,1842年10月马克思被委任为《莱茵报》的主编,从1842年4月马克思给该报撰写第一篇稿件到1843年2月该报纸被查封,马克思在《莱茵报》上发表了大量有深刻见地的文章,给《莱茵报》带来一股清风。这一时期马克思接触了越来越多的社会现实,对社会现实中的不公平、不正义现象进行了批判。马克思在其博士论文中对正义思想的表达是通过原子偏斜运动到人的自我意识再到自由平等观念的阐述,相对而言是比较隐晦的,相比之下,马克思在为《莱茵报》撰稿时期对正义思想的表述则是比较明确的。

---

① 马克思,恩格斯.马克思恩格斯全集:第1卷[M].北京:人民出版社,1995:26.
② 马克思,恩格斯.马克思恩格斯全集:第1卷[M].北京:人民出版社,1995:84.

（一）批判普鲁士国家制度的非正义

首先，马克思批判了普鲁士封建专制的非正义，这种非正义体现在普鲁士封建专制制度的官僚本质上。马克思通过《摩泽尔记者的辩护》一文对普鲁士封建制度的官僚本质进行了深刻的批判，该篇文章以非常翔实的事实和确凿的证据阐述了普鲁士政治制度的官僚性。官员在对有关规定进行执行的时候只考虑上级的规定，而对人民的利益视而不见，官员只对上级负责而不管人民的死活，马克思认为普鲁士这些封建专制制度的本质是官僚性的，也是非正义的。马克思在这篇文章中进行了详细的考查，对摩泽尔河沿岸广大种植葡萄的农民因利益受损而陷入贫困的事实做了详细的调查和分析，指出导致这些农民陷入贫困状态的根本原因在于普鲁士政府的官僚本质。官员只执行上级命令对上级负责，官僚地对待辖区内的人民，不从人民的利益出发，这是非正义的。

其次，马克思对普鲁士的书报检查制度进行了批判，马克思认为普鲁士的书报检查制度是形式上正义而实质上是非正义的。由于惧怕思想力量的强大，当局颁布了新的书报检查令，在不限制写作和自由言论的谎言下，其实质则是加强对书报等自由出版物检查控制的一种手段，以防止出现威胁统治阶级言论的出现。马克思在《评普鲁士最近的书报检查令》中严厉谴责了该检查令的非法性，批判了该检查令的虚伪性。马克思认为这份书报检查令是对个体自由的侵犯，是对正义的践踏，是维护统治阶级意志的体现，代表的是统治阶级的利益。人们在进行书报活动过程中，不应该设置种种禁区和禁令，束缚人民的言论自由。按照制度和法律规定，对于政府的不当行为，人民有权表达自己的意愿，即可以自由发表政论。

再次，马克思批判了当局在废除新区乡制度过程中表现出来的非正义性。普鲁士莱茵省于18世纪90年代颁布的新区乡制度，旨在废除陈腐的不合时宜的乡村封建土地所有制特权，赋予城乡平等发展的权利和机会。但是，普鲁士统治地位在稳固以后，迫于一些贵族集团的压力，为了保障不正当的利益输送，竟然冒天下之大不韪，企图废除这一制度。马克思在《莱茵报》上发表了三篇通讯，阐明了自己立场，对主张区乡分开的观点和主张进行了批判。马克思认为，持区乡分开建制观点的人，其秉持的依旧是封建等级特权思想，应该摒弃这些陈腐的东西，遵循"全体公民一律平等"的正义理念，把平等思想贯彻到制度建设之中，促进城乡区域共同发展。

（二）批判普鲁士政府法的非正义

人性作为法的根本准则，是法之为法的核心，马克思在为《莱茵报》所撰写的文章中多次强调,法必须合乎人性,所谓人性是指人的理性、自由、平等。首先,马克思对于程序性正义与实质性正义问题的重视,以《关于林木盗窃法的辩论》为例,文章认为,在历史上从未有过对于穷人捡拾枯枝烂叶的限制,并为此立法,把捡拾树枝者指控为盗窃犯。更有甚者,是将林木监护人作为指控违法行为的唯一裁决者和林木主人的损失评估者。既然法律面前人人平等,立法权面前也应该人人平等。贵族的习惯法是为了保障贵人的特权才形成的,那么,我们也要为穷人制定习惯法,以保障他们的基本权益。①马克思认为当时的现行法是不正义的,而现行法律之外的习惯法是一种实质上的正义。一方面贵族的特权在现行法中是受法律肯定和保护的,是不正义的、也不具有合法性;另一方面贫民的习惯权利是正当的、具有合法性的,然而却不受法律的肯定和保护。马克思揭露了普鲁士法律徒有其形式上的正义性,而在实质上却是非正义的,程序正义并不代表实质正义,我们在追求程序正义的时候,不能忽视实质正义的重要性。

法之为法体现在以普遍自由为准则,马克思认为:"法律不是压制自由的手段,正如重力定律一样不是阻止运动的手段……恰恰相反,法律是肯定的、明确的、普遍的规范,在这些规范中自由的存在具有普遍的、理论的、不取决于个别人的任性的性质。法典就是人民自由的圣经。"②法律应该成为保证人们自由的手段,而不是妨碍自由的障碍,法律固然具有确定性和普遍适用性,在法律规范中所彰显出来的自由、平等、正义应该是明确的和普遍适用的,明确性是公认的、不容置疑的,普遍适用性则摒弃了游离于法律之外的特权的存在,这种普遍是不取决于任何个人、特殊利益群体等的私自主张的,而自由自古就是人的德性之一,是人之为人最宝贵、最根本的诉求。

马克思认为,林木盗窃法为了树木的权利而剥夺人的权利,把林木奉为神明,而把穷人视为蝼蚁。这是什么法?这是对穷人利益赤裸裸的剥夺。法律应该成为人的德性的守护神,而不应该成为损害德性的手段。法律应当成为保护人民自由的手段,而不是相反,以法律的视角去看人,暗含着普遍自由的观念,即在法律面前人与人应当是平等的,人是具有共同的人性、共同的理性和自由的公民,平等观念是内含在法律之中的。这一时期马克思一再强调公民在法律面前所具有的公民资格是平等的,国家不应有贫富贵贱的区分,必须将所有的民众一视同仁地视为自己的公民,"国家也应该把违反林木管理条例者看作一个人,一个和他心脉相通的活的肢体,看作一个保卫祖国的士兵,一个法庭应倾听其声音的见证人,一个应当承担社会职能的集体的成员,一个备受尊敬的家

---

① 马克思,恩格斯.马克思恩格斯全集:第1卷[M].北京:人民出版社,1995:248.
② 马克思,恩格斯.马克思恩格斯全集:第1卷[M].北京:人民出版社,1995:176.

长,而首先应该把他看作国家的一个公民"①。他们的利益和人权是法律赋予的,每个公民在法律面前都是平等的。

(三) 批判国家物质利益分配非正义

《莱茵报》时期的马克思,批判了普鲁士政府在物质利益分配方面对劳动者的非正义。在关于林木盗窃法的辩论过程中,他细致分析了不同利益集团的人们对"盗窃"范畴的不同理解,针对骑士等级代表不赞同将普通地违反林木管理条例不纳入"盗窃"范畴提出的理由,即如果偷拿林木不算盗窃,会导致偷拿林木的行为经常发生。马克思指出,这些论调背后深藏着的是:物(林木)高于理性,利益高于法律。为了权贵的利益,什么法都可以立,什么界限(死树和活树的界限)都可以模糊,什么差别(捡枯树枝和盗窃林木的差别)都可以抹杀。②马克思站在穷人的立场上,为穷人的习惯法作了辩护,论证了受贵族利益和意志支配的法律损害了穷人的利益,是不正义的。在马克思看来,动物世界是弱肉强食的,动物之间没有平等可言,不自由的世界里只有不自由的法则,而人类不同于动物界,人类的法律应该是正义的体现。但是,特权者肆意践踏自然法则,把他们自己的意志视为法律的准绳,他们所追求的是法律的动物形式,而不是法律的人类内容。所以,穷人所要求的"国家保障一切穷人的习惯法"从本质上是得不到保障的,或者说,是以特权者的意愿为准绳的。"我们穷人要求的习惯法,而且要求的不是地方性的习惯法,而是一切国家的穷人的习惯法。我们还要进一步说明,这种习惯法按其本质来说只能是这些最底层的、一无所有的基本群众的法。"③

马克思还探讨了物质利益与国家和法之间的关系,其中具有内涵丰富的正义思想。马克思站在底层人民的立场为穷人的习惯法作了辩护,批判了将捡拾枯枝等同于林木盗窃,以及把普通的违反林木管理条例的行为也等同于林木盗窃的错误认识。在马克思看来,法律面前公民是自由和平等的,法律不应当受私人利益所支配,不应当成为保护特权等级利益的工具,法律作为理性的体现应当是普遍利益的代表,而非只代表特定等级的私人利益。如果法律不顾穷人的死活,将捡拾枯枝等同于林木盗窃,一心只维护林木占有者的私人利益而罔顾穷人的正当利益,这种行为是对神圣法律的践踏,也是对人权和正义的践踏,这种全力维护特权者利益的法律本质上就是非正义的,任由这种法律恣意妄为,结果只能造成逼良为娼的现象,"把一大批不是存心犯罪的人从活生生的道

---

① 马克思,恩格斯.马克思恩格斯全集:第1卷[M].北京:人民出版社,1995:255.
② 马克思,恩格斯.马克思恩格斯全集:第1卷[M].北京:人民出版社,1995:246.
③ 马克思,恩格斯.马克思恩格斯全集:第1卷[M].北京:人民出版社,1995:248.

德之树上砍下来,把他们当作枯树抛入犯罪、耻辱和贫困的地狱"[①]。这是借用法律的名义,人为制造犯罪、制造社会矛盾的不义行为。

综上所述,马克思通过对普鲁士制度、法以及物质利益分配方面的批判,暗含着对正义的理解,较之于博士论文中对正义的理解更加贴近现实,具有更强的现实性和实践性,马克思通过大量的调查研究,对当时社会的剥削与压迫等非正义现象进行了无情的剖析和辛辣的批判。这一时期马克思的正义思想还是站在民主主义的立场上的,表现为一种自由主义正义思想的话语体系。在这一阶段,马克思通过对社会现实的考察,也促使自己对之前所秉持的正义观念作出进一步反思,并且逐渐意识到在现实社会中统治阶级支配了法与国家,法律只是统治阶级意志和利益的代表。"合乎理性的是现实的,这一点正好通过不合乎理性的现实性的矛盾得到证明,这种不合乎理性的现实性处处都同它关于自己的说明相反,而它关于自己的说明又同它的实际情况相反。"[②]如果说合乎理性的是现实的,那么不合乎理性就是不现实的,揭示现存世界与理性相悖的矛盾,根本在于社会制度的不合理性。这里值得一提的是,通过大量的社会实践,引起马克思对现实物质利益问题的关注,此时的马克思真正接触了当时的社会现实,明确了自己的阶级立场,站在广大贫穷人民这一边,对当时国家制度和法的批判是充满正义感的,其中彰显的是对于正义的追求是执着的。

第二节　马克思分配正义思想的形成

广泛接触底层人民所处的社会现实的人生经历,促使马克思对原有的思想理论进行了深刻的反思,这一反思的结果就是:对社会现实的批判应该聚焦对市民社会的剖析,对形形色色哲学思潮的解读应该聚焦对黑格尔哲学的批判。这个历史阶段,马克思的分配正义思想较之于以前又有所发展和深化。可以这么说,在这之前马克思的正义思想还是较为宏观的,分配正义隐含其中还没有得到具体阐述。此后,马克思的正义思想才开始逐步具体化,分配正义思想才真正浮出水面。在《黑格尔法哲学批判·导言》《德法年鉴》《神圣家族》和《1844年经济学哲学手稿》等著作中,马克思的分配正义思想开始形成。

---

① 马克思,恩格斯.马克思恩格斯全集:第1卷[M].北京:人民出版社,1995:243.
② 马克思,恩格斯.马克思恩格斯全集:第1卷[M].北京:人民出版社,1995:81.

一、唯心主义转向唯物主义的分配正义思想

《黑格尔法哲学批判·导言》是马克思从唯心主义向唯物主义转变的过程中写作的,这一文稿也被认为马克思思想转向的标志,马克思在为《莱茵报》撰稿期间所接触到的大量社会现实,使得他将批判的矛头指向黑格尔的《法哲学原理》,马克思在那一时期坚信,正义的法律是可以用来保障自由和平等的,也是可以促进分配正义,保障穷苦民众个人利益的。在接触大量社会现实之后,为了回答现实问题,马克思开始了对黑格尔法哲学的反思和批判。

(一)对黑格尔政治国家的正义与法的正义的反思

首先,马克思从政治国家的视角,对分配正义问题进行了探究。对大量社会现实问题日益密切的接触与逐渐深入的思考,深深触动了马克思。对平等、公平、正义等问题的理解,再也不能拘泥于自由主义的层面,而要放置于国家、市民社会等更加具体的社会现实中进行思考。由此前对自由主义正义思想的追寻,马克思开始转向对自由主义正义思想的质疑。过去人们对正义等问题的思考采取的纯粹是思辨的方式,缺乏坚实的社会现实基石。理想与现实之间存在极不协调的反差,自由主义正义理念的空洞抽象性越来越明显,与现实生活的脱节也是不争的事实。黑格尔《法哲学原理》受到马克思的高度关注,如何理解正义问题?我们要从现实入手。那么从何理解现实,又如何把握现实呢?黑格尔提出的方向是建设性的,即从法哲学和国家哲学入手,因为法哲学和国家哲学是"唯一与正式的当代现实保持在同等水平上的"[①],所以,把脉当前的社会现实必须从国家制度与法入手。

在对黑格尔"国家"理论进行批判理解的基础上,马克思纠正了黑格尔的观念主义国家观,重新思考国家与法的本质,重新解读国家与市民社会的关系,进而对政治国家的正义性进行了反思。思辨的国家学说所了解的国家只是思维中高悬在彼岸世界的理念,所以这种国家理论所理解的人根本不是现实的人,其对人的关注也只是抽象或虚构的方式。思辨的王国丰满而自负,它所思考的现实片面而低下。[②]思辨的理论根本无力改变现实,而要做到这一点,只有一个解决办法,那就是:走向实践!马克思的结论是,市民社会规定了国家的本质,而非相反。在市民社会中唤起解放的热情,使市民社会特殊阶级的觉醒和整个

---

① 马克思,恩格斯.马克思恩格斯选集:第1卷[M].北京:人民出版社,2012:7.
② 马克思,恩格斯.马克思恩格斯选集:第1卷[M].北京:人民出版社,2012:9.

社会人民的觉醒完全一致,人的彻底的解放不能依赖乌托邦式的思辨,只能寄希望于全社会人民的解放。在资本主义社会中,政治国家作为神圣理念的化身,与市民社会严重脱节,这种脱节必然造成的结果是人的本质的深层分裂。自由主义正义包含两个要素:私有财产和独立利己的个体,私有财产是神圣的,个体的独立自由也是神圣的。市民社会必将导致"独立的、利己的个体"之间在分配问题上的对抗,表面上的平等与正义掩盖着人在政治、经济、法律地位实质上的不平等,其局限性是必然的。

其次,马克思从法的视角对分配正义问题进行了反思。马克思在对黑格尔的正义理论进行反思和批判之后,又进一步对法的正义进行了反思。马克思认为法的关系根源于物质的生活关系,市民社会决定了法,而不是法决定着市民社会。按照黑格尔在《法哲学原理》中关于法的理论,法应当代表的是人民普遍利益,但是现实社会中,法所代表的只是少数特权阶级的利益,现实状况和理论描述是一种颠倒的状况。而只代表少数特权阶级利益的法,却冒充为具有普遍适应性的永恒真理,其虚伪性就不言自明了,其现实化也只能而且必然流于形式化。这种做法必然会撕裂市民社会与政治国家的关系,撕裂市民社会成员之间的关系。[①]

现代国家所造成的双重撕裂,导致了市民社会是用"金钱"标准进行衡量的社会,法要想实现公平正义必须脱离市民社会、超越市民社会,法只有这样才能实现保障广大人民利益的诉求。马克思站在无产阶级这个人为造成的特殊阶级的立场上指出,对立法者来说,所立之"法"代表的应该是广大人民的普遍利益,应当超越私人利益和世俗利益。在"立法权"设定之前,市民社会也就是私人等级,是不作为一个国家组织而存在的,而如果要是市民社会也就是私人等级本身获得存在的话,这就必然需要认为私人等级的真正组织以及真正的市民生活是不存在的,必须认定私人等级不存在的原因在于,立法权的等级要素是肩负着认定市民社会和私人等级不存在这一使命的。政治国家与市民社会之间的分离,必然导致公民作为一种抽象存在物是不同于公民的现实性的,导致公民同他的现实性相对立。[②]因此,马克思认为法之正义必须要求立法者既不能局限于私人等级,也不能局限于抽象理念,而要把理论需要和实践需要统一起来。

(二) 对自由主义分配正义的批判

马克思对自由主义正义观、自由主义的分配正义思想所展开的批判,是融

---

① 马克思,恩格斯.马克思恩格斯全集:第1卷[M].北京:人民出版社,1956:7.
② 马克思,恩格斯.马克思恩格斯全集:第1卷[M].北京:人民出版社,1956:341.

合在对近代法哲学批判中的,即与对资产阶级法哲学的批判交织在一起的。随着批判的展开和深入,马克思在《德法年鉴》中对自由主义的分配正义问题进行了具体和深入的批判。一方面,自由主义的分配正义思想具有积极的方面,政治国家与市民社会相分离是一种历史的进步,这种历史的进步"是迄今为止的世界制度范围内的人类解放的最后形式"①。另一方面,自由主义的分配正义思想的历史局限性开始显现,政治国家与市民社会相分离将最终导致人的深层分裂,个体在国家范围内获得抽象公民权的同时,也面临特权等级由先天赋予或者后天获得的特权的压迫,自由主义所主张的自由和平等是建立在个体与类相互分离的前提上的。"完备的政治国家,按其本质来说,是和人的物质生活相反的一种类生活。物质生活这种自私生活的一切前提正是作为市民社会的特性继续存在于国家范围之外,存在于市民社会。在政治国家真正发达的地方,人不仅在思想中、在意识中,而且在现实中、在生活中,都过着双重生活——天国的生活和尘世的生活。前一种是政治共同体中的生活,在这个共同体中,人把自己看作社会存在物,后一种是市民社会中的生活,在这个社会中,人作为私人进行活动,把别人看作工具,把自己也下降为工具,成为外力随意摆布的玩物。"②政治国家作为一种类生活,从根本上来讲,只是一种理想化的国家观,是不符合人的真正世俗生活状况的。理想化的国家生活只存在于思维王国之中,世俗生活表现在市民社会中,它们根本上是不一致的。生活在政治国家中的人具有双重性(即理想性和世俗性),过着双重生活(即尘世的生活和天国的生活)。这种双重生活既体现在现实中和生活中,又体现在意识中和思想中。思想在天国中生活的人,在政治共同体中把自己当作社会存在物进行生活;身体在尘世中生活的人,是作为私人进行活动而不是作为一个共同体进行活动的,二者是分离的。处于市民社会中的人,在把自己当作实现理想的工具时,也把别人看作工具,生活在尘世中的人成为了受外力随意摆布的玩物。人在现代政治国家过着双重生活:在市民社会中把自己当作目的,把他人当作工具,在国家中则站在具有普遍高度的云端过抽象的政治生活。因此,自由主义主张的自由是封闭孤立在个体自身的单子里的人身自由,自由主义正义思想包含着这一前提——孤立封闭的利己主义个人,自由主义分配正义观念是建立在私有财产制度前提上的,具有虚伪性。

马克思在《德法年鉴》中通过对政治国家与市民社会相分离事实的分析,得出市民社会中的成员是处于资产阶级生产关系中的人,是"封闭于自身、私人利

---

① 马克思,恩格斯.马克思恩格斯全集:第1卷[M].北京:人民出版社,2016:429.
② 马克思,恩格斯.马克思恩格斯全集:第1卷[M].北京:人民出版社,2016:428.

益、私人任性,同时是脱离社会整体的个人的人"①,是资本主义私有制的产儿,建立在此基础上的市民社会是畸变的人类社会,是病态的人类社会,身处其中的人也异化成为"利己主义的人"②,成为封闭的、狭隘的、异化了的人。马克思对由异化了的人所组成的社会——市民社会以及异化了的人、利己主义的人、封闭的人、狭隘的人进行了深入的剖析,得出自由主义分配正义观不可避免地具有历史局限性。在《德法年鉴》中马克思对分配正义问题产生的原因,即异化了的市民社会和异化了的人进行了分析,这是马克思分析分配正义问题的又一重要进展。马克思在这一时期虽然没有提出异化劳动概念,但是这一重要概念已经呼之欲出。

二、分配正义的现实基础:消除劳动异化

1844年,马克思在巴黎写下著名的《巴黎手稿》(即《1844年经济学哲学手稿》),对分配正义问题进行了政治经济学批判,这是马克思分配正义思想的又一次深化,由之前对自由主义正义观的批判发展到对异化劳动的批判。对分配正义还是分配非正义的判断需要用科学的方法进行断定,这就需要运用政治经济学的方法断定。马克思运用异化劳动理论对分配领域的非正义问题进行了剖析。一方面对劳动产品与劳动者相异化的非正义性进行了解构和批判,另一方面对劳动者与劳动本身相异化的非正义性进行了解构和批判。

(一) 对劳动产品与劳动者相异化的非正义性的批判

劳动是创造财富的根本源泉,劳动产品是由劳动者生产出来的,在财富与产品的分配过程中理应归属于劳动者;但是,在资本主义生产资料私有制的前提下,劳动产品的所有权实际上是由资本家所把持的,这也进一步导致了劳动者与其自身通过劳动生产的产品相分离,即劳动产品的异化。马克思指出自由主义的分配正义是建立在异化劳动基础之上的,是劳动产品异化的产物,这种分配非正义使劳动者自己生产的劳动产品变成了压榨自己的工具,劳动者付出了劳动却不占有劳动产品,劳动产品生产得越多,工人就越贫困,社会两极分化的就越严重。比如,工人在工业化进程中生产了机器,工厂由于使用机器而大大提高了劳动生产率,原来由工人进行的生产工序现在由机器来进行,这就导致了大量工人的失业,具有相同技能的工人工资也被大大削减,其结果是工人

---

① 马克思,恩格斯.马克思恩格斯全集:第1卷[M].北京:人民出版社,1995:439.
② 马克思,恩格斯.马克思恩格斯全集:第1卷[M].北京:人民出版社,1995:442.

创造和生产的产品——机器,导致了工人自身的日益贫困。与此相反,劳动产品的异化则导致了资本家越来越富有。一方面工人生产得越多,资本家占有的就越多;另一方面,劳动生产率借助工人创造和生产的机器而大大提高,使得生产产品的时间与成本也大大降低,其结果是资本家获取了更大的剩余价值、占有更多的财富。劳动产品的异化是劳动产品分配非正义的典型体现,这也加剧了私有财产以资本的形式对工人进行剥削。

劳动产品的异化是私有财产集聚的基础,私有财产的集聚则加剧了异化劳动,在财富的分配上导致工人越来越贫穷而资本家越来越富有。资产阶级手中所握有的私有财产是无产阶级劳动产品异化所导致的结果,在这一过程中,本来由无产阶级劳动创造的产品被资产阶级占有,无产阶级由于自己的劳动产品被占有而走向贫穷,随着自己生产出的产品越来越多,自己贫穷的程度也在逐渐加深。马克思对资产阶级的私有财产进行了解构,指出资产阶级私有财产的获得是建立在劳动产品异化的基础之上的,是非法的,也是不正义的,在对劳动产品进行分配过程中,付出劳动生产、劳动产品的无产阶级却不占有劳动产品,没有付出劳动进行生产的资产阶级却大量占有了劳动产品。因此,近代自由主义的分配正义思想具有虚伪性和欺骗性,以生产资料私有制为基础的资本主义社会所宣扬的自由、平等、正义理念其实质只是捍卫资产阶级自身的利益。

(二)对劳动者与劳动本身相异化的非正义性的批判

劳动本来属于劳动者,劳动是在劳动者支配下的劳动,但是雇佣劳动彻底改变了这一关系:劳动不受劳动者支配而受资本所支配。社会劳动者与劳动本身是相异化的,在资本主义生产资料私有制条件下由于劳动者不占有生产资料,只有将自己的劳动出卖给资本家才能获得维持生存的生活资料。工人的劳动力作为一种特殊的商品一旦出卖给资本家,出卖之后工人的劳动就归资本家所有,劳动是劳动力的使用价值,而劳动者是劳动力活的载体,劳动力作为一种商品进行交换时,劳动就与劳动者本身进行了分离,即劳动的异化。"首先,他得到劳动的对象,也就是得到工作;其次,他得到生存资料。因此,他首先是作为工人,其次是作为肉体的主体,才能生存。这种奴隶状态的顶点就是:他只有作为工人才能维持自己作为肉体的主体,并且只有作为肉体的主体才能是工人。"[①]异化劳动从根本上改变了人对自己命运的支配,劳动创造的商品或财富主宰劳动者的人生,原本属于人自身的东西反过来凌驾于人之上。

异化劳动彻底颠倒了一切关系。工人得到生存资料是进行劳动的前提,因

---

① 马克思,恩格斯.马克思恩格斯文集:第1卷[M].北京:人民出版社,2009:158.

为工人作为一个人所具有的动物属性需要解决吃饭和穿衣问题,工人作为肉体的主体只能在作为工人存在的时候才能够生存,通过作为工人得到一份工作以维持自己作为肉体的主体,除了作为工人之外别无他法,工人只有作为肉体的主人才能是工人。资本家对工人的劳动进行支配和使用,进而拥有了使用劳动者劳动力的权利,为了获得更多的剩余价值,资本家对工人的剥削日益严重,根源于异化劳动是私有制彻底颠倒了人与人的关系,依靠工人劳动而活的资本家,反过来凌驾于工人之上,奴役工人。工人为资本家创造了一切,自己却一无所有。"劳动为富人生产了奇迹般的东西,但是为工人生产了赤贫。劳动生产了宫殿,但是给工人生产了棚舍。劳动生产了美,但是使工人变成畸形。劳动用机器代替了手工劳动,但是使一部分工人回到野蛮的劳动,并使另一部分工人变成机器。劳动生产了智慧,但是给工人生产了愚钝和痴呆。"[①]在生产资料私有制条件下,工人的劳动不属于他的本质,是外在于工人的东西,劳动的异化导致"他在自己的劳动中不是肯定自己,而是否定自己,不是感到幸福,而是感到不幸,不是自由地发挥自己的体力和智力,而是使自己的肉体受折磨,精神遭摧残"[②]。

劳动异化导致了资本家与劳动者处于截然不同的境况,正如马克思所言:"劳动生产了智慧,但是给工人生产了愚钝和痴呆。"[③]在生产资料私有制条件下,工人的劳动不属于他的本质,劳动对工人而言是外在于工人的东西。这种外在的东西所生产出来的产品越多,工人则会变得更贫穷。工人在劳动中不是肯定自己,因为这种劳动是一种异化的劳动,异化的劳动所导致的是工人在劳动中不断否定自己,异化劳动所导致的结果就是工人在劳动中所体现的不是幸福与充实,而是压迫与不幸。工人的这种劳动是被迫的,不是自由地发挥自己的智力以及体力所进行的创造性的、发展性的劳动。工人在劳动中感觉到的是压迫和不愉快,工人的劳动是属于资本家的,这种劳动是工人自身丧失优势的体现,因此,劳动本身与劳动者相异化是非正义的。

三、分配正义的实践指向:扬弃私有制

分配正义的实现必须以扬弃生产资料私有制为前提,资产阶级单独占有生产资料基础上的工人阶级不可能同时参与到对劳动产品的分配,因此对这种分配非正义状况改变的前提是扬弃生产资料私有制。

---

①②③ 马克思,恩格斯.马克思恩格斯文集:第1卷[M].北京:人民出版社,2009:159.

(一) 分配正义的实现在于扬弃私有财产

市民社会中社会成员的权利是不平等的,这些权利包括劳动产品的分配,资产阶级所主张的权利,是一种通过否定性的自由和否定性的平等的人道追求,私有制和异化劳动是市民社会赖以形成的现实基础,从对异化劳动的理解中,人类历史上的奴役制就可以得到很好的说明。资本家对工人的全部奴役就包含在异化劳动之中。自由主义分配的正义是市民社会关系在观念上的反映,是对异化了的人和私有财产这两个前提的肯定性理解,具有虚伪性。在《论犹太人问题》中,马克思揭露了市民社会和政治国家相分离的理论缘由和实践根源,从而认识到克服自由主义分配正义局限性的前提是扬弃市民社会的局限性,而克服市民社会局限性的前提是扬弃私有财产,追究到底,克服私有制的前提则是扬弃异化劳动。

马克思进一步在《1844年经济学哲学手稿》中指出,只有在共产主义的形式下才能最终扬弃私有财产,"共产主义是对私有财产即人的自我异化的积极的扬弃,因而是通过人并且为了人而对人的本质的真正占有;因此,它是人向自身、也就是向社会的即合乎人性的人的复归,这种复归是完全的复归,是自觉实现并在以往发展的全部财富范围实现的复归。这种共产主义,作为完成了的自然主义,等于人道主义,而作为完成了的人道主义,等于自然主义,它是人和自然界之间、人和人之间的矛盾的真正解决,是存在和本质、对象化和自我确证、自由和必然、个体和类之间斗争的真正解决。"[①]只有到了共产主义社会,人类历史上曾经出现过的一切异化和矛盾——这些异化和矛盾具体包括人与自然之间的异化和矛盾、人与社会之间的异化和矛盾、人与他人之间的异化和矛盾、人与自身的异化和矛盾等,才能从根本上找到解决办法。因此,人的异化是由于劳动者不占有生产资料,其根源还在于生产资料私有制,生产资料私有制对于劳动者来说导致了人的异化,对于资本家来说促成了私有财产的集聚,解决分配不正义问题的根本路径还在于扬弃私有财产。

正义观念作为人类思维对社会关系的一种抽象,分配正义观念作为人类对经济社会关系的一种抽象,人类的经济社会关系是随着生产力的发展而不断变化的,因此,不存在永恒的分配正义原则,一个时代的经济关系和社会关系决定了分配正义的范畴。意识、观念乃至范畴是在一定生产力发展水平的前提下所产生的,我们可以说诸如正义、公正等这一观念和范畴同这些范畴所表现的关系一样是暂时性和历史性的产物,而不是永恒性的产物,不是一成不变的。马

---

① 马克思,恩格斯.马克思恩格斯文集:第1卷[M].北京:人民出版社,2009:185.

克思指出:"适应自己的物质生产水平而生产出社会关系的人,也生产出各种观念、范畴,即恰恰是这些社会关系的抽象的、观念的表现。所以,范畴也和它们所表现的关系一样不是永恒的。它们是历史性的和暂时的产物。"①生产力作为社会发展的最终决定力量,生产力的发展决定了生产关系以及分配关系的改变,决定着实现分配正义的途径。在资本主义私有制条件下,工人的大量剩余劳动被资本家无偿占有,这也是导致分配非正义的根源,要彻底改变分配非正义的问题,就必须从这一根源着手。

资本主义私有制作为人类社会发展过程中的一种政治制度,是由资本主义生产方式导致的,由它主导的生产关系只有在阶级关系发生根本颠倒之后才会彻底改变。这是人类生活方式变化的产物,是人类历史本身运动的结果。资本主义生产关系"在各阶级本身和他们的相互关系发生变化以后才能发生变化或根本消灭;而各阶级的关系的变化是一种历史的变化,是整个社会活动的产物,总之,是一定'历史运动'的产物"②。《共产党宣言》指出,共产党人一切努力所指向的只有一个根本性的目标,就是消灭私有制。因为生产资料私有制是导致分配非正义性的根源,实现正义的分配这一目标必须通过阶级斗争消灭阶级压迫和阶级统治,让生产资料归劳动者所有,才能彻底改变财产的资产阶级属性,这就是剥夺剥夺者的要义。把属于劳动者的资本归还劳动者,变私人的财产为公共的财富。

需要指出的是,这并不意味着掠夺个人的财产,而是要改变财产的社会性质,进而改变财产的阶级性质。"把资本变为公共的、属于社会全体成员的财产,这并不是把个人财产变为社会财产。这里所改变的只是财产的社会性质。它将失掉它的阶级性质。"③而这一历史使命必须由无产阶级去完成,资产阶级一方面锻造了置自身于死地的武器,另一方面也产生了无产者、现代工人,进而运用这种武器推翻资产阶级的统治。无产阶级通过革命将资本家用于生产剩余价值的那部分财产变革为公共财产、属于全体社会成员的财产。"我们要消灭私有制,你们就惊慌起来。但是,在你们现存社会里,私有财产对十分之九的成员来说已经消灭了;这种私有制之所以存在,正是因为私有财产对十分之九的成员来说已经不存在。可见,你们责备我们,是说我们要消灭那种以社会上绝大多数人没有财产为必要条件的所有制。"④

① 马克思,恩格斯.马克思恩格斯全集:第27卷[M].北京:人民出版社,1972:484.
② 马克思,恩格斯.马克思恩格斯全集:第4卷[M].北京:人民出版社,1958:352.
③ 马克思,恩格斯.马克思恩格斯文集:第2卷[M].北京:人民出版社,2009:46.
④ 马克思,恩格斯.马克思恩格斯文集:第2卷[M].北京:人民出版社,2009:47.

（二）无产阶级是实现分配正义的主体力量

扬弃资本主义生产关系，在此基础上实现人类解放，这一使命必须由无产阶级来完成，无产阶级这个阶级是集人性丧失和生产资料丧失于一身的阶级，也正因为这一点，这个阶级的革命才最坚决、最彻底。马克思在《〈黑格尔法哲学批判〉导言》中指出，德国解放的实际可能性"就在于形成一个被戴上彻底的锁链的阶级，一个并非市民社会阶级的市民社会阶级，……在于形成一个若不从其他一切社会领域解放出来从而解放其他一切社会领域就不能解放自己的领域"[①]。确立无产阶级作为实现正义的现实主体，表明马克思超越了自由主义的正义思想。马克思指出，德国解放的实际可能性就在于形成一个阶级，培育一个现实的主体，而这个主体只能是受剥削、被统治的阶级，这个阶级既是解放运动的发起人，同时也是解放的对象，既是解放的主体，同时也是解放的客体。他们身处资产阶级市民社会关系之中，但又不是它的全部。[②]这就意味着：实现分配正义需要克服资产阶级市民社会的局限性，而克服市民社会局限性的历史重任只能由无产阶级来承担。

资本主义社会存在和发展的基础，是无产阶级及其劳动所创造出来的劳动产品，由于劳动产品的分配导致了无产阶级和资产阶级的对立，在这个对立的运动中，无产阶级只有消灭自己才能彻底消灭私有制。无产阶级诞生于市民社会之中，但是由于财产私有制度而导致了劳动的异化和人的异化，无产阶级被排斥在市民社会成员之外，不享有分配其自身劳动产品的权利，造成了自己的生存状况逐渐恶化，为了争取自己的正当利益，无产阶级必须扬弃市民社会关系。无产阶级揭示了自己本身存在的秘密，用行动宣告了现代国家制度的非正义性，而无产阶级自身就是现代国家制度非正义的产物。"无产阶级宣告迄今为止的世界制度的解体，只不过是揭示自己本身的存在的秘密，因为它就是这个世界制度的实际解体。无产阶级要求否定私有财产，只不过是把社会已经提升为无产阶级的原则的东西，把未经无产阶级的协助就已作为社会的否定结果而体现在它身上的东西提升为社会的原则。"[③]因此，无产阶级是实现分配正义的主体力量，通过克服市民社会而扬弃财产私有制，进而为自己争取到正当的利益。无产阶级只有通过推翻生产资料私有制，建立生产资料公有制，才能克服分配的非正义性，推翻资本主义私有制的过程，就是通过社会革命的方式消灭资本主义私有制的过程，无产阶级对分配非正义的反抗，所提出的分配正义主

---

①③ 马克思，恩格斯.马克思恩格斯文集：第1卷[M].北京：人民出版社，2009：17.
② 马克思，恩格斯.马克思恩格斯文集：第1卷[M].北京：人民出版社，2009：352.

张必须通过革命的方式来实现。

首先,无产阶级成为一支独立的社会力量是进行社会革命的客观前提,"随着大工业的发展,资产阶级赖以生产和占有产品的基础本身也就从它的脚下被挖掉了。它首先生产的是它自身的掘墓人。资产阶级的灭亡和无产阶级的胜利是同样不可避免的。"①无产阶级自觉树立自己的革命主体意识是革命胜利的主观前提。在资产阶级私有制下,随着生产资本的增加、分工日益的精密化、采用工业机器范围的扩大,从而直接导致原来"较高社会阶层"的人沦落为无产者,无产阶级队伍不断壮大,而工人之间的竞争也日趋激烈,分工引起更进一步的分工是不可避免的,机器的采用引起机器更广泛的采用,同样也是不可避免的。因此,对工人来说大规模的劳动引起更大规模的劳动一样是不可避免的,而与之相对应的无产阶级的生存状况没有因为生产资本的增加、分工的细致化、机器的采用、更大规模的劳动等而得到改善,日趋激烈的竞争导致越来越多的人成为无产者。随着无产阶级与资产阶级对立的日益白热化,这将促使无产阶级联合成一支独立的社会力量,以对抗资产阶级的剥削和统治。资产阶级运动所推动的工业革命,在发展现代化生产力的同时,也培育了具有高度革命自觉性和组织性的产业工人,资本主义自身解决不了的致命问题只能由产业工人来解决,庞大的、独立的、自觉的、有组织的产业队伍是资本家为自己培养的掘墓人。伴随着工人阶级争取生存权利的革命运动的蓬勃开展,资本主义的生产关系随之瓦解了。②将主观条件和客观条件统一起来,无产阶级的解放斗争才成为现实的运动。

其次,无产阶级推翻资产阶级统治,需要工人联合起来成立同盟,进行阶级斗争来逐步实现。在反抗资产阶级压迫与剥削的过程中,产业工人以前所未有的规模组织起来,他们成立各种形式的同盟和经常性的团体,建立自己卓有工作成效的政党,开始有组织、有计划、有目的的斗争,包括改善劳动条件、缩短劳动时间、提高劳动报酬的斗争。借助于日益发达的交通工具和通信工具,工人之间的联合得到迅速发展,规模日益扩大,从一个地区发展到多个地区,从一个国家发展到多国联盟,共同的奋斗目标把不同地方的产业队伍紧密联系在一起。"工人开始成立反对资产者的同盟;他们联合起来保卫自己的工资。他们甚至建立了经常性的团体,以便为可能发生的反抗准备食品。有些地方,斗争爆发为起义。"③而这种日益紧密的联系有助于将不同地方许多性质相同的斗争汇合成一种全国性的乃至世界性的斗争,这种斗争是一种阶级斗争,而所有的阶级斗争都同时既是政治斗争,又是经济斗争、思想理论斗争。随着工人之间组

---

①② 马克思,恩格斯.马克思恩格斯文集:第2卷[M].北京:人民出版社,2009:43.
③ 马克思,恩格斯.马克思恩格斯文集:第2卷[M].北京:人民出版社,2009:40.

成同盟的步伐加快,无产者组织成为阶级进而联合成为政党变得可能起来,以无产者同盟乃至政党的形式进行推翻资本主义私有制的斗争,大大增强了工人斗争的力量,集聚在一起的工人将进行彻底的无产阶级社会革命,实现分配的正义和公平。

再次,在自由人的联合体即真正的社会共同体中实现分配正义的最终目标。在自由人联合体的社会里,工人所进行的劳动是提高工人生活质量的一种手段,劳动不再是为了出卖自己获取生活资料而产生资本增值的目的,无产阶级被生产资料私有制所剥夺的独立性和个性也随之得到解放。"代替那存在着阶级和阶级对立的资产阶级旧社会的,将是这样一个联合体,在那里,每个人的自由发展是一切人自由发展的条件。"[1]马克思这一时期以历史唯物主义方法论为指导初步分析了"按需分配"原则,按需分配原则之所以是正义的分配原则,是因为它具有优于以往一切分配原则所没有的内容,这就是由真正的平等、公平所体现的正义。因为种种原因,人们在头脑和智力上总会存在种种差别,这种差别不应当引起人们胃和肉体需要的差别,也就是说人们在劳动上的差别不应该引起人们在占有和分配方面的任何不平等。"共产主义最重要的不同于一切反动的社会主义的原则之一就是下面这个以研究人的本性为基础的实际信念,即人们的头脑和智力的差别,根本不应引起胃和肉体需要的差别;由此可见,'按能力计报酬'这个以我们目前制度为基础的不正确的原理应用——因为这个原理是仅就狭义的消费而言——变为'按需分配'这样一个道理,换句话说:活动上,劳动上的差别不会引起在占有和消费方面的任何不平等,任何特权。"[2]在共产主义社会,人人平等,不再有剥削,消灭了剥削也即消除了不正义的分配方式。

总之,马克思从政治国家的视角和法的视角对自由主义分配正义问题的阐述,借助异化劳动理论从政治经济学的视角对物质生产领域和物质分配领域的正义问题的思考,较之过去,阐述的深度和思考的高度都达到了一个层次,可以视为马克思运用唯物史观对分配正义问题进行反思的开端。分配正义问题解决的根本在于生产领域对生产资料的分配,因为人类经济活动中的分配环节最终取决于生产环节,分配的方案和实施完全由生产的程度和水平所决定,"分配的结构完全决定于生产的结构。分配本身是生产的产物,不仅就对象说是如此,而且就形式说也是如此。就对象说,能分配的只是生产的成果,就形式说,参与生产的一定方式决定分配的特殊形式,决定参与分配的形式"[3]。分配的内

---

[1] 马克思,恩格斯.马克思恩格斯文集:第10卷[M].北京:人民出版社,2009:666.
[2] 马克思,恩格斯.马克思恩格斯全集:第3卷[M].北京:人民出版社,1960:637-638.
[3] 马克思,恩格斯.马克思恩格斯文集:第8卷[M].北京:人民出版社,2009:19.

容、分配的形式、分配的实现,包括分配之所以必需的理由,也只有在生产中才能求得理解。

第三节　马克思分配正义思想的深化

马克思从1845年开始构建自己的新哲学,创立历史唯物主义。《关于费尔巴哈的提纲》就是这一伟大行动的积极成果,这部文献被恩格斯誉为包含着新世界观的天才萌芽的第一个文献。马克思的这部文献确立了历史唯物主义最为核心的实践观点,而后在《德意志意识形态》《哲学的贫困》《共产党宣言》等文献中用历史唯物主义的方法,进一步论述了资本主义社会分配非正义的起源、逐步形成、发展的过程。把这些问题置于唯物史观和政治经济学批判的视域下进行剖析,揭示资本主义社会分配问题出现的制度根源,进而提出解决问题的科学社会主义方案和路径。

一、立足唯物史观对分配正义问题的剖析

《关于费尔巴哈的提纲》提出科学的实践观点,奠定了历史唯物主义的坚固基石,而后马克思又通过批判当时德国社会所盛行的唯心主义意识形态,初步建立了唯物史观,在《德意志意识形态》和《哲学的贫困》中,以实践为出发点,深入考察和分析了人类社会中的不平等现象,间接对分配正义问题进行了分析。

(一) 唯物史观是马克思分析分配正义思想的哲学基础

1846年马克思、恩格斯共同完成了巨著《德意志意识形态》,全面系统地阐述了唯物史观的基本原理和思维方法,其对现实生产过程的阐释,是从人类直接生活的物质资料生产活动出发的。唯物史观的思维方法是"从直接生活的物质生产出发阐释现实的生产过程,把同这种生产方式相联系的、它所产生的交往形式即各个不同阶段上的市民社会理解为整个历史的基础,从市民社会作为国家的活动描述市民社会,同时从市民社会出发阐明意识的所有各种不同理论的产物和形式,如宗教、哲学、道德等,而且追溯它们产生的过程"[①]。唯物史观与唯心史观存在根本的不同,是因为唯物史观始终站在现实历史这一基础之上

① 马克思,恩格斯.马克思恩格斯选集:第1卷[M].北京:人民出版社,2012:171.

的,而不像唯心史观那样从观念出发解释实践,唯物史观将不同历史阶段与生产关系相联系的以及这种生产方式所产生的交往形式理解为整个历史的基础。交往形式的核心就是生产关系,它构成生产方式的结构,反作用于人们的生产活动,推动着整个历史的运动。

从人们的生产关系这一切入点来理解国家、社会及历史的形成与发展,要求我们对于诸如宗教、道德、文学、哲学等各种不同意识形态的产物和形式的理解,都要深入到市民社会中去。马克思也正是从市民社会出发进行阐述的,在此基础上进一步追溯这些意识产生的过程。①马克思对于正义问题、分配正义问题探索,由单纯的哲学思辨发展到运用唯物史观进行思考,这一时期马克思以唯物史观为哲学基础,奠定了其对分配正义问题分析的根基,也为马克思在《资本论》中从政治经济学视角彻底批判资本主义社会分配非正义性提供了工具。

马克思以历史唯物主义为指导方法对当时德国社会中的正义主张进行了批判。"马克思主要是拒斥、批判了两种相互关联的'正义'主张:自然正义和分配正义。"②遭到马克思批判和拒斥的自然正义与分配正义两种主张,其实是相互关联的。一方面,主张自然正义观念的人认为,自然正义具有超越社会与历史的价值,自然正义是合乎人性的,是一种永恒的真理,自然正义是全部社会的真正基础,因此,正义就成了推动历史航船前进的驱动力,大力培育和践行正义观就可以推动社会进步。"海因岑先生在这里大概是指的下面这件事,共产主义者曾讥笑他的道德高尚的言论,嘲笑所有这些神圣高超的思想、高尚、正义、道德等等,海因岑先生却认为这是任何社会的基础。这个责难我们接受。尽管这位诚实人——海因岑先生感到道德上的义愤,共产主义者还是要继续嘲笑这些永恒的真理。而且共产主义者认定,这些永恒真理无论如何都不是基础,相反地,是它们自身形成时所处的那个社会的产物。"③

另一方面,自然正义在社会经济领域中就表现为分配正义,主张分配正义的人认为,社会的改善和发展在于唤起人们的正义感,国家和政府以合乎人道的方式对私有财产进行重新调节,只有这样才能遏止社会不平等现象的继续恶化。马克思对此也进行了批判的分析,他指出以强调道德、正义在社会中的基础性前提进行私有财产的分配具有唯心主义的特征,脱离历史和现实、脱离生产方式和阶级斗争的分配正义是既抽象而又空洞的,因而也是无从实施和实现不了的。

---

① 马克思,恩格斯.马克思恩格斯选集:第1卷[M].北京:人民出版社,2012:171.
② 林进平.马克思的"正义"解读[M].北京:社会科学文献出版,2009:112.
③ 马克思,恩格斯.马克思恩格斯全集:第4卷[M].北京:人民出版社,1958:309.

历史唯物主义方法论的引入,使马克思对资本主义所谓正义性的批判锋芒更锐利了,批判的精准度更高了,科学性更强了。在历史唯物主义显微镜的照射下,永恒的正义和分配正义理论的空洞性和抽象性暴露无遗。在资本主义社会制度的现实中,资产阶级价值观所宣扬的正义、公正、平等以及利益普遍协调等等都缺乏坚实的根基,正义梦的破灭是注定的。"有产阶级的所谓现代社会制度中占支配地位的是公道、正义、权利平等、义务平等和利益普遍协调这一类虚伪的空话,就失去了最后的根据。"①

(二)雇佣劳动制度无法保障分配正义

马克思认为,对现代社会的政治冲突的理解,需要深入到经济关系中进行剖析。经济关系既是资本家生存与发展的基础,也是工人被奴役的根源。同时也是各种观念产生的深层原因。②揭示资本主义的非正义,就要深入理解资本主义经济关系,揭示资本主义剥削的非正义性,资本家在分配领域对于劳动产品的无偿占有就是对工人的剥削。一方面,资本主义生产方式在推动历史进步方面发挥了积极作用;另一方面,资本主义生产方式的掠夺性也造成了严重的社会问题。资产阶级社会"无情地斩断了把人们束缚于天然尊长的形形色色的封建羁绊,它使人和人之间除了赤裸裸的利害关系,除了冷酷无情的'现金交易',就再也没有任何别的联系了。……它用公开的、无耻的、直接的、露骨的剥削代替了由宗教幻想和政治幻想掩盖着的剥削。"③资本主义生产关系使社会成员简化为两大对立阵营,即资产阶级和无产阶级,马克思认为,现代资产阶级本身是从封建社会灭亡中产生的,历史上资产阶级在由封建社会过渡到资本主义社会的过程中曾经起到过非常革命的作用,但是,由于历史局限性导致现代资产阶级社会并没有消灭阶级奴役和剥削。在资产阶级社会,人与人之间的关系除了冷酷无情的现金交易关系以及赤裸裸的利益关系,就再也不存在其他别的联系了,资本家对于工人的剥削是以貌似公平的等价交换形式掩盖的剥削④。

资产阶级通过不断消灭生产资料的零散状态以及财产和人口分散的状况,促使生产资料和财产集聚于少数人中,导致大量无产者的出现,进而以购买劳动者劳动力的形式进行剥削。随着资本主义社会生产力的发展,机器得到进一步的推广和使用,生产过程中的分工也变得日益细致,相较于以往的生产,工人不再掌握专业的技术,所进行的劳动也由创造性劳动转化为程序性的劳动。这种简单的、程序性的劳动是枯燥无味的,这种非常简单、容易学会、固定单一的

---

① 马克思,恩格斯.马克思恩格斯全集:第19卷[M].北京:人民出版社,1963:125.
② 马克思,恩格斯.马克思恩格斯选集:第1卷[M].北京:人民出版社,2012:328.
③④ 马克思,恩格斯.马克思恩格斯文集:第2卷[M].北京:人民出版社,2009:34.

操作对工人来说没有任何吸引力。并且"由于推广机器和分工,无产者的劳动已经失去了任何独立的性质,因而对工人也失去了任何吸引力。工人变成了机器的单纯的附属品,要求他做的只是极其简单、极其单调和极容易学会的操作。因此,花在工人身上的费用,几乎只限于维持工人生活和延续工人后代所必需的生活资料"①。

因此,工人只是作为生产过程中的一个环节,是可以随时被其他工人和更先进的工具所取代的,这种境况也导致工人的生活质量每况愈下,资本家支付给雇佣工人的工资,仅仅只够他们维持自己的生活以及繁衍后代所必须的生活资料,资本家花在工人身上的费用并没有由于机器推广和分工细致提高劳动生产率而增加,相反对比生产率提高之前还有减少。机器的推广和分工的细致化导致男工受到女工和童工的排挤,在对劳动产品的分配上,原本一个成年男工分配的量被逐渐减少,工厂主用现金所支付的工资就是作为商品的劳动力的使用价值,即劳动价格。工人的劳动力作为劳动工具,随着他们生产出来的劳动产品越来越多,他们所受到的剥削也越来越严重,生活状况也日益窘迫。

马克思对资本主义剥削即劳动产品分配非正义问题的揭露,是通过考察雇佣劳动条件下工人所获得的"工资"进行的。马克思分析了资本与雇佣劳动之间的关系,探究了工人受剥削的原因,揭露了雇佣劳动方式的非正义性。"工资不是工人在他所生产的商品中占有的一份。工资是原有商品中有资本家用以购买一定量的生产性劳动力的那一部分"②,通过对资本和雇佣劳动之间的关系的透析,揭示了工人工资的实质,工资不是工人劳动的收获,而是工人出售劳动力商品的所得,而劳动力是工人的生命活动,工人出售生命的价格才是工资的真正本质。然而劳动力并不天然就是商品,劳动也并不天然就是雇佣劳动,这是由资本主义生活方式决定的。③马克思的分析暴露了资本主义社会存在的分配非正义问题,雇佣工人的劳动报酬并不是其所生产的商品中的一部分,而是资本家在原有商品中购买一定数量的生产性劳动中的那一部分。

劳动力的所有者——工人将自己的劳动力作为一种商品出卖给资本家以获得能够维持自己生命活动所必需的生活资料,劳动是工人维持其生命活动的一种手段,劳动是工人出卖给资本家的一种商品。织成的绸缎、开采的黄金、盖起的高楼都是工人生产出来的,但不是工人为自己生产出来的,这些织成的绸缎、开采的黄金、盖起的高楼对工人来说只能够换取一定数量的生活资料,因为工人为自己生产的只有工资,资本家享有绸缎而工人通过工资换取的只是棉布

---

① 马克思,恩格斯.马克思恩格斯文集:第2卷[M].北京:人民出版社,2009:38.
② 马克思,恩格斯.马克思恩格斯文集:第1卷[M].北京:人民出版社,2009:715.
③ 马克思,恩格斯.马克思恩格斯文集:第1卷[M].北京:人民出版社,2009:715-716.

上衣,资本家享有黄金而工人获得的只是铜币,资本家享有高楼大厦而工人居住的却是地窖住所。"工人为自己生产的不是他织成的绸缎,不是他从金矿里开采出的黄金,也不是他盖起的高楼大厦。他为自己生产的是工资,而绸缎、黄金、高楼大厦对于他都变成一定数量的生活资料,也许是变成棉布上衣,变成铜币,变成某处地窖的住所了。"①马克思围绕工资问题,揭示了劳动产品分配的非正义,工人获得的工资仅仅只能够维持自己的生命活动和再繁衍出新的生产劳动者的费用,工人只将自己的劳动力出卖给资本家是获得工资的唯一途径,工资收入也是无产者阶级收入的唯一来源,工人别无选择,所领取的工资是"最低工资额",只能够维持工人生存和延续工人后代。

(三)资本主义生产方式必然导致分配非正义

资本主义生产方式下,资产阶级独自占有生产资料,社会生产关系是以纯粹的金钱关系为前提的,工人并不占有自己的劳动产品,对劳动产品的分配,其所得到的只限于维持工人生活和延续后代所需要的生活资料。

首先,马克思批判了资本主义社会的剥削关系。"随着资产阶级即资本的发展,无产阶级即现代工人阶级也在同一程度上得到发展;现代的工人只有当他们找到工作的时候才能生存,而且只有当他们的劳动增殖资本的时候才能找到工作。这些不得不把自己零星出卖的工人,像其他货物一样,也是一种商品,所以他们同样地受到竞争的一切变化、市场的一切波动的影响。"②随着资本不断的集聚和扩张,资产阶级作为一个阶级本身,也在资本集聚和扩张的过程中得到了发展,与之相对应,产业工人的队伍也获得了空前的壮大,"现代的工人只有当他们找到工作的时候才能生存,而且只有当他们的劳动增殖资本的时候才能找到工作。"③因此,这个时候工人就好比其他货物一样,这些把自己零星出卖的工人也是一种货物、一种商品,而工人这种特殊商品的价格也会受到诸如竞争变化、市场波动等的影响,通过出卖自己所获得的工资也是没有保障的。

马克思对这一现象进行了透析:劳动使工人感到厌恶,随着机器的推广和分工的细致,劳动量也在日益增加,而劳动所要求的技巧和气力也在日益减少,导致了男工、女工和童工之间的竞争。这种情况的出现,一方面为资本家获取廉价劳动力创造了有利条件,另一方面加剧了工人之间的竞争,增加了工人的生存成本,给工人的生活增加了不利因素。工人只能出卖自己的劳动力才能生存下去,而且只有在增殖资本的时候才能找到工作。此外,他们不仅受到资产

---

① 马克思,恩格斯.马克思恩格斯文集:第1卷[M].北京:人民出版社,2009:716.
②③ 马克思,恩格斯.马克思恩格斯文集:第2卷[M].北京:人民出版社,2009:38.

阶级的剥削和压迫,还受到整个资产阶级国家的剥削,在遭受到资本家剥削之后,工人所获得的用现金支付的工资,而这一部分工资也不是由工人可以自由支配的,工人又会遭受资产阶级中另一部分人的剥削与压迫,当铺老板、租房的房东、小店的店主等在排队向工人扑来,进行又一轮的剥削。"当厂主对工人的剥削告一段落,工人领到了用现钱支付的工资的时候,马上就有资产阶级中的另一部分人——房东、小店主、当铺老板等等向他们扑来。"[①]

其次,资本主义雇佣劳动的剥削关系,通过殖民运动和资本的扩张席卷到世界的其他国家,导致其他国家和人民也成为了资本主义奴役、剥削和压迫的对象。资本家为了推销商品而奔走于世界各地开拓市场,用坚船利炮为商品贸易扫平一切障碍,资产阶级在开拓世界市场的同时,把一切民族都卷入这种剥削关系中来。"资产阶级,由于一切生产工具的迅速改进,由于交通的极其便利,把一切民族甚至最野蛮民族都卷入文明中来了。它的商品的低廉价格,是它用来摧毁一切万里长城、征服野蛮人最顽强的仇外心理的重炮。它迫使一切民族——如果它们不想灭亡的话——采用资产阶级的生产方式;它迫使它们在自己那里推行所谓的文明,即变成资产者。"[②]蒸汽机在交通工具上的广泛运用,创造了极为便利的交通,蒸汽机在生产领域的广泛运用,创造了极为发达的物质生产力,资本在全球的奔走和扩张,把所有的部落、所有的民族都卷入到资本创造的文明中来了。

资产阶级用现代经济方式和生活方式摧毁了世界各地的地方风俗和一切民族的文化壁垒,用现代文明摧毁了一切落后文明,用资本的意志创造了一个全新的世界。资本主义社会的剥削关系不仅存在于资本主义国家的内部,随着世界市场的开拓导致其他国家和人民也成为资本主义国家奴役和剥削的对象。马克思对殖民运动所导致的其他国家和人民也被资本主义国家剥削的现实从伦理上、政治上和经济上进行了非正义性的揭露和批判。

二、对分配正义问题的归因

马克思以历史唯物主义方法论为指导,从物质资料生产所建立起来的社会关系中着手探讨了分配不平等现象产生的深刻根源。在《德意志意识形态》中,马克思深入剖析了人类社会中的不平等现象,我们通过马克思对平等范畴的考察,可以间接地窥探其正义思想、分配正义思想,在《共产党宣言》中,马克思认为,资本主义社会的种种非正义性,包括分配的非正义性,其产生的根源在于资

[①] 马克思,恩格斯.马克思恩格斯文集:第2卷[M].北京:人民出版社,2009:39.
[②] 马克思,恩格斯.马克思恩格斯文集:第2卷[M].北京:人民出版社,2009:36.

本主义社会的生产资料私有制。

（一）分配非正义性的诱因是不合理分工

从资本主义经济发展的内在规律来看，不合理分工是导致资本主义分配方式非正义性的一个重要原因。马克思从人们在生产过程中建立的物质关系出发，阐发了不平等现象产生的历史根源，揭示了其得以产生的历史必然性。人类社会生产力发展水平在不足以消灭分工的前提下，必然以分工的方式促进生产力的发展，历史上生产力的任何一次飞跃背后都能看到分工所起的作用。可以说，分工是生产力的车轮，分工的升级和创新驱动生产力的提升，一部生产力的发展史就是一部社会分工的发展史。在原始社会，分工起初只有性别的差异，建立在性别差异上的分工促进了原始社会的生产力发展。随着交往范围的扩大，原始的部落共同体逐步解体，产生相对独立的家庭，分工与分配几乎是同时产生的，劳动与产品在数量和质量上的不平等分配也就导致了所有制的产生。所有制产生的原始形态和萌芽，在家庭中就表现为丈夫对妻子和孩子的支配。"与这种分工同时出现的还有分配，而且是劳动及其产品的不平等分配（无论在数量上或质量上）；因而也产生了所有制，它的萌芽和原始形态在家庭中已经出现，在那里妻子和孩子是丈夫的奴隶。"[1]人类社会自从进入父权制时代以来，就开始出现了劳动及其产品的分配不平等。随着生产力的发展以及分工方式的不断变化，分配不平等现象也显示出不同的表现形式。这种不平等现象充斥在人类历史的不同时期和社会的不同发展阶段，每一时期平等、正义所包含的实际内容和表现形式也是不同的。作为正义核心的自由也是如此，人们所获得的自由并不是取决于人们关于自由的理想，而是取决于现有的生产力水平。人们只能在这个范围之内获得相应的自由，"人们每次都不是在他们关于人的理想所决定和所容许的范围之内，而是在现有的生产力所决定和所容许的范围之内取得自由的"[2]。

可见，分工是逐步发展的历史过程，在这一过程的最初阶段就表现出一些非正义问题。一方面是劳动及其劳动产品分配的不平等，另一方面是家庭内部丈夫与妻子、儿女分配的不平等，随着生产力的发展促使社会分工进一步发展，在财富分配上又出现了特殊利益与共同利益之间的分配矛盾，在这一发展阶段上分工导致了阶级的产生，"因为分工使精神活动和物质活动、享受和劳动、生产和消费由不同的个人来分担这种情况不仅成为可能，而且成为现实"[3]。伴随

---

[1] 马克思,恩格斯.马克思恩格斯文集:第1卷[M].北京:人民出版社,2009:536.
[2] 马克思,恩格斯.马克思恩格斯全集:第3卷[M].北京:人民出版社,1965:507.
[3] 马克思,恩格斯.马克思恩格斯文集:第1卷[M].北京:人民出版社,2009:535.

着分工同时出现的还有分配,劳动及其劳动产品的不平等分配也同时出现,对于劳动产品的不平等分配产生了所有制,生产资料私有制作为资本家对被雇佣者劳动力进行支配的一种制度,分工的结果导致产品分配属于资本家而不属于工人,工人生产产品而资本家消费产品,工人进行劳动而资本家享受劳动成果。

(二)分配非正义性的根源是生产资料私有制

马克思认为,在资本主义制度下,生产资料私有制导致资本家掌握了分配劳动产品的权利,资本家对生产要素、生产资料以及生产条件具有所有权,进而决定了其在分配领域的决定权。生产方式和分配方式是受生产资料所有制所决定的,生产资料私有制是生产力发展到一定水平的产物,由于生产力的发展还不充分,物质没有得到解放,在对有限的资源进行分配的过程中才会出现正义问题;因此,生产资料私有制是分配非正义现象和问题存在的根源。在生产力发展的不同阶段,不同社会形态中的生产资料私有制都为我们窥探分配的正义问题提供了不同维度的素材。在奴隶社会,奴隶主占有了大量的生产资料和劳动力,奴隶只是一种会说话的进行生产的工具,无任何自由、平等可言,奴隶的劳动产品被奴隶主全部占有;在封建社会,封建地主占有了土地这一主要的生产资料,通过将土地租给农民而收取高额的地租,农民所获得的收入常常不足以维持一家人的生存;在资本主义社会,资本家通过采取机器大生产而将私有制发展到了顶点,资本家通过购买劳动者的劳动力而进行生产,而支付的工资却不是劳动产品的应有使用价值,从而导致工人生活日益窘迫。由此可见,在生产资料私有制的社会中,无论是奴隶社会、封建社会还是资本主义社会,在对劳动产品的分配上都是非正义的。

生产资料私有制导致了生产方式的非正义性,资本主义生产的方式是以资产阶级掌握生产资料和土地等要素,而劳动者掌握的只是生产的人身条件——劳动力,通过资本主义的生产方式我们可以窥见其分配方式的非正义。不管是生产条件的分配还是劳动产品的分配,都是由生产方式所决定的,而资本主义生产方式是建立在生产资料私有制基础之上的,不论是从劳动产品的分配过程来看,还是从劳动产品分配的结果来看,由资本主义生产方式主导的分配方式所体现出来的都是非正义性。因此,资本主义分配方式的非正义性,本质上在于其生产方式的非正义性,离开生产方式去谈分配方式,在马克思看来只是不切实际的空谈,言之凿凿,却解决不了现实问题。分配是由生产方式所决定的,而不是从某种正义观念出发来安排分配正义的,分配正义的原因也应该从生产方式之中去寻找。

在生产资料私有制条件下,劳动与资本是相分离的,这也直接导致了对劳动产品分配上的非正义性。马克思在这一时期通过对雇佣劳动与资本关系的批判揭示了分配非正义的根源,这些剖释主要集中在《雇佣劳动与资本》这一文献中。在资本主义生产方式下,劳动力作为一种商品与其他商品一样被用来买卖,劳动力作为一种特殊的商品是由劳动力的所有者(工人)出卖给资本家的,这就意味着劳动者不是作为劳动产品的生产者,而是作为资本的一部分参与到劳动产品的分配中,作为一种资本的劳动力的所有者,即工人,所分配到的劳动产品是以工资的形式获取的,而所获取的工资只够维持自己及再生产小劳动者的生活资料。劳动力是一种商品,是由其所有者即雇佣工人出卖给资本家的一种商品。[①]

生产资料私有制使工人的原有的劳动产品变成现在的资本,而这些资本都是工人劳动的创造物,即生产资料私有制是劳动产品变成资本的根源。在生产资料私有制条件下,黑人才被迫成为奴隶,纺纱机本身就是作为纺织棉花的机器而存在的。只有在生产资料私有制条件下,纺纱机才转变为资本。因此,如果脱离了资本主义社会的生产关系,纺纱机也就不再是资本了,这就好比黄金本身并不是货币、砂糖并不是砂糖的价格一样。"黑人就是黑人。只有在一定的关系下,他才成为奴隶。纺纱机是纺棉花的机器。只有在一定的关系下,它才成为资本。脱离了这种关系,它就不是资本了,就像黄金本身并不是货币,砂糖并不是砂糖的价格一样。"[②]资本在马克思看来也是一种社会生产关系,资本作为一种社会生产关系,这种生产关系是资产阶级和资产阶级社会的生产关系,在这种生产关系下,工人分配所得只是作为资本一部分的劳动力的价值,而工人劳动的价格是由工人必要生活资料的价格决定的。因此,生产资料私有制体现的是资产阶级及其生活的生产关系,所维护的是资产阶级的利益,这是在分配领域非正义问题产生的根源。

(三) 分配非正义的延续是法律非正义

经济基础决定上层建筑,法律作为维护人与人之间关系的一种手段,资本主义社会的非正义性也直接诱发了分配的非正义,法律正义与分配正义有着不可分割的内在联系,分配正义需要法律正义提供必要的保障,法律正义为分配正义设定了发挥作用的范围。法律作为由国家制定和认可的,以国家强制力保证实施的规则的总和,它所体现的是统治阶级的意志。从某种程度上来说,法律是正义乃至分配正义的守护神,如果法律是非正义的,则受法律守护的分配正义的实现就变得异常艰难,马克思在为《莱茵报》撰文期间多次批判了资本主义法律的非正义性。马克思认为,合乎人性的法律才是正义的,所谓人性是指

[①] 马克思,恩格斯.马克思恩格斯文集:第1卷[M].北京:人民出版社,2009:715.
[②] 马克思,恩格斯.马克思恩格斯文集:第2卷[M].北京:人民出版社,2009:723.

人的理性、自由、平等，在《关于林木盗窃法的辩论》一文中，他将穷人的习惯法、法律和富人的习惯法进行了比较，"这些习惯权利按其内容来说同法律的形式——普遍性与必然性——相矛盾"①。贵族的习惯法是为了保障贵人的特权才形成的，贵族的这些习惯权利的内容与法律的形式是相矛盾的。马克思在这一时期已经将法律背后的本质凸显了出来，区分了实体正义和程序正义的问题，揭露了普鲁士法律实质上的非正义性，法律的实体正义属于实质性的正义，法律的程序正义属于形式性的正义。

马克思认为当时的现行法是非正义的，这就导致在分配方式和分配结果上是一种非正义性的，而现行法律之外的习惯法是一种实质上的正义，一方面贵族的特权在现行法中是受法律肯定和保护的，却是非正义的、也不具有合法性；另一方面贫民的习惯权利是正当的、具有合法性的，却不受法律的肯定和保护。在马克思看来"法律是肯定的、明确的、普遍的规范，在这些规范中自由的存在具有普遍的、理论的、不取决于个别人的人性的性质。法典就是人民自由的圣经"②。自由在这些规范中的存在具有普遍性和理论性。法典扮演着人民自由圣经的角色。实体正义是形式正义的基础，在分配领域也是如此，如果没有正义的分配制度和分配法律，分配过程所依据的标准也是非正义的，而分配的结果同样是非正义的。立法作为法律执行的依据和基础，如果立法者本身是存在偏私的，偏私的立法者所立之法肯定不会是公正和正义的，在这样的情况下如果我们还幻想可以有公正的法官，这是非常愚蠢和不符合实际的，立法者存在偏私的情况所制定的法律是围绕一部分人的，也是自私自利的法律。在这种情况下，大公无私、公正廉明的判决显然是没有任何意义可言的，因为法官只能无条件地去执行这种自私自利的法律，一丝不苟地去表达这种自私自利。

因此，在这样的情况下，"如果认为在立法者偏私的情况下可以有公正的法官，那简直是愚蠢而不切实际的幻象！既然法律是自私自利的，那么大公无私的判决还能有什么意义呢？法官只能够丝毫不苟地表达法律的自私自利，只能够无条件地执行它。在这种情形下，公正是判决的形式，但不是它的内容。内容早就被法律所规定。如果审判程序只归结为一种毫无内容的形式，那么这种空洞的形式就没有任何独立的价值了"③。所以，如果审判只是一种有形式而无内容的程序，那么这种有形式而无内容的程序就不具备任何独立的价值。从这里我们不难看出，分配正义的实质性不仅表现为制度和法律的合理性，它同时表现为超越政治领域以及法律领域而深入社会领域和经济领域。

---

① 马克思,恩格斯.马克思恩格斯全集:第1卷[M].北京:人民出版社,1995:249.
② 马克思,恩格斯.马克思恩格斯全集:第1卷[M].北京:人民出版社,1995:176.
③ 马克思,恩格斯.马克思恩格斯全集:第1卷[M].北京:人民出版社,1995:287.

马克思对资产阶级有关分配的法律制度进行了批判,认为资产阶级有关分配的法律制度其实质上是非正义的,这也直接导致在资产阶级法律制度规范下的分配活动和分配结果是一种非正义的存在。分配法律程序与分配法是紧密联系在一起的,如果没有分配法的实体正义,分配法律程序正义就失去了价值,在分配法实体正义的基础上再发挥形式正义的作用才有可能实现正义的分配。分配法律形式正义是为分配实体正义服务的。因此,马克思对资产阶级分配法律制度进行改造集中体现在实体方面,他也是看到了分配法律制度实体非正义直接导致了分配结果的非正义。

总之,马克思对庸俗政治经济学家和分配正义论者的形而上学论调进行了剖析和批判,他们把资本主义生产看作永恒存在,撇开分配关系的制约因素,把分配关系看作似乎是"随心所欲"产生和形成的。在马克思看来,分配关系受制于生产过程的历史规定,一定的分配关系受生产关系所决定,只是历史规定的生产关系的表现。资本主义生产方式引发的社会矛盾,包括资本主义社会的分配关系中存在的种种非正义现象,只有在消灭资本主义的生产关系时,才有可能真正解决分配正义所要解决的问题。

三、对资本主义分配非正义性的批判

马克思在《资本论》中创造性地提出了"剩余价值"学说,深刻揭示了资本主义社会在分配领域的非正义问题。马克思通过对资本主义社会分配过程非正义性和分配结果非正义性的剖释,对造成分配非正义的原因——资本主义生产方式进行了无情的批判。

(一)对资本主义分配过程的非正义性的批判

资本家进行生产的根本目的在于获取利润,"生产过程只是为了赚钱而不可少的中间环节,只是为了赚钱而必须干的倒霉事"[①]。这一过程是资本家获取利润所不得不干的事情。工人创造了剩余价值,由于不占有生产资料便无权对这些剩余价值进行分配,资产阶级经济学家认为在资本主义生产方式中,劳动产品分成三份,即工资、利润和地租,在对劳动产品分配的过程中,工人提供了劳动而获得工资,资本家提供了资金而获得利润,土地所有者提供了土地使用权而获得地租。资本家宣称这样的分配过程是公平合理和正义的,马克思对此进行了深刻揭露。

---

① 马克思,恩格斯.马克思恩格斯文集:第6卷[M].北京:人民出版社,2009:67.

在马克思看来,劳动产品的最终用途可以归结为两类,一类是剩余价值转化为资本的部分,此部分被用来投入下一轮生产,另一类是用于个人生活消费的部分,只有当剩余价值转化为资本的那部分在进行下一轮的生产时,才会以工资、利润和地租的形式出现。

一方面,剩余价值转化为用于消费的部分,由于工人在分配过程中是依据自己所出卖的劳动力的使用价值来获取产品分配的,这就导致工人所分配到的用于消费的部分勉强只够维持自己和再生产劳动者的生活,这样的分配过程是非正义的。另一方面,对剩余价值转化为资本用于下一轮生产的那部分劳动产品进行分配的过程中,对工人来说也是非正义的。资本家在资本原始积累的过程中就已经剥夺了劳动者的生产资料、资金和土地等,劳动者在进行生产之前已经是资本家的剥削对象,并被剥削到除了出卖自己的劳动力换取生活资料别无他法,新兴资产阶级在掠夺海外殖民地进行资本集聚。"殖民地为迅速产生的工厂手工业保证了销售市场以及由市场垄断所引起的成倍积累。在欧洲以外直接靠掠夺、奴役和杀人越货而夺得的财宝,源源流入宗主国,在这里转化为资本。"[①]

资本主义国家的资本原始积累同样是通过掠夺和剥削的方式进行的,"成千上万这种从7岁到13、14岁的无依无靠的儿童,就这样被运到北方去。……监工被派来监督他们的劳动。这些监工的工资和从儿童身上榨取的产品量成正比……他们被鞭打,戴上镣铐,受尽挖空心思的残酷虐待;他们大都饿得枯瘦如柴,但还得在皮鞭下干活……工厂主的利润是巨大的"[②]。新兴资产阶级所掠夺的新殖民地打开了一个个新的、更大的市场,而这些市场的开拓为迅速兴起的产业提供了必要的保证。在欧洲以外,这些新兴资产阶级通过盗匪行为、奴役与掠夺等方式获取了大量的财富,这种以非正义手段获取的大量财富会被运往宗主国,在宗主国中又被进一步转化为资本,被这些新兴资产阶级用来继续压榨无产阶级。因此,资本主义国家的资本原始积累同样是通过掠夺和剥削的方式进行的,在劳动者进行分配之前就已经成为被奴役和剥削的对象,也是非正义的。

(二) 对资本主义分配结果的非正义性的批判

从资本家对劳动产品进行分配的结果来看,除了工人用劳动获取的工资以外,利润和地租同样都是劳动者创造出来的,可是工人只获得了工资这部分的收入,这样的分配结果显然是非正义的。

一方面,地租也是劳动者创造的,但是劳动者却无权参与这部分劳动产品

---

① 马克思,恩格斯.马克思恩格斯文集:第5卷[M].北京:人民出版社,2009:864.
② 马克思,恩格斯.马克思恩格斯文集:第5卷[M].北京:人民出版社,2009:869.

的分配,因而是非正义的。土地所有者对土地具有所有权,进而可以转让土地的使用权以获取地租,一些人拥有土地所有权的前提是这些人对一定量的土地进行了垄断,"土地所有权的前提是,一些人垄断一定量的土地,把它当作排斥其他一切人的、只服从自己私人意志的领域"①,进而把这些一定量的垄断土地当作排斥其他一切人的领域,被垄断的一定量的土地只服从垄断者私人意志。资本家对土地所有权的垄断是通过掠夺农民的土地获得的,因此依据出让土地使用权而获得地租对于劳动者来说是非正义的。

另一方面,利润也是由劳动者创造的,在分配结果上劳动者也无权获得分配利润的这部分,显然也是非正义的。劳动产品的利润量与剩余价值量是完全对等的,是由劳动者的劳动所创造出来的,资本家进行产品的生产预付的资本分为两个部分,即可变资本与不变资本。不变资本是指资本生产过程中以生产资料形式存在的资本,可变资本是指资本在生产过程中以劳动力的形式存在的资本,而剩余价值的创造只有可变资本,即以劳动力形式存在的资本所带来的。以劳动力形式存在的资本是创造剩余价值的源泉,在分配结果上劳动者却无法得到以"利润"为形式出现的劳动产品,因而是非正义的。

资本主义分配结果的非正义性,还体现在资产阶级与无产阶级的贫富两极分化上。随着生产力的发展和大机器不断地投入到生产中,工厂的生产效率大大提高,进而出现了机器与工人争夺饭碗的现象。劳动生产率的提高是由于机械化的大生产所致,而非投入了更多的产业工人,这就导致很多工人失去了工作,劳动力市场形成了劳动力供大于求的现状,进而工人的工资被进一步缩减,与此相对应的是资本家由于生产效率的提高而获得更多的财富。因此,随着资本家变得越来越富有,工人却变得越来越贫穷,社会出现了两极分化。伴随着两极分化而来的是经济危机,工人由于收入的缩减使得用于购买生活用品的能力下降,而与此相反的情况是,随着劳动生产率提高,大量的产品被制造出来,由于穷人的购买力有限而出现了产品的挤压现象,但是,资本家为了保住高额的利润,宁可将这些产品销毁也不愿意降价销售。

马克思认为,在危机期间发生的"荒唐现象",就犹如"社会瘟疫"一样,实质上是一种"生产过剩的瘟疫",在资产阶级私有制下,生产关系已经不适应生产力的发展,资产阶级的生产关系已经过于狭窄,以致它本身所创造的财富自己却再也容纳不下了。生产资料的集中和劳动的社会化同资产阶级私有制之间的矛盾,必然会导致周期性的经济危机,最终通过经济危机的呈现方式将这一矛盾展现出来,比如资本家将牛奶倒入密西西比河,在产品的分配结果上,一方

---

① 马克思,恩格斯.马克思恩格斯文集:第7卷[M].北京:人民出版社,2009:695.

面是劳动者对产品的需求得不到满足,另一方面资本家将相对过剩的产品进行销毁,这是非正义的。

四、正义视野转向东方社会:跨越卡夫丁峡谷

马克思晚年对于正义问题研究的视野变得更加宽广,其中也包含了分配正义思想,由原来只是聚焦对西方社会发展的研究,进一步将研究的视野拓展到对东方社会发展的研究上。这种视角转向东方的研究是马克思对正义问题包括分配正义问题认识深化的体现。

(一) 跨越"卡夫丁峡谷"因素的非正义性

"卡夫丁峡谷"(Caudine Forks)位于今天意大利罗马的东南方蒙泰萨尔基奥的阿巴亚,这一地方在古罗马时期属于卡夫丁城,第二次萨姆尼特战争在公元前321年的意大利爆发了。萨姆尼特人在卡夫丁峡谷伏击战胜了罗马军队,按照当时的交战传统,战败方必须列队通过战胜方用长矛交叉构成的象征着最大耻辱的"轭形门"。后来,"卡夫丁峡谷"成了耻辱之谷的代名词,以此来比喻给人带来耻辱的灾难性的历史遭遇。马克思研究了俄国跨越"卡夫丁峡谷"内在因素和外在因素的非正义性。

首先,跨越"卡夫丁峡谷"内在因素的非正义性。马克思研究了俄国1861年农奴制改革,指出俄国跨越"卡夫丁峡谷"和俄国农村地区公社所有制面临的生存危机直接相关联,赎免徭役给当时俄国的公社所有制造成沉重打击,也带来了严重的生存危机。俄国在1861年底的农奴制改革中,地主获得了绝大部分最好的土地,而农民只获得了少量的最差的土地,耕种这些土地的产品不足以维持农民的生活。在俄国农村的土地改革中农民的利益被迫遭受了各种利益主体的压榨,这种非正义的剥削和压迫使得俄国农村土地改革并没有给农民的生存状况带来改变,因此,俄国农村的土地改革也沉重打击了农村公社所有制。针对当时俄国农民土地存在的问题以及农村公社存在的问题,马克思提出"可以不通过资本主义制度的卡夫丁峡谷,而把资本主义制度所创造的一切积极的成果用到公社中来"①。因此,马克思指出资本主义制度的非正义性问题,跨越"卡夫丁峡谷"是解决俄国土地和农村问题的出路所在。

其次,跨越"卡夫丁峡谷"外在因素的非正义性。俄国的农奴制改革中所出现的农民土地问题和农村公社问题,一方面就其内在因素而言是由于俄国内部

---

① 马克思,恩格斯.马克思恩格斯文集:第3卷[M].北京:人民出版社,2009:575.

出现的严重的非正义剥削和压迫所导致,另一方面就其外在因素而言是由于资本主义国家打着经济援助的旗号,对殖民地实施疯狂的侵略和掠夺,这一非正义做法加深了俄国农民土地问题和农村公社问题。俄国当时仿照西方资本主义制度所成立的一些部门虽然是国家以牺牲农民为代价培植起来的,但是这些部门却不站在农民这一边,也不把发展农业生产力作为自己的本职工作,相反这些仿照西方资本主义制度所成立的部门助推了不从事生产的中间人以一种更为容易和迅速的方式窃取农民的劳动果实。

这样,国家就帮助了那些吮吸"农村公社"本来已经枯竭的血液的新资本主义寄生虫去发财致富。[①]因此,"农村公社"本来已经枯竭的血液又受到了新资本主义寄生虫的吮吸,去发财致富。当时的俄国是通过牺牲农民的利益来发展资本主义的,而资本主义所关心的只是获取更多的物质财富,进而毁灭了公社。因此,俄国土地问题的日益恶化以及农村公社所有者的瓦解从外在因素来讲,是由于西方资本主义国家非正义性的殖民掠夺,这是马克思提出跨越"卡夫丁峡谷"的外在非正义性因素。

(二) 以无产阶级革命的方式跨越"卡夫丁峡谷"

特卡乔夫等人针对当时俄国所面临的农民土地问题和农村公社问题的思考,得出这样一个结论,即俄国的农民比西欧的工人更接近社会主义,马克思对此进行了反驳。马克思认为,俄国的农村公社是一种落后的、封闭的存在,仅仅依靠俄国公社自身的力量是很难进入社会主义社会的,更不能亦步亦趋重新经历资本主义发展的阵痛。马克思进而指出:俄国进入社会主义社会,可以通过跨越非正义的"卡夫丁峡谷"来实现,而且,俄国进入社会主义社会的唯一主体力量只能是工人阶级,必须通过无产阶级革命的方式来达到目的。

同时,俄国无产阶级的革命还需要借助欧洲无产阶级的帮助,只有这样才能取得本国无产阶级革命的胜利。俄国有可能不经过资本主义制度的"卡夫丁峡谷"而直接进入公平正义的社会主义社会,俄国的农村公社和资本主义生产是同时存在的东西,这种情形可以使得俄国农村公社避免经受资本主义生产那种可怕的波折就能够占有资本主义生产的一切积极成果。作为与资本主义生产同时存在的东西,而当时的资本主义制度正经历危机,这种危机在资本主义制度内是无法被消除的,只能随着资本主义的消灭而得以消灭。"总之,在俄国公社面前,资本主义制度正经历着危机,这种危机只能随着资本主义的消灭,随着现代社会回复到'古代'类型的公有制而告终,这种形式的所有制,或者像一

---

① 马克思,恩格斯.马克思恩格斯文集:第3卷[M].北京:人民出版社,2009:577.

位美国作家(这位作家是不可能有革命倾向的嫌疑的,他的研究工作曾得到华盛顿政府的支持)所说的,现代社会所趋向的'新制度',将是'古代类型社会中一种在高级的形式下(in a superior)的复活(in revival)'。"①因此,在马克思看来,跨域非正义的"卡夫丁峡谷"的途径在于无产阶级革命,通过无产阶级革命的方式推翻非正义的资本主义社会,进而实现正义的社会主义社会。

  总之,马克思分配正义思想的发展和深化,与唯物史观的创立和发展是同步的,随着唯物史观的确立,马克思以历史唯物主义方法论为指导,对政治经济学进行了深入研究,批判了资产阶级古典经济学家和空想社会主义者的超历史的抽象分析方法,进而完成了对古典政治经济学和空想社会主义的超越。马克思在创立唯物史观之后,以历史唯物主义方法论为指导,从政治经济学的视角对资本主义经济过程进行了深入的分析,对分配问题进行了深入的研究。这些分析和研究体现在《1857—1858年经济学手稿》《资本论》《哥达纲领批判》《工资、价格与利润》等文献中。这一时期马克思通过阐释现代社会经济运行的规律以及对资本主义制度下工人工资本质的剖析,进而揭示了剩余价值的秘密,也打开了研究分配正义问题的方法之门。马克思在批判拉萨尔主义的分配思想时,指出解决分配问题必须依据经济发展的客观规律,立足于生产力发展水平和社会条件。马克思晚年对正义思想研究的视野更加宽广,其中也包含对分配正义思想的研究,马克思由对西方社会发展的研究拓展到对东方社会发展的研究,这一研究成果主要体现在《人类学笔记》《历史学笔记》中,这是马克思分配正义思想研究的进一步深化。

---

① 马克思,恩格斯.马克思恩格斯文集:第3卷[M].北京:人民出版社,2009:572.

第四章　马克思分配正义思想的基本内涵

马克思的分配正义思想立足于唯物史观这一基础,站在无产阶级的立场,对资本主义社会分配非正义现象、资产阶级剥削无产阶级的实质进行了尖锐的批判,在批判的过程中阐述了分配正义的相关原则、实现路径、现实基础等问题,超越了空想社会主义思想家的分配正义思想,对现代分配正义社会的建构具有重要的指导意义。

第一节　马克思分配正义思想形成的基础与构成要素

马克思分配正义思想的形成有着坚实的哲学基础、伦理学基础和政治经济学基础,对资本主义社会中的分配非正义问题,马克思从不同的视角进行了剖析,对资产阶级私有制、资本主义社会以及劳动异化和人的异化等相关问题进行了批判,通过对这些批判性论述的归纳和总结,我们可以窥见马克思分配正义思想形成的哲学基础、伦理学基础以及政治经济学基础,同时对马克思分配正义思想构成的要素,包括分配正义与生产力发展水平、分配正义与人的需要以及分配正义与时间等进行归纳。

一、马克思对几种错误分配方案的批判

在工人运动的领导人拉萨尔、魏特林以及蒲鲁东那里,由于各种历史原因,他们提出的一些关于分配的主张,不同程度地带有空想和形而上学的要素,对工人阶级的革命运动有着不同程度的危害,在澄清这些错误理论的同时,马克思对分配正义问题表达了与他们不同的观点。

(一) 批判魏特林的"交易小时"分配方案

魏特林的学说扮演着空想社会主义和科学社会主义纽带的角色,魏特林一

方面论证了资本主义制度的不合理性,建立在论证基础上对资本主义社会中出现的种种问题进行了批判。魏特林指出"私有财产是一切罪恶的根源"①,资本主义社会一切不平等、非正义的,包括所有罪恶的根本原因在于私有财产的存在。魏特林认为资本主义社会以财产私有制为基础,就是现代的奴隶制,在本质上与古代奴隶制是不存在区别的。建立在财产私有制基础上的资本主义社会则是富人的乐园、穷人的地狱,资产者吃喝享乐,尽情享受,过着花天酒地、挥金如土的生活。而与之相对应的是,无产者每天要为资本家工作14到18个小时,被折磨得骨瘦如柴,一旦血汗被榨干就被赶出工厂,成千上万地被饿死。"造成这种情况的原因是劳动分配不平等以及由此产生的产品分配不平等。"②魏特林在批判资本主义的基础上对未来的理想社会也做了设想,即"和谐自由的社会""民主共产主义家庭联盟",在对民主共产主义家庭联盟的设想中也对分配制度进行了阐述。

魏特林设想的民主共产主义家庭联盟的社会管理,分为劳动系统和享受系统。就对劳动系统的主张而言,魏特林认为在整个社会中,除了老、弱、病、残等这些不具备或已经丧失劳动能力的人之外,所有的人在社会中都是需要劳动的。魏特林将劳动分为两种,一种劳动是社会中每个人都需要参加的,这种劳动所生产的是生活必需物品,也被称为必要的和有益的劳动,这种劳动每天的时间被设定为6个小时;另一种是在完成6个小时必要劳动之后依据个人自愿参加的劳动,这种劳动所生产的是舒适产品。与之相对应的,在分配制度上,魏特林主张的是,平均分配和多劳多得的产品分配制度,社会成员凡是参加必要的和有益的劳动都可以获得同等比例的生活必需品,而对于产品的分配则需要依据"交易小时"来进行,"交易小时"即劳动者在完成社会必要劳动时间以后所做的生产舒适产品的劳动小时。

魏特林强调,每个社会成员在完成必要劳动之后都有做交易小时的自由,并按照自己的意愿换取与交易小时相对应的舒适产品或者享受。"如果他们同意分担,那你们也应当让他们分享劳动成果;如果他们不愿意分担,那你们就不让他们分享,因为不劳动者不得食。"③魏特林将正义的实现寄托于交换上,认为通过改变交换手段,是能够实现分配正义的,因为在魏特林看来交换是自由与和谐的一个根本保障。关于交易小时的换取,魏特林所设想的是通过"交易簿"这一交换方式来进行,用交易簿来代替货币。交易小时是魏特林建立分配制度的基础,在一定程度上还是比较接近各尽所能、按劳分配的科学思想。

---

① 威廉·魏特林.和谐与自由的保证[M].孙则明,译.北京:商务印书馆,1997:74.
②③ 威廉·魏特林.现实的人类和理想的人类[M].孙则明,译.北京:商务印书馆,1986:5.

魏特林对资本主义制度进行了批判，主张建立共有共享的社会制度，在分配上主张将正义寄托于交换手段上——"交易小时"，魏特林对资本主义的基本矛盾以及资本主义社会发展的规律没能进行科学的概括，马克思对魏特林的空想共产主义以及"交易小时"进行了批判。魏特林认为在积累财富的时候也要产生贫穷，这就好比在构筑堤坝时会产生土坑一样，"按照国民经济学的规律，工人在他的对象中的异化表现在：工人生产得越多，他能够消费得越少；他创造的价值越多，他自己越没有价值、越低贱；工人的产品越完美，工人自己越畸形；工人创造的对象越文明，工人自己越野蛮；劳动越有力量，工人越无力；劳动越技巧，工人越愚笨，越成为自然界的奴隶。"[①]这就是当时国民经济学所主张的基本经济规律异化是存在于工人在工人自身的对象中的，这些异化表现为在劳动过程中工人所生产出来的产品数量，与工人自身所能够消费的产品是成反比的，工人在劳动过程中所创造出来的价值与工人自身的价值也是成反比的，生产过程中工人的劳动越有力量、越有技巧，而工人就越无力、越愚笨，进而发展成为自然界的奴隶。[②]马克思批判了包括魏特林在内的国民经济学家，他们将应当加以说明的东西假定为一种具有历史形式的事实，"国民经济学由于不考察工人（劳动）同产品的直接关系而掩盖劳动本质的异化。……劳动对它的产品的直接关系，是工人对他的生产的对象的关系"[③]。

但是，马克思没有停留在这些表面的现象上，马克思看到了魏特林对于资本主义社会分配非正义的无视和忽略这一赤裸裸的现实，立足于这些贫富差距、压迫与剥削的现实之上，马克思立足于历史唯物主义这一方法，建立了剩余价值学说和科学的劳动价值论，全面深刻地阐述了异化劳动理论。这种异化一方面表现在结果上，也就是表现在对劳动产品的分配上，另一方面表现在生产行为以及生产活动本身之中。魏特林将一种正义的分配方式寄托于交换手段中，主张用交易小时实现分配正义，注定是无法实现的。由于其理论视野的狭隘，他虽努力致力于反对平均分配，却没能摆脱平均主义的影响。"粗陋的共产主义者不过是充分体现了这种忌妒和这种从想象的最低限度出发的平均主义。他具有一个特定的、有限制的尺度。"[④]

（二）批判拉萨尔主义"不折不扣"的分配正义思想

第一国际时期，德国工人组织的爱森纳赫派与拉萨尔派进行了合并，在合并大会举行期间，通过了《哥达纲领》，这一纲领性文件是以拉萨尔主义为思想

[①②] 马克思,恩格斯.马克思恩格斯文集:第1卷[M].北京:人民出版社,2009:158.
[③] 马克思,恩格斯.马克思恩格斯文集:第1卷[M].北京:人民出版社,2009:158-159.
[④] 马克思,恩格斯.马克思恩格斯文集:第1卷[M].北京:人民出版社,2009:184.

核心的。马克思在《哥达纲领批判》中对拉萨尔主义的分配思想进行了批判,批判了拉萨尔主义"劳动是构成分配正义的基础"、不折不扣地公平分配劳动所得等分配正义思想。

首先,马克思批判了"劳动是构成分配正义的基础"的观点。拉萨尔主义的分配思想认为一切财富和一切文化的源泉是劳动,因此,劳动构成了分配正义的基础。然而,马克思认为劳动并不是一切财富的唯一的源泉,认为劳动是一切财富唯一源泉的观点忽略了自然界也是使用价值的源泉,在构成使用价值的源泉上自然界和劳动具有同等重要性,二者缺一不可。劳动力本身也可以理解为自然力的表现。"自然界同劳动一样也是使用价值(而物质财富就是由使用价值构成的)的源泉,劳动力本身不过是一种自然力即人的劳动力的表现。"[①]

马克思认为,劳动是一切财富的源泉,否定社会的物质财富是工人劳动和生产资料共同起作用的结果,而非只是劳动创造的结果,当人们思考创造社会物质财富的问题时要充分考虑生产资料的作用和贡献。将社会物质财富创造的源泉归结为劳动和生产资料的共同作用,这就可以科学地说明,由于无产阶级和资产阶级对生产资料的占有状况是完全不同的,资产阶级占有生产资料而无产阶级不占有生产资料,首先决定了工人的劳动状况,在生产过程中资本家是发号施令的,工人是被迫劳作的,其次也决定了对劳动产品的分配存在天壤之别,付出辛勤劳动的工人所分配到的劳动产品仅仅只能够维持最低水平的生活,而大部分的劳动产品被资本家获得。"只有一个人一开始就以所有者的身份来对待自然界这个一切劳动资料和劳动对象的第一源泉,把自然界当作属于他的东西来处置,他的劳动才成为使用价值的源泉,因而也成为财富的源泉。"[②]当劳动者不占有生产资料时,对劳动产品便没有进行分配的权利,所以劳动不是构成分配正义的基础。在生产资料私有制条件下,资本家占有了一切生产资料,工人由于不占有生产资料而只能出卖自己的劳动力,所以资本家对工人剩余价值进行了无偿占有,因而我们可以得出生产资料的所有制形式直接决定了劳动状况和分配状况。

其次,马克思批判"不折不扣"的分配正义思想。《哥达纲领》的一个核心观点是"劳动是一切财富和一切文化的源泉",建立在这一观点基础之上随后又得出社会中的一切成员都应当按照平等的权利不折不扣地对所有劳动所得进行平均分配,"所有劳动所得应当不折不扣和按照平等的权利属于社会的一切成员"[③]。马克思批判了拉萨尔派"劳动所得应当不折不扣进行分配"的结论。拉萨尔派对什么是"劳动所得"并没有进行阐述,"劳动所得"究竟是指产品的价

---

①②③ 马克思,恩格斯.马克思恩格斯文集:第3卷[M].北京:人民出版社,2009:428.

值,还是指劳动的产品,在这点上没有做交代。拉萨尔派对什么是"劳动所得"并没有进行阐述,"什么是'劳动所得'呢?是劳动的产品呢,还是产品的价值?如果是后者,那么是产品的总价值呢,或者只是劳动新加在消耗的生产资料的价值上的那部分价值?"①如果"劳动所得"指的是产品的价值,那么是特指产品的总价值还是指劳动新加在消耗的生产资料的价值上的那部分价值,也没有做进一步的分析。因此,在拉萨尔派那里,"劳动所得"这一概念具有模糊性。如果劳动所得可以和劳动产品画等号,那么劳动所得的产品就不可能按照拉萨尔所主张的"不折不扣"地分配,社会总产品是集体劳动所得,在用于社会成员的个人分配之前,首先最少需要对以下三个部分进行扣除,即生产过程中所消耗掉的生产资料、用来追加扩大再生产、应付自然灾害和不幸事故等突发性事件所准备的保险基金以及后备基金。此外,将扣除了这三部分的社会总产品之后用于消费资料的部分,在进行个人分配之前还需要扣除三个部分:一是扣除与生产没有直接关系但是在生产过程中必须支出的一般管理费用,二是扣除用来满足共同需要,诸如医院、学校等这些公共设施支出的费用,三是需要扣除为没有劳动能力或丧失劳动能力的社会成员,所设立的基金的支出。②因此,劳动产品在进行个人分配之前已经不是"不折不扣"的了,拉萨尔派"不折不扣"的分配正义思想也是不正确的。

再次,马克思批判了拉萨尔派的另一个观点,即所有的、一切的社会成员都应当拥有平等的权利对劳动所得进行分配。马克思首先对拉萨尔这两个结论之间的矛盾进行了揭示。"'属于社会一切成员'?也属于不劳动的成员吗?那么'不折不扣的劳动所得'又在哪里呢?只属于社会中劳动的成员吗?那么社会一切成员的'平等的权利'又在哪里呢?'社会一切成员'和'平等的权利'显然只是些空话。"③即"劳动所得必须按照平等的权利属于社会一切成员"与"劳动所得应当不折不扣地进行分配"之间的矛盾。拉萨尔派所提出的劳动所得属于一切社会成员也必然包括不进行劳动的成员,不折不扣的劳动所得与一切社会成员的平等权利只是一些空话。究其本质来看,这些所谓的"平等的权利"还是被限制在资产阶级这一特定的框架内,所谓的平等的权利只是相对于资产阶级而言的,对广大无产阶级而言则是不存在的,在分配领域也不存在真正的正义分配。"在这里平等的权利按照原则仍然是资产阶级权利"④,这种"平等的权利"被限制在资产阶级的框架内,"生产者的权利是同他们提供的劳动成比例的;平

---

① 马克思,恩格斯.马克思恩格斯文集:第3卷[M].北京:人民出版社,2009:431-432.
② 马克思,恩格斯.马克思恩格斯文集:第3卷[M].北京:人民出版社,2009:432-433.
③ 马克思,恩格斯.马克思恩格斯文集:第3卷[M].北京:人民出版社,2009:432.
④ 马克思,恩格斯.马克思恩格斯文集:第3卷[M].北京:人民出版社,2009:434.

等就在于以同一尺度——劳动——来计量。但是,一个人在体力或智力上胜过另一个人,因此在同一时间内提供较多的劳动,或者能够劳动较长时间;而劳动,要当作尺度来用过,就必须按照它的时间或强度来确定,不然它就不成其为尺度了。这种平等的权利,对不同的劳动来说是不平等的权利。"①因此,所谓的平等的权利只是相对资产阶级而言的,对广大无产阶级而言则是不平等的权利,以"平等的权利"为分配正义的原则只会导致实质上的分配非正义。

最后,马克思批判了拉萨尔派"公平分配劳动所得"的分配正义思想。拉萨尔派在《哥达纲领》中提出要对集体的总劳动进行调节,并公平分配劳动所得,对集体的总劳动进行调节,将生产资料的性质变革为社会的财产。"劳动的解放要求把生产资料提高为社会的公共财产,要求集体调节总劳动并公平分配劳动所得。"②马克思对"公平的"分配劳动所得进行了批判,资产者肯定认为当时存在于资本主义社会中的分配方式是公平的分配,事实上现存于资本主义社会中的分配方式也是建立在资本主义生产方式基础上唯一的"公平"分配。"难道资产者不是断言今天的分配是'公平的'吗?难道它事实上不是在现今生产方式基础上唯一的'公平'分配吗?难道经济关系是由法的概念来调节,而不是相反,从经济关系中产生出法的关系吗?难道各种社会主义宗派分子关于'公平的'分配不是也有各种极不相通的观念吗?"③在马克思看来,"公平"这样的词汇是一种带有主观色彩的道德评价,因为利益主体的不同,对公平的理解也会不同,因此也会有不同的评价标准。

总之,马克思通过《哥达纲领批判》,对拉萨尔派"劳动是构成分配正义的基础"观点、"不折不扣"的分配正义思想、"公平分配劳动所得"的分配正义思想,分别进行了批判,指出其错误思想的根源在于:对分配领域正义问题的探讨仅仅局限于分配领域,而忽略了起决定作用的生产领域。"在所谓非分配问题上大做文章并把重点放在它上面,那也是根本错误的。消费资料的任何一种分配,都不过是生产条件本身分配的结果;而生产条件的分配,则表现生产方式本身的性质。"④

(三)对蒲鲁东"平等原理"的批判

马克思在《1844年经济学哲学手稿》中批判了两种不同类型的分配正义,其中一种就是站在道德、法律和人道的立场上认为社会状况恶化的根本原因在于

---

① 马克思,恩格斯.马克思恩格斯文集:第3卷[M].北京:人民出版社,2009:435.
② 马克思,恩格斯.马克思恩格斯文集:第3卷[M].北京:人民出版社,2009:431.
③ 马克思,恩格斯.马克思恩格斯文集:第3卷[M].北京:人民出版社,2009:432.
④ 马克思,恩格斯.马克思恩格斯文集:第3卷[M].北京:人民出版社,2009:436.

私有财产,进而要求废除私有财产,变私有财产为人们所共同占有,持这一分配正义观点的典型代表是蒲鲁东,马克思对此进行了批判。马克思这一时期对正义的批判实质上是运用历史唯物主义对社会问题进行剖析,历史性和阶级性是其批判的基点,在当时的德国,蒲鲁东从唯心主义的立场出发,运用形而上学的方法得出社会必须有某些原则才能成为社会,而"正义"这一原则是决定社会存在与发展的原则,也是一种永恒不变的最高原则。马克思在《哲学的贫困》这一文献中对其进行了批判。马克思在这一文献中批判了蒲鲁东对人类历史发展规律进行的错误解读,在蒲鲁东看来,理性、正义这些永恒的概念决定了社会的存在与发展,正义是支配一切社会现象的最高原则,"正义是位居中央的支配一切的社会的明星,是政治世界绕着它旋转的中枢,是一切事物的原则和标准"①。蒲鲁东认为人类社会中人与人之间的所有行动都是以"公理"的名义发生的,这些以公理名义发生的人与人之间的一切行动都是依赖正义的。

马克思"从直接生活的物质生产出发阐释现实的生产过程,把同这种生产方式相联系的、它所产生的交往形式即各个不同阶段上的市民社会理解为整个历史的基础,从市民社会作为国家的活动描述市民社会,同时从市民社会出发阐明意识的所有各种不同理论的产物和形式,如宗教、哲学、道德等,而且追溯它们产生的过程"②。批判了蒲鲁东这一小资产阶级正义观,马克思认为人类社会存在和发展的前提和动力是社会生产,而非正义、道德、自由等思想观念。正义作为思想观念的一种形式,是物质生产发展到一定阶段的产物,是由物质生产的水平和阶段所决定的,从根本上来说"不是意识决定生活,而是生活决定意识"③。因此,正义作为一种思想观念,是社会物质生产关系在观念层面上抽象的一种表现。

自由主义所主张的分配正义,是建立在私有财产和利己主义前提之上的,较之于以前社会形态的分配制度,再具有历史进步性也未能摆脱历史局限性。马克思对于蒲鲁东的平等正义观进行了归谬与批判,"蒲鲁东仍以国民经济学的占有形式来表现实物世界的重新争得。……'平等的占有'是国民经济学的观念,因而本身也是下述状况的异化表现:对象作为为了人的存在。作为人的对象性存在,同时也就是人为了他人的定在,是他同他人的人的关系,是人同人的社会关系。蒲鲁东在国民经济学的异化范围内扬弃国民经济的异化"④。分配正义的实现路径在于从根本上改变生产资料所有权,只有改变生产资料所有

---

① 蒲鲁东.什么是所有权[M].孙署冰,译.北京:商务印书馆,1982:54-55.
② 马克思,恩格斯.马克思恩格斯选集:第1卷[M].北京:人民出版社,2012:171.
③ 马克思,恩格斯.马克思恩格斯全集:第3卷[M].北京:人民出版社,1965:30.
④ 马克思,恩格斯.马克思恩格斯文集:第1卷[M].北京:人民出版社,2009:268.

制,才能实现工人阶级的解放。工人阶级为自己争取生产资料所有权的斗争,是以政治斗争的形式来进行的,只有推翻生产资料私人占有制度,劳动者才有可能占有自己的劳动产品,正当利益需要才有切实保障。"社会从私有财产解放出来、从奴役制解放出来,是通过工人解放这种政治形式来表现的,这并不是因为这里涉及的仅仅是工人的解放,而是因为工人的解放包含普遍的人的解放;其所以如此,是因为整个的人类奴役制就包含在工人对生产的关系中,而一切奴役关系只不过是这种关系的变形和后果罢了。"①

一方面,马克思批判了蒲鲁东正义(社会意识)决定社会存在的唯心主义观点;另一方面,马克思也指出,历史上人们的正义观念也不是一成不变的,正义的观念是随着生产方式的变化而跟着变化的,同时正义的内容也是随着生产方式的变化而跟着变化的。同样,人们的"分配正义"这一观念也不是恒定不变的,人们分配正义的观念而是随着时代的发展不断发生变化的。按照马克思的观点,分配正义是正义在经济关系的分配领域抽象的、观念的表现,经济分配关系和社会分配关系决定了正义范畴内涵的变化,这些关系是在历史的进程中不断演变的,没有永恒不变的正义原则和分配正义原则。

在分配正义问题上,蒲鲁东指出,要想解决分配领域的非正义、不公正的问题,必须准确把握"正义"这一名词的内涵,在把握正义内涵的基础上去制定各项社会制度,并使之都符合"正义"的要求。蒲鲁东在分配正义问题上指出要想解决分配领域的非正义、不公正的问题,必须准确把握正义这一名词的内涵并使各种社会制度都符合正义的要求,他在现实的社会财富分配问题上阐述道:"财富分配方面的不平等从何而来呢？它绝不可能来自经济历史发展的规律;而是包括像战争在内的一切其余的事物一样,来自心理学原理、来自原则,而原则就是我们对本身的价值和本身的品德认识,也就是这样一种情感,它能转化为对自己的同类和整个人类的尊重并成为正义的基础。但包含着作为自在之物的正义的那个原则,迄今为止实际上却恰恰是对正义的否定;我们允许自己和自己亲近的人的事情比允许别人的事情要多。夸大自己和滥用自己的长处,就会迫使我们去破坏经济分配规律。"②之所以会出现分配正义问题,蒲鲁东认为人们在分配过程中所制定的分配的原则出现了偏差,而不是由于经济历史发展的规律和生产力发展的水平所导致的。蒲鲁东认为原则也构成了正义的基础,正义原则看作超越客观历史规律之上的永恒存在,而所谓的历史不过是遵循这一原则演变的结果而已,这样一来,蒲鲁东就彻底颠倒了社会(生产)存在与社会原则(意识)之间的关系。

---

① 马克思,恩格斯.马克思恩格斯文集:第1卷[M].北京:人民出版社,2009:167.
② 马克思,恩格斯.马克思恩格斯全集:第45卷[M].北京:人民出版社,1985:162.

在蒲鲁东看来,正义的内涵是稳定的。马克思对这一认识的唯心史观基础进行了深刻的揭露,马克思认为随着生产力的发展,现实中的生产关系以及生产方式也会随之发生变化,人们自身的社会关系也会发生改变,而正义是人类社会关系的一种抽象的、观念的表现,也会随之发生变化。在《哲学的贫困》中,马克思一针见血地指出,经济学家蒲鲁东把事物搞颠倒了,在抽象的范畴与现实的物质关系之间迷惑了,把由人们生产出来的观念凌驾于人们之上,人们所建立的社会关系是按照他们的生产方式,是与生产方式相适应的,处于按照自己生产方式建立起相应社会关系中的人也创造了相应的社会意识,"人们按照自己的物质生产率建立相应的社会关系,正是这些人又按照自己的社会关系创造了相应的原理、观念和范畴。所以,这些观念、范畴也同它们所表现的关系一样,不是永恒的。它们是历史的、暂时的产物"[①]。在唯物史观的视域中,原则、观念、概念并不是永恒不变的人类理性,而是派生的,决定这些观念、原则、范畴、意识等的是创造人类历史的物质生产方式,是与此相适应的社会生产力的不断发展。对社会存在与意识形态的关系的扭曲,在分配正义问题上必然陷入唯心主义的泥淖之中。

二、马克思分配正义思想形成的基础

马克思分配正义思想作为一个科学的理论体系,这一科学的理论体系形成有其特有的哲学基础、伦理学基础和政治经济学基础,唯物史观作为马克思分配正义思想形成的视域,为其分析资本主义社会分配问题提供了哲学依据;分配正义德性作为马克思分配正义思想形成的视野,为其构建正义的、按照个体合理需要进行分配的方式提供了伦理学支撑;劳动价值理论和剩余价值理论作为马克思分配正义思想形成的视域,为其剖释资本主义分配非正义问题提供了政治经济学指导。同时,站在广大无产阶级的立场上,马克思的学说是大公无私的,对资本主义社会的剥削、压迫等各种分配非正义现象的批判,则彰显着科学真理的魅力和伟力。

(一)马克思分配正义思想形成的哲学基础

唯物史观是马克思探索分配正义的哲学基础。立足唯物史观的立场,马克思指出,经济基础是社会意识产生的源泉,人们在自己的生活过程中,在进行物质资料生产过程中,在创造物质财富的同时,总会发生与一定历史情境相适应

[①] 马克思,恩格斯.马克思恩格斯文集:第1卷[M].北京:人民出版社,2009:603.

的,也是必然的、不以人们的意志为转移的物质关系,虽然以精神的形式呈现出来,但总是与物质生产力的一定发展阶段相适应的生产关系。这样看来,事情就清楚了:构成社会的经济结构总和的生产关系,为社会发展奠定坚固的基石,法律、政治、文化、意识形态等构成的庞大的上层建筑竖立其上,在经济基础之上人类经营着自己的社会生活、政治生活和精神生活。"物质生活的生产方式制约着整个社会生活、政治生活和精神生活的过程。不是人们的意识决定人们的存在,相反,是人们的社会存在决定人们的意识。"①由此观之,社会存在决定社会意识。

唯物史观的确立,使得马克思在对分配正义问题的探讨上超越了以往诸如蒲鲁东、拉萨尔主义、杜林等人的正义观。在马克思看来,分配正义原则实现的基础是社会现实生活,脱离社会现实对分配正义进行的研究就好像"在脑子里做着很有意思的体操"②,实质上只能是思辨哲学的思维魔术。马克思对分配正义问题的分析方法是以唯物史观这一新的科学的世界观为基础,对资本主义社会分配非正义现象、问题出现的原因等进行了深入的剖释。

马克思指出对分配的关系讨论应该回到生产本身,生产决定分配,分配是生产的产物,在社会中能进行分配的只能是生产的结果。"分配本身是生产的产物,不仅就对象说是如此,而且就形式说也是如此。就对象说,能分配的只是生产的成果,就形式说,参与生产的一定方式决定分配的特定形式,决定分配的形式。"③资本主义生产方式之所以能够确立以及这种延续生产方式,其中两个条件是关乎根本的,也是资本主义生产方式能够确立的前提。这两个至关重要的条件如下:一是资本主义社会中存在大量失去生产资料,并且除了靠出卖自己劳动力就无法获得消费资料、维持生活的人,这些人是具有人身自由的人;二是生产资料掌握在少数人的手中。资本原始积累所采用的方法,是通过暴力的掠夺手段,强行将劳动者与生产资料进行分离;以暴力的方式剥夺农民的土地,使其与生产资料分离;用暴力手段掠夺海外殖民地,使原住民与生产资料分离;等等。这些分离最终导致资产阶级掌握了生产的主动权。

在对产品的分配上,劳动者并不具有对自己劳动产品的所有权。因此,要从生产与分配的关系中对分配方式及其相关问题进行研究。"在分配是产品的分配之前,它是(1)生产工具的分配,(2)社会成员在各类生产之间的分配(个人从属于一定的生产关系)——这是同一关系的进一步规定。这种分配包含在生产过程本身中并且决定生产的结构,产品的分配显然只是这种分配的结果。

---

① 马克思,恩格斯.马克思恩格斯文集:第2卷[M].北京:人民出版社,2009:591.
② 川本隆史.罗尔斯:正义原理[M].詹献斌,译.石家庄:河北教育出版社,2001:8.
③ 马克思,恩格斯.马克思恩格斯文集:第8卷[M].北京:人民出版社,2009:19.

如果在考察生产时把包含在其中的这种分配撇开,生产显然是一个空洞的抽象;相反,有了这种本来构成生产的一个要素的分配,产品的分配自然也就确定了。"①工人对劳动产品的分配本身就是资本与劳动者之间生产关系的体现,对于分配正义问题的研究需要对其实现的前提,即具有历史性和暂时性的社会内容和物质内容进行研究。

马克思以历史唯物主义方法论为指导,对资本主义社会结构进行了实证分析,在这一基础上,揭示了资本主义以等价交换的表象所掩盖着的资产阶级对无产阶级剥削和压迫的本质,以及分配的非正义性。而在马克思看来,对于分配正义问题的分析不能就分配而论分配,一直只停留在分配领域,而应当深入到生产领域,深入到生产方式和经济结构中去,正因为如此,马克思批判了蒲鲁东抽象的分配正义分析范式,这种脱离历史和社会发展来抽象辨析分配正义范畴,进而畅想人类的解放,是没有现实根基的。衣、食、住、行是人们进行科学、政治、艺术与宗教等活动的前提,"人们首先必须吃、喝、住、穿,然后才能从事政治、科学、艺术、宗教等等;所以,直接的物质的生活资料的生产,从而一个民族或一个时代的一定的经济发展阶段,便构成基础,人们的国家设施、法的观点、艺术以至宗教观念,就是从这个基础上发展起来的,因而,也必须由这个基础来解释,而不是像过去那样做得相反"②。一个国家、一个民族只有首先从事直接的物质生活资料的生产,才能以此为基础发展自己的国家设施、艺术观念、科学活动等,而对这些的解释也必然需要以这个基础为前提。唯物史观作为马克思分配正义思想形成的哲学基础,正是由于找到了社会意识的现实根基,使得马克思对分配正义问题的研究贴近了现实、走向了历史的深处,马克思站在唯物史观的立场上,指出分配正义原则是受生产方式制约的,而分配正义的功能也只有在特定的生产方式内才能得以发挥。

(二)马克思分配正义思想形成的伦理学基础

"分配正义"这一概念作为一个人为建构的伦理概念,它对人类的社会生活产生了能动而深远的影响。正义作为一种观念,分配正义是分配领域正义观念的体现,人类所进行的分配活动中,不同的分配关系、分配主张受到了这一核心价值观念的支配。分配正义作为一个人为建构的概念,一方面分配正义能够对人类社会的分配活动起到伦理支配作用;另一方面,分配正义对人类社会分配矛盾可以起到伦理化解作用。

首先,分配正义能够对人类社会的分配活动起到伦理支配作用。亚里士多

---

① 马克思,恩格斯.马克思恩格斯文集:第8卷[M].北京:人民出版社,2009:20.
② 马克思,恩格斯.马克思恩格斯文集:第3卷[M].北京:人民出版社,2009:601.

德指出,"分配的公正要基于某种配得……分配的公正在于成比例,不公正则在于违反比例。不公正或者是过多,或者是过少"①。西方古典分配正义理论认为分配的正义是基于某种"配得"的,正义的分配必然是成比例的分配,如果违反了比例则是非正义的分配,所谓成比例就是分配得不过多也不过少。马克思则着眼于人的自然属性与社会属性两个方面,分析了分配正义观念的产生。保尔·拉法格深化了他的思想,"文明社会的正义由两个来源产生;一方面是在人类的本性中取得自己的来源,另一方面又从建立于私有财产基础上的生活环境中取得自己的起源。情欲和观念在财产产生以前就已经存在;由它所产生的利益,情欲和观念彼此相互起作用和相互影响,最后终于使正义和非正义的思想在文明人的脑子里产生、发展和成熟起来"②。作为一种观念的分配正义,对人类社会的分配活动可以起到伦理支配作用,马克思十分强调思想与观念对实践的引导、指导功能。在马克思的分配正义思想里,"分配正义"作为一个价值观念,具有强大的信念力量和指导实践的力量。马克思通过对奴隶社会、封建社会、资本主义社会发展过程的分析,得出人类社会是朝着越来越平等、越来越正义的方向发展的,不同时代的分配正义观念既是支配当时社会分配活动的核心价值观念,又是指引人们不断追求和实现分配正义的一股强大信念力量。

其次,社会成员个人的分配正义德性是分配正义实现的一个必不可少的前提,分配正义德性对社会成员之间的分配矛盾具有伦理化解的作用。马克思认为,分配正义的实现一方面依赖生产力的极大提高,能够生产出足以满足人类需要的巨大的物质财富,另一方面则依赖人们道德素质的普遍提高,即分配正义的实现还需要诉诸个人的分配正义德性。"按需分配"之"需"指的是合理的需要,在分配过程中社会成员应该充分张扬道德理性,社会成员所形成的合理的分配正义观念,所形成的恰切的分配正义感,能够充分展现社会成员在参与分配的过程中追求分配正义的道德品质。社会成员个人的道德理性体现为一种私人理性,个人的道德理性说明个人有能力在分配问题上提出自己的分配主张,这种分配主张是个人主观兴趣和偏好在个人利益诉求上的体现,个人的道德理性也是分配正义实现的前提,人与人在财富分配上难免会产生矛盾以及由此导致的分配非正义问题,依赖社会成员道德素质的普遍提高,个人有能力在分配问题上作出合乎道德要求的价值认识、价值选择与判断以及价值定位等。

(三)马克思分配正义思想形成的政治经济学基础

物质产品的生产与分配,是人类经济生活中两个最为基本的活动,也是政

---

① 亚里士多德.尼各马可伦理学[M].廖申白,译.北京:商务印书馆,2003:135-136.
② 保尔·拉法格.思想的起源[M].王子野,译.上海:生活·读书·新知三联书店,1963:67.

治经济学研究的重点领域,马克思通过研究生产、分配、交换、消费及其发展规律,揭示了分配正义的分配对象、分配标准、实现途径等。马克思分配正义思想的形成有着深厚的政治经济学基础,其中,劳动价值理论与剩余价值理论是马克思分配正义思想形成的两个基础理论。

首先,劳动价值理论是马克思分配正义思想形成的政治经济学基础。马克思的劳动价值理论形成于19世纪中期,是由当时资本主义的社会生产力及其与之相适应的社会生产关系而决定的,产业革命以及社会关系的变革为马克思劳动价值理论的形成奠定了基础。马克思从生产商品的具体劳动和抽象劳动这一劳动的二重性出发,批判了工资、利润以及地租是一切交换价值的三个原始源泉,进而建立了科学的劳动价值理论。"一切劳动,一方面是人类劳动力在生理学意义上的耗费;就相同的或抽象的人类劳动这个属性来说,它形成商品价值。一切劳动,另一方面是人类劳动力在特殊的有一定目的的形式上的耗费;就具体的有用的劳动这个属性来说,它生产使用价值。"①具体劳动和抽象劳动不是两种根本不同的事情,而是一体两面的关系,根本上具有统一性,"在同一时间内,劳动就一种属性来说必然创造价值,就另一种属性来说必然保存或转移价值"②。

同一时间内的劳动就第一种属性来说必然创造价值,同一时间内的劳动就第二种属性来说必然转移或保存价值,新价值是由抽象劳动创造的,"劳动通过它的有目的的形式把生产资料的价值转移到产品上并保存下来的时候,它的运动的每时每刻都形成追加价值,形成新价值"③。生产资料在劳动过程中只是作为使用价值,是作为具有有用属性的物在发挥作用,所以如果生产资料在进入劳动过程之前没有价值的话,也就不会把任何价值转给产品,"'(非生产劳动者的劳动)不生产任何价值''不能使价值有任何增加','(非生产劳动者的)生活费永远得不到偿还','它不固定或不实现在一个特定的对象或可以出卖的商品中'"④非生产劳动者(资本家)因此也不生产任何剩余价值,在生产的这个过程中只是同一价值量发生了形式变化。马克思的劳动价值理论以劳动力商品作为分析的逻辑起点,阐释了劳动力商品的特殊价值,进而揭示了在分配问题上资本家无偿占有工人劳动产品的非正义性。

其次,剩余价值理论是马克思分配正义思想形成的另一个政治经济学基础。剩余价值理论作为马克思一生中的两大发现之一,"由于剩余价值的发现,

---

① 马克思,恩格斯.马克思恩格斯文集:第5卷[M].北京:人民出版社,2009:60.
② 马克思,恩格斯.马克思恩格斯文集:第5卷[M].北京:人民出版社,2009:44.
③ 马克思,恩格斯.马克思恩格斯文集:第5卷[M].北京:人民出版社,2009:239.
④ 马克思,恩格斯.马克思恩格斯文集:第8卷[M].北京:人民出版社,2009:223.

这里豁然开朗了,而先前无论资产阶级经济学家或者社会主义批评家所做的一切研究都只是在黑暗中摸索"①。马克思的劳动力商品价值理论为劳动价值理论通向剩余价值理论架设了桥梁,劳动力商品的使用价值所创造的价值大于其自身价值的部分即为剩余价值,马克思通过分析可变资本与不变资本,揭开了剩余价值的秘密。"转变为生产资料即原料、辅助原料、劳动资料的那部分资本,在生产过程中并不改变自己的价值量。因此,我把它成为不变资本部分,或简称为不变资本。相反,转变为劳动力的那部分资本,在生产过程中改变自己的价值。它再生产自己的等价物和一个超过这个等价物而形成的余额,剩余价值。这个剩余价值本身是可以变化的,是可大可小的。这部分资本从不变量不断转化为可变量。因此,我把他称为可变资本部分,或简称为可变资本。"②生产原料、辅助材料以及劳动资料等转变为生产资料的这部分资本,在生产的过程中这部分生产资料并没有改变自己的价值量,这一部分资本被马克思称为不变资本。

与之相对应,在生产过程中改变自己价值的那部分资本是转变为劳动力的资本,剩余价值就是由那部分转变为劳动力的资本所产生的,转变为劳动力的那部分资本在生产自身的等价物与一个超过这个等价物之间所形成的差额即剩余价值,剩余价值本身是可以变化的,那部分转变为劳动力的资本从不变量持续不断转化为可变量,这部分资本也就是可变资本。可变资本和不变资本在资本价值形成以及增殖过程中发挥了不同的职能,资本的增值是由可变资本带来的,"剩余价值就是产品价值超过消耗掉的产品形成要素即生产资料和劳动力的价值而形成的余额"③。资产阶级私有制条件下,在对剩余价值的分配关系上,必然会导致不同的部分归属不同的人所有,"生产剩余价值即直接从工人身上榨取无酬劳动并把它固定在商品上的资本家,是剩余价值的第一个占有者,但绝不是剩余价值的最后所有者……剩余价值分为各个不同的部分。它的各部分归属不同的人所有,并具有不同的、互相独立的形式,如利润、利息、商业利润、地租等等。"④资本家所生产的剩余价值就是直接从工人身上榨取无酬劳动,并把它固定在商品上。马克思通过剩余价值理论表明,剩余价值的分配是资产阶级与工人阶级之间的利益分配,所遵循的原则从形式上看是资产阶级所宣扬的等价交换的原则,然而究其实质,却是资产阶级剥夺和剥削工人阶级的剩余劳动,无产阶级因为失去生产资料所有权,无法为自身争取到正当的利益,导致

① 马克思,恩格斯.马克思恩格斯文集:第3卷[M].北京:人民出版社,2009:601.
② 马克思,恩格斯.马克思恩格斯文集:第5卷[M].北京:人民出版社,2009:243.
③ 马克思,恩格斯.马克思恩格斯文集:第5卷[M].北京:人民出版社,2009:242.
④ 马克思,恩格斯.马克思恩格斯文集:第5卷[M].北京:人民出版社,2009:651.

一无所有,在资本主义社会制度下,分配无正义可言。

再次,生产价格理论也是马克思分配正义理论的一个政治经济学基础。恩格斯在1895年《〈资本论〉第三册增补》中深刻论证和详细阐释了马克思劳动价值理论、剩余价值理论与生产价格之间历史的和逻辑的统一关系。"全部困难是由这样一个事实产生的:商品不只是当作商品来交换,而是当作资本的产品来交换。这些资本要求从剩余价值的总量中,分到和它们各自的量成比例的一份,或者在它们的量相等时,要求分到相等的一份。"①资本家在生产过程中所投入的资本要求获得等量的利润,这就必须压榨工人的剩余劳动和剥削工人的剩余价值,在资本家的这种要求下,价值转化为生产价格,利润转化为平均利润,商品按照它们的生产价格进行交换需要资本主义社会发展到一定的高度,商品按照它们的生产价格交换与按照商品的价值进行交换相比所要求的发展阶段要高得多。"商品按照它们的价值或接近于它们的价值进行交换,比那种按照它们的生产价格进行的交换,所要求的发展阶段要低得多。而按照它们的生产价格进行的交换,则需要资本主义发展到一定的高度。"②在资本主义社会,利润总额是与剩余价值总额相等的,而价值总额又和生产价格总额是相等的,生产价格同价值之间的区别在于增加了一次利润在社会范围进行的一次平均分配,而由于资本家要求等量资本必须获得等量利润,这种平均分配也局限于资产阶级内部,是一种将无产阶级排挤在外的非正义分配。

三、马克思分配正义思想的结构要素

马克思分配正义思想作为其思想理论的组成部分,是与马克思学说思想的主题紧密相关的,即马克思的分配正义思想是与无产阶级解放、实现共产主义理想、人的自由全面发展等主题紧密联系在一起的。因此,马克思通过对分配正义与生产力、分配正义与人的需要,以及分配正义与时间等分配正义思想构成要素的分析,一方面揭示了在资本主义经济制度下,在分配领域资本家对工人的剥削与压迫,另一方面则指明了实现分配正义的条件与路径。

(一) 分配正义与生产力水平

分配正义最终实现的前提和基础是生产力的极大发展,"在历史中演进的是财产的类型,其不平等的分配标志着经济结构的特征"③。马克思通过对生产

---

①② 马克思,恩格斯.马克思恩格斯文集:第7卷[M].北京:人民出版社,2009:1014.
③ 马克思,恩格斯.马克思恩格斯全集:第26卷[M].北京:人民出版社,1974:282.

力不同发展阶段经济形态的研究,构成了分配正义在不同发展阶段的具体呈现样式。

首先,在生产力很不发达的阶段,"人的依赖关系"是最初的社会形式,在这种形式下人的生产能力只是在狭小的范围内,即在互相孤立的地点缓慢地发展着,在这一阶段,对于社会总产品的分配也仅仅是满足人的自然的生存需要。在奴隶制关系和农奴制关系下,奴隶和农奴不被看作人群共同体之中的个人而存在,因而也不具有分配社会总产品的权利,"在奴隶制关系和农奴制关系中……社会的一部分被社会的另一部分当作只是自身再生产的无机自然条件来对待。奴隶同他的劳动的客观条件没有任何关系;而劳动本身,无论采取的是奴隶形式的,还是农奴形式的,都被作为生产的无机条件与其他自然物列为一类,即与牲畜并列,或是土地的附属物"[①]。这一时期财产的形式被视为公共财产,奴隶和农奴不具有共同体成员的资格,也不享有这种公共财产以及社会总产品的分配,马克思认为财产是个人与属于他的生产条件的关系,"所以,财产最初无非意味着这样一种关系,人把他的生产的自然条件看作属于他的、看作自己的、看作与他自身的存在一起产生的前提;把它们看作他本身的自然前提,这种前提可以说仅仅是他身体的延伸"[②]。

其次,在生产力有了一定发展的阶段,社会的鲜明特征表现为"物的依赖性"。在这一阶段,自然经济被商品经济所取代,人的依赖关系被商品生产与交换关系所代替,与之前的时期相比较,这一时期的突出特点是工人对自己的劳动能力有了自由的支配权。在资本主义制度体系下,资本家在劳动产品分配上对工人的剥削和压迫是建立在这一基础上的,即工人可以自由的出卖自己的劳动力以获取工资用于购买维持生存所必需的生活用品。"首先第一个前提,是奴隶制或农奴制关系的消灭。活劳动能力属于本人自己,并且通过交换才能支配它的力的表现。双方作为人格互相对立。在形式上他们之间的关系是一般交换者之间的平等和自由的关系。"[③]工人所具有的这种活劳动能力是属于工人自己的,工人与资本家作为人格互相对立的同时,在形式上工人与资本家之间的关系是平等和自由的,是一般的交换者之间的关系,这种关系是平等和自由的。由于资产阶级占有着生产资料,工人不占有生产资料,因而无法直接进行生产和交换。工人为了能够获取生活资料,就必须以出卖自己劳动为交换条件,资产阶级与无产阶级在形式上的平等关系,掩盖着实质上的不平等。"我们已经看到,在简单流通本身(即处于运动状态的交换价值中),个人相互间的行为,按其

---

① 马克思,恩格斯.马克思恩格斯全集:第30卷[M].北京:人民出版社,1995:481.
② 马克思,恩格斯.马克思恩格斯全集:第30卷[M].北京:人民出版社,1995:484.
③ 马克思,恩格斯.马克思恩格斯全集:第30卷[M].北京:人民出版社,1995:113.

内容来说，只是彼此关心满足自身的需要，按其形式来说，只是交换，设定为等同物（等价物），所以在这里，所有权还只是表现为通过劳动占有劳动产品，以及通过自己的劳动占有他人劳动的产品，只要自己劳动的产品被他人的劳动购买便是如此。"①

产品占有与产品分配取决于对他人劳动的占有，资本家之所以能够占有工人的劳动，是由于资本家对生产资料的占有。所有权是一切问题的根本，在商品交换过程中，所谓的等价交换是次要的。资本主义生产关系最终表明，"对自己劳动产品的私人所有权也就是劳动和所有权的分离：而这样一来，劳动＝创造他人的所有权，所有权将支配他人的劳动"②。劳动产品在分配上的非正义现象，根源于资本和劳动的分离，资本和劳动的分离致使资本家无偿占有工人的剩余价值，导致工人生产的产品越多而自身就越贫困。这种情况再次说明，"通过劳动本身，客观的财富世界作为与劳动相对立的异己的权利越来越大，并且获得越来越广泛和越来越完善的存在，因此相对来说，活劳动能力的贫穷的主体，同已经创造出来的价值即创造价值的现实条件相比较，形成越来越鲜明的对照"③。

再次，在生产力得到极大发展的阶段，即未来理想的社会形态，这也是马克思思想逻辑的最终指向，"建立在个人全面发展和他们共同的、社会的生产能力成为他们的社会财富这一基础上的自由个性。是第三阶段。第二个阶段为第三个阶段创造条件"④。在共产主义社会，人与人之间的关系是自由平等的，人们基于共同的利益而行动，平等分配劳动产品，个人是作为共同体中的一员参与产品分配中的，个人组合成的共同体占有生产资料，个人的劳动从一开始就是被当作社会的劳动而进行的，而非资本主义社会中以出卖劳动力为前提的。共同体作为社会所有成员建立在互惠性关系基础上的一种联合体，在这种新兴的社会形式中对个人消费品的分配呈现出新的样式。个人作为共同体中的一员，具有决定社会产品生产规模以及社会产品分配份额的权利，"共产主义革命在废除私有财产和给予'一切人以同样的东西'时将解放人类和恢复平等精神。这时，从私有财产产生时起就折磨人的脑筋的正义的观念，好像曾经困惑过可怜的文明人的最可怕的噩梦一样，也就要消失了"⑤。

---

①② 马克思,恩格斯.马克思恩格斯全集:第30卷[M].北京:人民出版社,1995:192.
③ 马克思,恩格斯.马克思恩格斯全集:第30卷[M].北京:人民出版社,1995:266.
④ 马克思,恩格斯.马克思恩格斯全集:第30卷[M].北京:人民出版社,1995:107-108.
⑤ 马克思,恩格斯.马克思恩格斯全集:第30卷[M].北京:人民出版社,1995:244.

(二) 分配正义与人的需要

马克思分配正义思想最终的价值追求是实现人的自由全面发展,而使人满足需要是人获得自由全面发展的前提和基础,首先必须能够生活是人们创造历史的前提,必须获得衣、食、住、行相关的一些物品,满足这些需要。"人们为了能够'创造历史',必须能够生活,但为了生活,首先就需要吃喝住穿及其他一些东西。"①因此,人的需要是马克思分配正义思想的一个结构要素。

首先,马克思以历史唯物主义方法论为指导,指出分配正义是在生产力发展水平的特定阶段上,能够符合人的发展需要并与特定历史发展阶段相契合的制度安排,分配正义的最终目标是"按需分配",使人满足需要而获得自由全面的发展。社会历史发展进程中的能动性来源于人的物质需要以及对这种需要的满足。"并不是'历史'把人当作手段来达到自己——仿佛历史是一个独具魅力的人——的目的。历史不过是追求着自己目的的人的活动而已。"②人的活动在改变自然以及促进生产力发展的同时,也扩大了自己的需要、提升了自身的能力,也就是说人的需要引发了生产活动的开展,为了获得维持生活的物质产品必须进行生产,而随着生产的不断发展,生产本身同时也引发了人的新需要,一方面生产活动生产了满足人的需要的物质产品,另一方面同时也生产了人的需要本身。随着社会生产力的不断发展,达到物质资源极大丰富的阶段,在分配领域就会由"按能力计报酬"转化为"按需分配"。马克思设想未来的共产主义社会中,随着对异化劳动的超越,劳动将成为人生活的第一需要,而不仅仅只是一种维持生存的手段,而且,劳动也不再作为分配劳动产品的尺度。

其次,马克思通过揭示资本与人的需要的关系,指出在资本主义生产条件下,工人进行社会生产活动本身不是为了实现自身的发展和满足自身的需要,工人进行生产的最终结果是以资本家获取剩余价值为出发点的,即异化劳动使得劳动不是一种需求的满足,而仅仅是满足维持生存需要的一种手段。"私有制使我们变得如此愚蠢而片面,以致一个对象,只有当它为我们所拥有的时候,也就是说,当它对我们来说作为资本而存在,或者它被我们直接占有,被我们吃、穿、住等等的时候,简言之,在它被我们使用的时候,才是我们的,尽管私有制本身也把占有的这一切直接实现仅仅看作生活手段,而它们作为手段为之服务的那种生活,是私有制的生活——劳动和资本化。"③资本主义生产方式下,人的需要呈现出异质性的特征,即本来具有创造性的劳动被异化为剩余价值创造的源

---

① 马克思,恩格斯.马克思恩格斯文集:第1卷[M].北京:人民出版社,2009:532.
② 马克思,恩格斯.马克思恩格斯文集:第1卷[M].北京:人民出版社,2009:295.
③ 马克思,恩格斯.马克思恩格斯文集:第1卷[M].北京:人民出版社,2009:189.

泉和手段,而非自我实现的一种诉求。

资本主义社会中资本家为了最大程度地榨取剩余价值,进而将工人的需要压榨在最悲惨的、最必需的肉体生活范围内,工人的劳动最终与抽象的机械劳动沦为同一属性。资本主义社会"(1)他把工人的需要归结为维持最必需的、最悲惨的肉体生活,并把工人的活动归结为最抽象的机械运动;于是他说:人无论在活动方面还是在享受方面都没有别的需要了;因为他甚至把这样的生活都宣布为人的生活和人的存在;(2)他把尽可能贫乏的生活(生存)当作计算的标准,而且是普遍的标准:说普遍的标准,是因为它适用于大多数人。他把工人变成没有感觉和没有需要的存在物,正像他把工人的活动变成抽去一切活动的纯粹抽象一样"①。这样一来,工人的需要仅仅局限在能够维持其作为一个进行生产的劳动力,而无其他任何享受的需要,资本家将工人变为没有其他需要、没有感觉的存在物。

马克思批判了资本主义社会中异化了的社会关系,资产阶级和无产阶级不同需要所折射出的是,生产资料私有制条件下资本家对工人的剥削和压迫,资本家作为富有的人,这些富有的人具有丰富的需要,这些富有的人丰富的需要代替了国民经济学上贫困和富有。需要有人的生命表现的完整性的人作为富有的人,在需要有人的生命表现的完整性的人身上,富有的人自己的实现是作为需要、作为内在的必然性而存在的,"我们看到,富有的人和人的丰富的需要代替了国民经济学上的富有和贫困。富有的人同时就是需要有人的生命表现的完整性的人,在这样的人身上,他自己的实现作为内在的必然性、作为需要而存在。不仅人的富有,而且人的贫困——在社会主义的前提下——同样具有人的因而是社会的意义。贫困是被动的纽带,它使人感觉到自己需要的最大财富是他人"②。

(三) 分配正义与时间

在马克思看来,人是一种感性的时间的存在,而非一种抽象的存在,时间作为人的历史性生成,不仅是人的生命的尺度,而且也是人的发展的空间。马克思十分关心时间、自由时间、自由与时间等问题,"任何一个现代政治哲学家都没有马克思当时那么关心时间与自由问题"③。一方面,通过对于时间的分析,马克思指出,只有在确证人的存在的劳动而非异化劳动中,人才具有自己的时

---

① 马克思,恩格斯.马克思恩格斯文集:第1卷[M].北京:人民出版社,2009:226.
② 马克思,恩格斯.马克思恩格斯文集:第1卷[M].北京:人民出版社,2009:194-195.
③ Booth W J. Economies of Time: On the Idea of Time in Marx's Political Economy[J]. Political Theory, 1991,19(1).

间,在资本主义制度下,分配的非正义性体现在资本家对工人剩余劳动时间的无偿占有,工人若想维持自己及其家庭生活的基本需要,就必须牺牲自己的时间。另一方面,马克思提出了"自由时间"这一概念,指出随着生产力的发展人的自由时间会随之增长,劳动的意义也随之发生转化,变成人的需要,进而促进人的自由全面发展。

首先,资本主义社会分配的非正义性,体现在资本家对工人剩余劳动时间的无偿占有。马克思深刻探讨了劳动时间以及劳动与时间的关系等问题。马克思认为劳动时间是通过人的劳动即通过实践而形成和实现的,并非一种抽象的、形而上学的时间,"劳动时间只是作为主体而存在,只是以活动的形式而存在着"[1]。劳动时间是以活动形式而存在着的,同时劳动时间也只是作为主体而存在。劳动本身对人来说是一种内在的,是人之为人的关键属性,资本主义社会生产资料私有制的缘故导致了这种劳动演变成了"异化劳动",劳动仅仅成为维持基本生活需要的手段,工人通过出卖劳动时间与劳动力才能获得换取生活必需品的微薄工资。

从这个意义上讲,这种劳动时间不是工人具有的自己的劳动时间,这种时间是有损于工人自身的时间,这种时间为资本家创造了剩余价值,而给工人创造的只是贫穷和苦难。"工人终生不外就是劳动力,因此他的全部可供支配的时间,按照自然和法律,都是劳动时间,也就是说,应当用于资本的自行增殖。至于个人受教育的时间,发展智力的时间,履行社会职能的时间,进行社交活动的时间,自由运用体力和智力的时间,以至于星期日的休息时间(即使在信守安息日的国家里)——这全都是废话!"[2]工人以劳动力这种形式存在于资本主义社会之中,工人的全部时间按照自然和法律来说都是劳动时间,劳动时间的最大价值就在于用来资本的自行增值,在资本主义社会,工人所有的就是自己的劳动时间,但是,在资本主义生产关系之下,工人的时间不是用来实现自己的自由和全面发展的,相反工人的时间是成为给资本家创造剩余价值的宝贵资源。对剩余价值的无限制追逐,导致资本家对工人剩余劳动的无限贪婪,导致对工人劳动时间的无休止掠夺。

资本对价值的追逐是不顾一切的,资本家对工人劳动时间的无限占有,实质上等于对工人生命的占有和剥夺。"资本由于无限地盲目追逐剩余劳动,像狼一般地贪求剩余劳动,不仅突破了工作日的道德极限,而且突破了工作日的纯粹身体的极限。它侵占人体生长、发育和接触阳光所需要的时间。它克扣吃饭时间,尽量把吃饭时间并入生产过程,因此对待工人就像对待单纯的生产资料

---

[1] 马克思,恩格斯.马克思恩格斯全集:第46卷上[M].北京:人民出版社,1980:118.
[2] 马克思,恩格斯.马克思恩格斯全集:第44卷[M].北京:人民出版社,2001:306.

那样,给他饭吃,就如同给锅炉加煤、给机器上油一样。资本把积蓄、更新和恢复生命力所需要的正常睡眠,变成了恢复筋疲力尽的机体所必不可少的几个小时麻木状态。在这里,不是劳动力的正常状态维持决定工作日的界限,相反地,是劳动力每天尽可能达到最大量的耗费(不论这是多么强制和多么痛苦)决定工人休息时间的界限。资本是不管劳动力的寿命长短的。它唯一关心的是在下一个工作日内最大限度地使用劳动力。它靠缩短劳动力的寿命来达到这一目的。"[①]这一行为不仅严重损害了工人的身心健康,而且危害工人的生命,资本对剩余价值的追逐无异于谋财害命,这就突破了道德极限。资本如同狼一般贪求剩余劳动,由于资本家盲目地、无线地追逐剩余价值,这就导致资本家在追逐剩余劳动的过程中,一是不断地突破工作日的道德极限,不断增加劳动时间,二是不断地突破工人在工作日纯粹身体的极限,通过增加劳动的强度获取更多的劳动产品。这种突破工作日以及工作日纯粹身体极限,所带来的是对工人生长发育、休闲与发展时间的侵占。

  马克思通过将劳动时间一分为二,即社会必要劳动时间和剩余劳动时间,进而揭示了资本增殖的真相:资本家通过无偿占有工人的剩余劳动时间,进而在分配上无偿占有剩余价值,而原本由工人创造的剩余价值,其自身在分配上却不具有所有权,这种分配方式是非正义的。"形成价值实体的劳动时间是相同的人类劳动,是同一的人类劳动力的耗费。体现在商品世界全部价值中的社会的全部劳动力,在这里是当作一个同一的劳动力,虽然它是由无数单个劳动力构成的。每一个这种单个劳动力,同另一个劳动力一样,都是同一的人类劳动力,只要它具有社会平均劳动力的性质,起着这种社会平均劳动力的作用,从而在商品生产上只使用平均必要劳动时间或社会必要劳动时间。"[②]剩余劳动作为资本家获得剩余价值所产生的时间,工人在生产过程中所付出的剩余时间越多,则资本家所占有的剩余价值就越多,而工人因为自己付出大量的剩余时间而导致属于自己的时间越来越少。因此,这种时间的状态是一种异化的时间状态。马克思通过对这种异化时间状态的分析,揭开了资本家通过占有工人剩余时间所创造的剩余价值而实现在分配领域对工人的剥削和压迫,这是这种分配方式非正义性的直接体现。

  其次,马克思从时间的视角分析了资本主义制度下资产阶级对无产阶级的剥削与压迫,进而指出,推翻资本主义制度是实现人的自由全面发展的前提,必须打破原有劳动时间对人的限制与奴役,"整个人类的发展,就其超出对人的自然存在直接需要的发展来说,无非是对这种自由时间的运用,并且整个人类发

[①] 马克思,恩格斯.马克思恩格斯全集:第44卷[M].北京:人民出版社,2001:306.
[②] 马克思,恩格斯.马克思恩格斯文集:第5卷[M].北京:人民出版社,2009:52.

展的前提就是把这种自由时间的运用作为必要的基础"①。自由时间是作为人类社会时间中减去劳动时间的部分,是人们自己可以自由支配的时间,是可以用来娱乐和休息、发展个人爱好的时间,在资本主义制度下,工人几乎不可能享有这种自由时间。而在共产主义社会"个性得到自由发展,因此,并不是为了获得剩余劳动而缩减必要劳动时间,而是直接把社会必要劳动缩减到最低限度,那时,与此相适应,由于给所有的人腾出了时间和创造了手段,个人会在艺术、科学等等方面得到发展"②。社会必要劳动时间的缩减,是为了给所有社会成员增加在科学、艺术等方面进行创造的时间。马克思通过自己的时间理论全面深刻地阐释了分配正义与时间关系问题,在剖释了资本家通过无偿占有工人剩余劳动时间对工人进行剥削后,又指出了解决这一问题的道路——自由时间是个人全面发展的前提和基础。资本主义经济制度下的剩余劳动,是资本家获取财富的源泉,因此,资本家在占有生产资料的前提下,为了获得利润,在分配领域必然要占有工人的劳动时间。

通过几次工业革命,生产力得到进一步发展,每一次工业革命都是对前一次工业革命的继承和推进。工业革命过程中新技术、新发明的涌现大大提高了劳动的效率,原本生产社会必需品的时间也随着新技术、新动力的采用而不断得到缩短。社会必要劳动时间也随着生产力的进一步发展而逐渐地被缩短,这就导致:一方面,科学技术与机器所提供的巨大生产效率,使得财富的创造越来越依赖于"对人本身的一般生产力的占有"③,科学技术与机器所提供的巨大生产效率使得财富的创造越来越依赖于对人本身的一般生产力的占有,而非对工人剩余劳动时间的占有,这样,工人所享有的自由时间也会随之增加;另一方面,随着社会生产力的发展,在生产所需的社会必要劳动时间被缩减的情况下,也会游离出一部分的自由时间,这部分时间是可以供人们自由支配的时间,人们可以用来发展自己的兴趣爱好。

马克思认为,未来共产主义社会中自由时间与劳动时间是构成人类社会时间总体的两个部分,在共产主义社会将不会有剩余劳动时间。马克思进而指出,整个人类的发展"无非是对这种自由时间的运用",它的"前提就是把这种自由时间的运用作为必要的基础"④。工人所拥有的自由时间越多,就越能够自由支配自己的生活,实现全面发展。因此,马克思通过对自由时间的分析,指出资本主义社会中资本家对工人自由时间的无偿占有是非正义的,"马克思把自由

①④ 马克思,恩格斯.马克思恩格斯全集:第47卷[M].北京:人民出版社,1979:216.
② 马克思,恩格斯.马克思恩格斯全集:第31卷[M].北京:人民出版社,1998:101.
③ 马克思,恩格斯.马克思恩格斯文集:第5卷[M].北京:人民出版社,2009:605.

问题与创造自由时间联系起来是完全顺理成章的"[①]。马克思在分析与批判资本家无偿占有工人剩余价值时,是将自由问题与创造自由时间联系起来进行论证的。

第二节 马克思分配正义的原则

人类的社会生活是所有社会成员的生活,而非某一个人的生活,"个人"总是相对于"社会"而言的,"社会"又是由个人组成的,社会是许多人组成的一个共同体。在分配问题上,"分配正义"作为一种正义价值观念,分配是否正义事关所有社会成员的个人利益以及社会生活的福祉,"个人"与"社会"是分配正义诉求的两个主体:一方面,"个人"与"社会"拥有各自的分配正义诉求;另一方面,不同个体之间的分配正义诉求也不尽相同,不同诉求之间存在着张力。在分配问题上,我们需要一种能够同时引导个人和社会主张其分配正义的力量——分配正义原则。在一种分配正义思想中,分配正义原则的构建与确立至关重要,分配正义原则是分配正义思想所能达到的理论制高点。一种分配思想一旦构建和确立了普遍有效的分配正义原则,这一分配正义思想就有了明确的核心价值目标和价值标准。马克思以历史唯物主义方法论为指导,对分配正义的平等原则、按劳分配原则以及按需分配原则进行了论证和阐释。

一、平等原则

分配正义作为人类对社会资源进行合理分配所体现的正义性目标,分配正义是衡量一个社会是否正义的重要标准,同时也是人类在社会资源分配活动中追求的最高价值目标。建立在对资本主义生产方式进行分析的基础上,马克思指出对生产资料的占有是财富和收入的源泉,在一种社会形态中,分配正义与否与生产方式密切相关,分配正义的平等原则主要指社会全体成员具有共同占有社会资源的平等权利,其中也包含了对生产资料等物质资源具有共同占有的平等权利。

[①] 卡莱尔·科西克.具体的辩证法:关于人与世界问题的研究[M].傅小平,译.北京:社会科学文献出版社,1989:164.

（一）平等地占有生产资料

资本主义社会中资产阶级对生产资料是独自占有的，而不是和无产阶级共同平等地占有生产资料，"资本家的资本，土地所有者的土地，工人的劳动力或者不如说他的劳动本身，对资本家、土地所有者和工人来说，表现为他们各自特有的收入，即利润、地租和工资的三个不同源泉"[①]。资本家占有资本所获得的收入是利润，土地所有者占有土地所获得的收入是地租，工人只拥有劳动力，只占有自己的劳动本身，因而所获得的收入就是工资。消费资料的占有方式是由生产资料的占有方式所决定的，"消费资料的任何一种分配，都不过是生产条件本身分配的结果；而生产条件的分配，则表现生产方式本身的性质。例如，资本主义生产方式的基础是：物质的生产条件以资本和地产的形式掌握在非劳动者手中，而人民大众所有的只是生产的人身条件，即劳动力。既然生产的要素是这样分配的，那么自然就产生现在这样的消费资料的分配"[②]。资本主义社会之所以出现分配非正义的问题，根源在于无产阶级和资产阶级没有平等地占有生产资料，资产阶级独自占有生产资料主导生产，这就直接决定了对消费资料进行分配的时候，工人所取得的只是通过出卖劳动力换取的工资。是否占有生产资料将所有的社会成员划分为资产阶级和无产阶级两大对立的阶级，这两大对立阶级所获取生活资料的方式、数量与质量也存在根本的不同。

社会成员对生产资料的占有方式，直接决定了在分配领域的平等原则能否实现，生产资料共有是平等原则的题中之义，社会的所有成员都有平等占有共有资源的权利，没有人可以例外，即利用特权将其中一部分据为私有。马克思认为，在资本主义社会，无产阶级要获得经济解放，在分配领域为自己争取到正当的利益，这就需要获得生产资料的所有权，与资产阶级平等地占有生产资料。马克思指出："资本主义的私有制，是对个人的、以自己劳动为基础的私有制的第一个否定。但资本主义生产由于过程的必然性，造成了对自身的否定。这是否定的否定。这种否定不是重新建立私有制，而是在资本主义时代的成就的基础上，也就是说，在协作和对土地及靠劳动本身生产的生产资料的共同占有的基础上，重新建立个人所有制。以个人自己劳动为基础的分散的私有制转化为资本主义私有制，同事实上已经以社会的生产经营为基础的资本主义所有制转化为社会所有制比较起来，自然是一个长久得多、艰苦得多、困难得多的过程。"[③]

[①] 马克思,恩格斯.马克思恩格斯文集:第7卷[M].北京:人民出版社,2009:930-931.
[②] 马克思,恩格斯.马克思恩格斯文集:第3卷[M].北京:人民出版社,2009:436.
[③] 马克思,恩格斯.马克思恩格斯文集:第5卷[M].北京:人民出版社,2009:874.

分配方式作为生产方式的一种产物,马克思分配正义思想首先强调的是,要将生产过程作为分配方式的前提,在生产过程中去研究分配正义。因此,生产资料归社会所有成员平等地共同占有,是消灭分配领域剥削问题的根本途径,分配上的非正义和剥削是由生产资料占有关系上的不公平直接导致的。"剥削存在的决定因素是财产的初始分配,从更一般意义上讲,是生产资料私有权制度,这种制度允许财产分配被累积为代代相传的巨大的不平等。"①

此外,马克思所指的生产资料共同占有仅仅意味着对于生产资料所有权以及与之对应的收益权属于社会全体成员,以国有和国营制的方式虽然是最主要的实现形式,但是不是唯一的形式。恩格斯曾中肯地指出:"只有在生产资料或交通手段真正发展到不适于由股份公司来管理,因而国有化在经济上已成为不可避免的情况下,国有化——即使是由目前的国家实行的——才意味着达到了一个新的为社会本身占有一切生产力做准备的阶段。"②建立国家垄断需要根据经济发展的内在需要,经济发展的内在需要是实行国有化的前提条件,这对当前我国的经济发展,对我们正确梳理社会主义市场经济条件下国有制与股份制的关系,也同样具有重要的指导作用。

(二)权利平等

人的权利平等根源于人性的平等,人性作为人这一生物类属性所具有的共性,每个人在人性上都是平等的,所以,作为社会成员,每个人应当平等地享有基本权利。马克思认为权利的内容不是单一的,人的权利的平等应该综合体现在政治领域、经济领域和社会领域等多个方面。

首先,马克思认为,权利的内容不是固定不变的,而是随着经济基础的变化而变化的。就权利的平等内容而言,权利平等是历史的、具体的,权利平等的内容受到社会经济和文化发展的制约,无论以资产阶级的形式出现的平等观念还是以无产阶级的形式出现的平等观念,二者没有本质的区别,作为一种具体的观念形式——平等,它的形成是需要一定的历史条件为前提的,因此是一种历史的产物。"平等的观念,无论以资产阶级的形式出现,还是以无产阶级的形式出现,本身都是一种历史的产物,这一观念的形成,需要一定的历史条件,而这种历史条件本身又以长期的以往的历史为前提。所以,这样的平等观念说它是什么都行,就不能说它是永恒的真理。"③历史过程中根本不存在什么永恒的正

---

① 罗默.在自由中丧失:马克思主义经济学哲学导论[M].段忠桥,刘磊,译.北京:经济科学出版社,2003:118.
② 马克思,恩格斯.马克思恩格斯文集:第9卷[M].北京:人民出版社,2009:294.
③ 马克思,恩格斯.马克思恩格斯文集:第9卷[M].北京:人民出版社,2009:113.

义,不受历史条件制约的正义,是思维的抽象产物。而且,这种思维抽象也是经历了漫长的发展过程。"要从这种相对平等的原始观念中得出国家和社会中的平等权利的结论,要使这个结论甚至能够成为某种自然的、不言而喻的东西,必然要经过而且确实已经经过几千年。"①同时,马克思还认为,人的权利平等不应该只体现在政治领域中,还应当体现在社会领域中,在经济领域实行的权利平等是基础,但是现代的平等要求与此完全不同;这种平等要求更应当是从人的这种共同特性中,从人就他们是人而言的这种平等中引申出这样的要求:一切人,或至少是一个国家的一切公民,或一个社会的一切成员,都应当有平等的政治地位和社会地位。②

其次,社会成员权利平等的观念受到社会经济和文化发展的制约,人们在一个时期的某种权利平等观念也具有历史性。不断对现实中权利不平等现状的否定,为人们追求权利平等提供了理由和动力,人之为人,总是共性与个性的统一,在个性之外总有一些共同的地方,这样,在这些共同点所及范围内的平等观念自然是非常古老的。"在这些共同点所及的范围内,它们是平等的,这样的观念自然是非常古老的。"③例如,"在希腊人和罗马人那里,人们的不平等的作用比任何平等要大得多。如果认为希腊人和野蛮人、自由民和奴隶、公民和被保护民、罗马的公民和罗马的臣民(该词是在广义上使用的),都可以要求平等的政治地位,那么这在古代人看来必定是发了疯"④。古代的希腊人不会认为希腊人与野蛮人是平等,古代的罗马人也不会认为奴隶和自由民是平等的,同样被保护民和公民、罗马的臣民和罗马的公民都不可能要求平等的政治地位,在古罗马和古希腊人任何平等的作用比不平等的作用要小得多。但是,随着历史发展到罗马帝国时期,除了自由民和奴隶之间的区别外,其他所有的区别都消失了,人们的权利平等观念也随着历史的不断发展而发展。因此,随着经济基础的不断变化,人们对于权利平等的观念也在不断的变化中,现代社会的平等要求与以往不同时期是不同的,权利平等的内容以及人们权利平等的观念也是在不断变化的。

二、按劳分配原则

在平等的基础上,人们将追求个人利益的最大化,来使个人的劳动可以带来相对称的分配,个人分配所得增加的正义性,在于其行动有助于社会总体财

---

① 马克思,恩格斯.马克思恩格斯文集:第9卷[M].北京:人民出版社,2009:112.
② 马克思,恩格斯.马克思恩格斯选集:第3卷[M].北京:人民出版社,2012:480.
③④ 马克思,恩格斯.马克思恩格斯文集:第9卷[M].北京:人民出版社,2009:109.

富总量的提高,按劳分配原则关注的是个体行为的结果。

(一) 按个体生产劳动的贡献进行分配

首先,在平等占有自然资源的基础上,劳动是创造一切财富的源泉,在分配领域应当实行等量劳动获得等量报酬的原则。人类通过劳动才能创造出所需要的大量财富,也只有通过劳动,人类才能满足自身和社会全体成员不断发展的需要,我们可以设想一下,如果一个国家或者一个民族停止劳动的话,不用说一年,就是几个星期也会遭受灭亡之灾,"任何一个民族,如果停止劳动,不用说一年,就是几个星期,也要灭亡,这是每一个小孩都知道的。小孩同样知道,要想得到与各种不同的需要量相适应的产品量,就要付出各种不同的和一定量的社会总劳动量"[①]。马克思在其著作中极大地肯定了劳动的创造性和能动性,认为劳动在财富创造中是发挥着根本作用的,劳动是财富生产过程中唯一具有创造潜能的特殊禀赋的要素,在全体社会成员具有共同占有生产资料的平等权利这一前提下,马克思认为应当实行"等量劳动获得等量报酬"的原则,在作出必要的扣除后按照劳动者的劳动量进行分配。在《哥达纲领批判》中,马克思指出消费资料的分配是按生产者向社会提供的劳动量来进行分配的,"按劳分配"之"劳"在马克思那里是指劳动的多少,也就是劳动量。按劳分配就是按照劳动量进行分配。

马克思本人并没有使用"按劳分配"这一概念,列宁继承和阐发了马克思的分配思想,在《国家与革命》中提出了"按劳分配"这一概念,并把按劳分配理论付诸社会主义分配的实践中。随后,斯大林对列宁的这一阐发又进一步作了深化,斯大林通过总结社会主义分配实践经验,提出了社会主义收入分配方式——"各尽所能,按劳分配",将按劳分配具体化为按照劳动的数量和劳动的质量进行分配。

其次,按个体生产劳动的贡献分配,并非投入多少劳动量就分配多少财富。劳动作为财富创造的合理源泉,按个体生产劳动贡献进行分配,即"按劳分配",并不是说个人投入了多少的劳动量就能够分得多少财富。在《哥达纲领批判》中,马克思论述了社会成员生产劳动的贡献之和在进行用于个人消费资料的分配之前,为了维持社会存在以及维护全体社会成员的最大利益需要作出部分的扣除,这就是马克思的社会必要扣除理论。马克思认为,在社会主义初级阶段,社会总产品不能"不折不扣"地分配给社会成员,"社会总产品"作为"集体劳动所得",在进行个人分配前需要扣除至少六个部分,分别是:第一,生产过程中肯

[①] 马克思,恩格斯.马克思恩格斯文集:第10卷[M].北京:人民出版社,2009:289.

定会消耗掉一定的生产资料,这部分需要被补偿加以扣除;第二,为了获取更多的产品需要对生产进行扩大,因扩大生产而追加的部分也需要被扣除;第三,用来应对偶然性的突发事件、灾害事件的保险基金;第四,用来在生产过程中用于管理的费用;第五,用来满足共同需要的部分;第六,用来济贫的福利基金。①因此,按个体生产劳动的贡献进行分配,并不是指财富分配完全按照投入多少劳动量来计算。

再次,马克思在劳动的计量问题上指出,"从量上计量劳动,其前提是它们的质的同类性,同一性"②,因此在按劳分配上,劳动计量需要将复杂劳动换算成简单劳动,即按劳分配所暗含的一个特点——劳动计量简单化。不同的国家、不同时代、不同的文化中简单平均劳动本身所具有的形式也是不一样的,但有一点可以肯定的是,在一定的社会里简单平均劳动所具有的形式是一定的。而比较复杂的劳动或者复杂的劳动也可以换算成多倍的简单劳动,经验证明这种简化的换算是经常进行着的。比如一个最复杂劳动产品的价值与多倍简单劳动产品是相等的,这个最复杂劳动产品本身只表示一定量的简单劳动。"简单平均劳动力本身虽然在不同的国家和不同的文化时代具有不同的性质,但在一定的社会里是一定的。比较复杂的劳动只是自称的或不如说多倍的简单劳动,因此,少量的复杂劳动等于多量的简单劳动。经验证明,这种简化是经常进行的。一个商品可能是最复杂的劳动的产品,但是它的价值使它与简单劳动的产品相等,因而本身只表示一定量的简单劳动。各种劳动化为当作它们的计量单位的简单劳动的不同比例,是在生产者背后由社会过程决定的,因而在他们看来,似乎是由习惯确定的。"③因此,对个人的消费品实行按劳分配,需要把复杂劳动换算成简单劳动。

(二) 消灭剥削

剥削是指一些阶级、集团或个人凭借他们对生产资料的垄断和占有,对那些没有或者缺少生产资料的人或群体的剩余劳动、剩余产品进行无偿的占有,资本主义社会中资本家利用其对生产资料的所有权强制性地占有工人的劳动和财富。马克思在这里对于资产阶级私有制剥削人的本质进行了揭示,资本对剩余劳动、剩余价值进行无限度的盲目追逐就好比狼一样,资本家只是把工人当作单纯的生产资料,为了达到最大限度地追逐剩余劳动,在工作日最大限度地使用劳动力,资本家不惜牺牲工人的寿命。"资本无限度地盲目追逐剩余劳

---

① 马克思,恩格斯.马克思恩格斯文集:第3卷[M].北京:人民出版社,2009:432-433.
② 马克思,恩格斯.马克思恩格斯全集:第46卷上[M].北京:人民出版社,1979:120.
③ 马克思,恩格斯.马克思恩格斯文集:第5卷[M].北京:人民出版社,2009:58.

动,像狼一样贪求剩余劳动……对待工人就像对待单纯的生产资料那样,给他饭吃,就如同给锅炉加煤、给机器上油一样。"①在资本主义社会内部,资本家通过牺牲工人个人来提高社会生产力。一方面,这些发展生产的手段使得工人不得不把"生活时间转化为劳动时间",还得屈服于"最卑鄙的可恶专制";另一方面,由于资本的逐利本性,导致工人之间竞争的加剧和劳动条件的日益恶化,工人把自己的妻子和儿女都抛到了资本的"札格纳特车轮下"。

其次,按照按劳分配原则进行分配,必须消灭剥削,消灭剥削需要推翻生产资料私有制,实行生产资料公有制。剥削作为一种对剩余劳动和剩余价值的非正义分配,是有悖于按劳分配原则的,按劳分配原则规定了剩余劳动、剩余价值的索取权应当是谁创造谁索取,工厂剩余劳动是由工人以及其他要素贡献者共同创造的,应该由各方共同获得而非资本家独自占有。马克思称资本家榨取剩余价值的过程为剥削,剥削是一种非正义的分配方式,因此,要想实现正义分配必须消灭剥削,消灭生产资料的资本主义私有制,实现生产资料公有制。"许多人要正义,即要他们称为正义的东西,但他们并不因此就是共产主义者。而我们的特点并不在于我们要一般地要正义——每个人都宣称自己要正义——而在于我们向现存的社会制度和私有制进攻,在于我们要财产共有,在于我们是共产主义者。"②马克思认为,要想实现真正的分配正义,必须消灭生产资料的资本主义私有制而实现生产资料公有制,脱离所有制变革这一基础,去抽象谈论分配正义问题是没有任何意义的。

三、按需分配原则

共产主义的第一阶段即社会主义阶段,在分配中所实行"等量劳动获取等量报酬"的按劳分配原则,有其历史的局限性,因为它只注意到了正义,却忽略了公平,即忽略了人的个性差异,"一个人在体力或智力上胜过另一个人,因此在同一时间内提供较多的劳动,或者能够劳动的较长时间……但是它默认,劳动者的不同等的个人天赋,从而不同等的工作能力,是天然特权。所以就它的内容来讲,它像一切权利一样是一种不平等的权利"③。因为人与人之间在体力上或者在智力上是有所差别的,也就是说不同的劳动者具有不同的个人天赋,进而也导致每个人的劳动能力是不一样的,这一差别作为天然特权显然与其他一切权利一样是一种不平等的权利。劳动者个人体力和智力的差别以及劳

---

① 马克思,恩格斯.马克思恩格斯全集:第44卷[M].北京:人民出版社,2001:306.
② 马克思,恩格斯.马克思恩格斯全集:第42卷[M].北京:人民出版社,1979:431.
③ 马克思,恩格斯.马克思恩格斯文集:第1卷[M].北京:人民出版社,2009:435.

者所面临的家庭负担都不一样,按照按劳分配原则进行消费资料分配也会导致贫富差距,因此,按需分配才是高层次的分配正义。

(一)按需分配以资源充足为基础

"在无知之幕下,当人们设想自己有可能在社会中处于不利地位时,将会产生按照需要原则来调节社会财富分配的要求。"①按需分配具有三种不同的类型,第一种类型是在物质资料极大丰富的情况下,能够完全满足社会成员的所有需要;第二种类型是在物质资料相对满足的情况下,能够满足社会成员的社会必须以及某种合理需要;第三种类型是在物质资源短缺的情况下,优先满足最为紧迫的需要。马克思的需要原则建立在资源充足基础之上,物质资源丰富到能够满足一切人的合理需要。第二种和第三种按需分配之"需要"具有一定的历史局限性,不论是在分配的对象上,还是在分配的数量和质量上都具有一定的差异性,这是与生产力的发展水平相匹配的;而第一种按需分配的类型建立在物质资料极大丰富的基础上,分配的对象是所有社会成员,分配的程度是满足所有合理的需要。

按需分配是以物质资源极大丰富为基础和前提的,是人类最理想的分配形式。人类只有发展到了共产主义社会,体力劳动与脑力劳动之间的对立才能够消失,个人奴隶般地服从分工的情形也才能得以消失,因为在共产主义社会中劳动本身成了生活的第一需要,而不仅仅是谋生的一种手段。共产主义社会中"各尽所能,按需分配"的实现需要以集体财富的一切源泉都充分涌流为基础,而集体财富一切源泉充分涌流的前提是通过个人的自由全面发展促进生产力的快速提升。"在共产主义的高级阶段,在迫使个人奴隶般地服从分工的情形已经消失,从而脑力劳动和体力劳动的对立也随之消失之后;在劳动已经不仅仅是谋生的手段,而且本身成了生活的第一需要之后;在随着个人的全面发展,他们的生产力也增长起来,而集体财富的一切源泉都充分涌流之后——只有在那个时候,才能完全超出资产阶级权利的狭隘眼界,社会才能在自己的旗帜上写上:各尽所能,按需分配!"②在未进入共产主义社会之前,生产力的发展还不够发达和充分,社会产品也没有达到极大丰富的水平,这就决定了社会成员在对社会总产品进行分配中实行"等量劳动获取等量报酬"的分配原则,而到了共产主义社会,由于物质资源的极大丰富,可以实行"各尽所能,按需分配"的原则。

---

① 贾可卿.分配正义论纲[M].北京:人民出版社,2010:146.
② 马克思,恩格斯.马克思恩格斯文集:第1卷[M].北京:人民出版社,2009:435-436.

（二）按需分配是高层次的分配正义

马克思深刻揭露了生产资料私有制对于工人的剥削和压迫,生产资料私有制下以按资分配是非正义的,相对于按资分配而言,按劳分配具有明显的进步性,是与生产力的发展水平相适应的,也可以理解为是正义的,但是按劳分配是较低层次的分配正义。按需分配的需要原则作为人类社会最高理想的共产主义原则,因为它避免了人们因为智力和头脑存在差别所引起的肉体和内在需要的差别,所以"'按能力计报酬'这个以我们目前的制度为基础的不正确的原理应当——因为这个原理仅就狭义的消费而言——变为'按需分配'这样一个原理。"[①]即人们因智力和体力差别而导致的劳动上的差别不应当引起人们需要出现的差别,也不应当引起在占有消费资料上出现的差别。随着生产力的极大发展,随着社会生产条件的充分发展,共产主义社会中社会成员各尽所能,生产出的物质财富极大丰富,集体财富充分涌流之后,对于物质财富的分配,就能够而且必须实行按需分配,按需分配较之于按劳分配而言,是更高层次的分配正义。

按需分配作为高层次的分配正义,一方面,它的实现依赖物质生产力的极大提高,物质资料的极大丰富;另一方面,它的实现也依赖人们的思想道德水平极大提高。"按需分配"的真正含义是按照社会成员"合理"的需要进行分配,而不是个人想要什么就能够分配到什么,随着社会生产力的发展,人们的交往形式也会得到普遍提升,人们的思想道德素质也会极大地提高,社会成员具有高度的觉悟和分配正义观念,这样,按需分配才能够实现。按需分配之"需"指的是社会成员合理的需要,在社会发展到共产主义之前人们的思想道德素质与生产力的发展水平也是相适应的,因此人们的思想道德素质不能保障所提出的需要都是合理的需要,也就决定了按需分配只能在共产主义社会才能实现。

总之,"分配正义原则是人类在社会资源分配活动中对资源分配应该体现的公正性或正义性所作的准则性规定,它是人类为了实现分配正义而为其自身确立的价值目标和行动准则"[②]。分配正义原则作为一种准则性的规定,是人类在对社会资源进行分配过程中所体现和追寻的公正性或正义性,同时分配正义原则也是人类为了实现正义的分配而为其自身确立的价值目标以及行动准则。因此,分配正义原则是衡量社会资源与产品分配是否体现正义性的标准,同时也是指向。此外,分配正义原则为我们提供了审视分配正义问题以及分配正义主体的视角。分配正义的平等原则、按劳分配原则与按需分配原则之间是相互联系和相互区别的,物质资源在没有极大丰富的时候,即还是一种中度匮乏的

[①] 马克思,恩格斯.马克思恩格斯全集:第3卷[M].北京:人民出版社1960:638.
[②] 向玉乔.分配正义[M].北京:中国社会科学出版社,2014:144.

状态下,三种原则在逻辑和重要性上的排列顺序是:平等原则—贡献原则—需要原则,前者优先于后者。

第三节　马克思分配正义的实现形态

　　马克思站在历史唯物主义的立场上对资本主义社会分配非正义现象的本质进行了揭露,对未来共产主义社会"按需分配"进行了设想,马克思的分配正义思想之所以能够立得住脚,就是它立足唯物史观视角。马克思认为分配正义是一个社会历史范畴,受到生产力发展的制约,人们对于分配正义的追求是理想性与现实性的统一。概括地讲,在分配正义的实现形态上,可以分为价值正义、制度正义以及人的自由全面发展三种类型,价值正义是分配正义实现的思想基础,制度正义是分配正义实现的国家保证,人的自由全面发展是分配正义实现的价值旨归。

一、分配正义实现的基础:价值正义

　　价值正义作为一个社会核心价值调节的制度安排,起到的是一种公平配置社会利益与义务的理念指引和规范引导,价值正义是分配正义的出发点和目的。"价值正义,是社会核心价值调节制度安排公平配置社会利益与负担的理念和规范"。[1]分配结构的不平衡使得分配活动结果的非正义,对分配非正义问题,首要先要坚持价值正义。马克思对资产阶级私有制所进行的批判,在分配上集中体现为对分配结果造成劳动的异化、人的异化以及资产阶级与无产阶级贫富分化的事实进行批判,既有基于事实的批判,又有价值正义的批判,即以自由与平等作为分配正义的批判。人类对分配正义的追寻,与分配正义社会的建构有关,而其实现必须具备自由与平等这两个核心要素。自由与平等作为人类终极理想与终极价值的重要组成部分,同时也是分配领域实现正义的价值追寻。

(一)自由作为分配正义核心价值

　　一个实现分配正义的社会,首先是一个自由的社会,自由是分配正义的核

---

[1] 杨俊一.价值正义:"以人民为中心"转型发展的理念与规范　学习习近平同志"新发展理念"系列讲话的体会[J].党政干部学刊,2016(10):3-5.

心价值之一,实现分配正义的社会必须彰显出自由的价值。自由作为一种生存状态,"说明人的身体、意志、思想、言论、信仰、选择等处于一种自足、自主、自决和自控的状态"①。自由对人类来说是一种实在的价值,自由作为人类一直所追求和渴望实现的一个价值目标,一个实现分配正义的社会,必然把"自由"写在自己的旗帜上。自由被全体成员当作一种最基本的社会价值来追求,而自由价值在全体成员之间的分配应当是公正的和实在的。自由对于人而言,不是画饼充饥,也不是停留在想象中,而是具体真切地体现在社会生活的方方面面。所以,自由不是一种幻象,它是一种可感的、客观的实在,人的自由与语言、音乐、金钱,甚至像空气一样实在。②

社会成员获得自由的应然状态,是个体的意志获得真实的存在,这一应然状态转换为实然状态,依赖于社会成员个体占有全部权利。社会成员个体全面占有权利,进而获得自由,需要经历漫长而艰辛的过程。人类社会发展到至今的阶段,也还未实现全体社会成员占有全部权利。实行专制统治的奴隶社会和封建社会等级森严,享受真正自由只是小部分人的特权,作为被统治阶级的绝大部分社会成员,能够享有的自由非常有限。资本主义社会中的经济体制、政治体制等所维护的是资产阶级对工人阶级的统治,在资本奴役的社会中,无产阶级所获得的自由也是相对的,虽然享受着比奴隶社会和封建社会的人们更多的自由,但是,这种自由远不是人们应得的全部,并非一种完全的自由。

人的自由全面发展,是马克思对人类理想社会的终极设想,人作为一种拥有主体性的存在,自由发展是全面发展的基础。在一个实现分配正义的社会中,一方面,"自由"在社会成员中消除等级差别,使自由得到公正的分配,而建立在等级制度基础上的社会,一部分人的自由必然导致以牺牲另一部分人的自由为代价的,因此,摧毁等级制度的社会是实现分配正义的前提;另一方面,只有使"自由"在全社会成员中得到公正的分配,在对机会、权利、财富等具体分配对象进行分配时,才可能保障正义的分配。在等级制度下,一部分人自由的获得以压制另一部分人的自由为代价,必然导致一部分人的财富获得以牺牲另一部分人财富的获得为代价,这也不可能实现正义的分配。

一个社会在分配过程中,"自由"作为一种特殊的社会价值和社会资源,是一种具体的存在,而非抽象的存在,人们的人身自由、言论自由、信仰自由等都是实在的和具体的,对社会全体成员依法享有的自由进行规定和保护是实现分配正义的基础,同时对阻碍公民依法享有自由的行为作出惩罚。因此,一个社会中分配正义的实现必须以保障自由为前提,将"自由"作为一种社会价值和社

---

① 向玉乔.分配正义[M].北京:中国社会科学出版社,2014:227.

② Daniel C. Dennett, Freedom Evolves[M]. New York: Penguin Putnam Inc., 2003:305.

会资源在社会全体成员中进行公正的分配。对自由的公正分配首先体现在政治生活中,其次体现在经济生活和文化生活中,分配活动作为社会成员参与经济生活的一种方式,在分配的过程和结果上,所彰显的自由这一价值也是有限制的。这种自由是有所限制的而非无边界的自由,个人的自由不能凌驾于社会规范之上,不能滑向自由主义。这就需要凸显"平等"这一价值正义,社会成员所享有的基本自由权利是来源于自由在全体社会成员之间的公平和平等的分配。只有这样,人们在社会生活中才能真正享受到人之为人的自由,在分配活动中真正享受到分配的正义。

(二)平等作为分配正义的核心价值

一个实现了分配正义的社会首先应当是一个平等的社会。平等是通过人与人之间的相互对比表现出来的,"平等是一个用于说明人际关系的特别概念"[1],平等主要反映了社会成员个体处于人际关系之中的存在状态,这种平等的人际关系一方面说明人与人在人格上是平等的,另一方面也说明在分配权利、机会、财富等方面也是平等的。平等作为体现社会关系应然状态的一种价值取向,在分配领域对人们的分配结果会造成经常、实际和直接的影响,人们分配机会、权利以及财富等权益无不受到平等尺度的衡量。分配非正义所导致的两极分化其本质是没有平等地对社会财富进行分配,违背了平等这一重要的社会规则,在资本主义生产方式中,资本家和工人由于地位上的不平等,导致对劳动结果不可能共同地、平等地占有。"现代资本主义生产方式是以两个社会阶级的存在为前提的,一方面是资本家,他们占有生产资料和生活资料;另一方面是无产者,他们被排除于这种占有之外而仅有一种商品即自己的劳动力可以出卖,因此他们不得不出卖这种劳动力以占有生活资料。"[2]资产阶级与无产阶级之间对立的存在是现代资本主义生产方式存在的前提,资产阶级占有生活资料和生产资料,而无产阶级被排除在占有生活资料和生产资料之外,无产阶级占有的仅有自己的劳动力这一商品,通过出卖劳动力获得占有生活资料的权利。分配过程以及分配正义的实现需要倡导平等,这种平等更多的是经济意义上的平等,即人与人之间在经济地位上是平等的,在经济利益和物质财富的分配结果上是平等的,同时这种平等也内含了人与人之间在政治地位上也是平等的。人们平等享受社会价值或者社会资源,经济利益和物质财富在所有社会成员之间可以得到平等分配,必须以消灭剥削和压迫为前提,在分配上剥削与压迫是平等的对立面。

---

[1] Cauthen R. The Passion for Equality[M]. New Jersey: Rowman and Littlefield, 1987:2.
[2] 马克思,恩格斯.马克思恩格斯选集:第3卷[M].北京:人民出版社,2012:725.

正义与平等是紧密相连的,亚里士多德曾指出:"正义被广泛地认为是某种形式的平等,正义涉及如何把物品分配给人们的问题——平等的人有权分配到平等的东西。"①不平等与平等是相对而言的,人类社会发展的过程中充斥着不同类型的不平等,平等一直是人类社会成员所致力追求的,在资本主义社会中,平等成为人们积极追寻的一种价值观念,平等享有社会价值以及社会资源,是社会全体成员的诉求,只有平等地进行分配,才有可能实现正义的分配。"社会成员平等地拥有'平等'这一社会价值是该社会是不是分配正义的一个重要标志。"②

一个分配正义的社会的突出标志,是社会全体成员拥有"平等"这一社会价值。平等则被人类社会普遍当成一种美德,一种分配正义德性。分配是否正义被视作平等的一个重要标志,在分配过程中,对于平等的追求是人类社会的一种理想。等级制度下,一部分人的权威与特权、优越性等是以另一部分人被奴役和被剥削压迫为代价的,与"平等"相关的价值追求是一种价值正义,凸显的是分配正义德性,"平等是人类社会一个永恒的主体。在政治、法律和哲学话语系统中,它总是与我们在一起,今天更是如此。可以在一定程度上肯定,它之所以与我们在一起,是因为它是一个'与德性有关的词'。"③"平等"这一与德性有关的概念,在社会分配活动中所彰显的是价值正义。

分配正义问题,归根结底是关于人们如何看待分配利益的问题,一个社会的经济利益、物质财富、机会权利等,是否平等地在社会成员之间进行分配,决定了分配方式和分配结果的正义性。恩格斯认为:"一切人,或至少是一个国家的一切公民,或一个社会的一切成员,都应当有平等的政治地位和社会地位。"④一个国家和社会中的社会成员都拥有平等的社会地位、政治地位。平等作为分配正义的核心价值,社会成员经济地位上的平等,政治地位的平等,以及社会地位的平等是相互联系的,平等一直是人类所追求的正义和分配正义原则。平等一直作为价值正义,这一观念本身是历史的产物、人们的平等的观念也是不断发展的。平等作为一个观念,它的形成和发展蕴藉在全部以往的历史之中,深潜于人类的一切活动之中,因此,它不应被看作天赋的或自然而然的,不是亘古以来就作为绝对真理而存在的。⑤

社会成员平等地享有对经济利益、物质财富、机会权利等进行分配的权利,

---

① Aristotle. Politics[M]. London: Everyman's Library, 1959:86.
② 向玉乔.分配正义[M].北京:中国社会科学出版社,2014:238.
③ Roland J. Equality[M]. New York: Atherton Press, 1967:xiii.
④ 马克思,恩格斯.马克思恩格斯选集:第3卷[M].北京:人民出版社,2012:480.
⑤ 马克思,恩格斯.马克思恩格斯文集:第9卷[M].北京:人民出版社,2009:355.

则这种分配方式就彰显了正义,正义往往被广泛地认为是某种形式的平等,其实,其中蕴含的内容平等则更重要,更应受到人们的重视。分配正义则是正义的具体化,它涉及如何把物品分配给人们的问题——平等的人有权分配到平等的东西。[①]因此,平等问题总是同正义问题交织在一起、并相互阐发的,平等问题是一个十分重要的分配正义问题,分配过程中能否彰显平等这一价值正义至关重要,是实现分配正义的价值导向,而平等的实现,需要借助社会制度的合理设计和安排,需要予以制度上的保障,以社会制度实现分配正义,一方面可以有效地伸张分配正义,另一方面也可以对破坏分配正义的行为进行制约和惩罚。

二、分配正义实现的保障:制度正义

一个社会要实现分配正义需要诉诸社会制度的合理设计和安排,制度、政治作为国家上层建筑的重要组成部分,对分配正义的实现至关重要。制度正义是实现分配正义的一个重要保障,合理设计和安排经济制度、政治制度和社会保障制度,具有实现和保障分配正义的巨大功能。

(一) 市场经济制度

马克思认为,在共产主义社会中实现人的自由全面发展,需要建立在市场经济带来的生产力和交往的普遍发展作为物质基础之上,没有市场经济带来生产力发展这一前提,出现的"只会有贫穷、极端贫困的普遍化"。在《共产党宣言》中,马克思曾经对资本主义的历史功绩给予基本肯定。在马克思生活的那个时代,资本主义生产方式对社会生产力的发展是作出过巨大贡献的,在近一百年的时间里资产阶级在阶级统治中所创造出来的生产力,这种生产力要比以往一切时代创造的全部生产力加起来的总和还要多。

市场本身在追求效率,促进生产力发展的同时也彰显了明显的正义性,机会的平等和权利的平等是市场经济制度的根本特征,也是分配正义实现的保证。马克思曾指出市场经济中流通的商品是天生的平等派,因为商品要求卖者与买者之间必须遵守交换的等价法则。随着市场的流通和发展,自由和平等价值交换过程的产物同时也是价值交换需要尊重的价值,流通中发展起来的价值交换是平等和自由的现实基础,"作为纯粹观念,自由和平等是交换价值过程的各要素的一种理想化的表现;作为法律的、政治的和社会的关系上发展了的东

---

① Aristotle. Politics[M]. London : Everyman's Library, 1959:86.

西,自由和平等不过是另一次方上的再生产物而已"①。

市场经济制度规定所有市场主体按贡献获取报酬,即创造和贡献越多,获得的劳动报酬就越多,从这点上看,市场经济制度似乎是一种平等和正义的制度。但是,在资本主义条件下,剩余价值的分配实际上是不合理和非正义的,其他要素的所有者占有了工人所创造出来的财富。如果我们离开市场经济制度和市场机制,对劳动所创造出来的财富如何分配,将成为一个无法解决的问题,不同参与者的劳动贡献如何度量?按照什么样比例进行分配才是正义的?就没有了一个统一的测量的度量衡。因此,只能由市场来确定贡献,按照市场所测定的贡献进行分配,才有可能实现分配的正义,倘若按照个人的意志或者权利结构来确定共享的大小和进行分配,则可能离正义的分配越来越远。

(二) 政治制度

市场经济制度自身具有两面性:一方面,它具有正义性;另一方面,市场经济制度的正义性是有缺陷的。如果任由市场经济的自由发展,将会产生社会的两极分化和巨大的社会不平等。"即使我们排除任何掠夺、任何暴力行为和任何欺骗的可能性,即使假定一切私有财产起初都基于占有者自己的劳动,而且在往后的全部进程中,都只是相等的价值和相等的价值进行交换,那么,在生产和交换的进一步发展中也必然要求产生现代资本主义的生产方式、生产资料和生活资料必然被一个人数很少的阶级所垄断,而另一个构成人口绝大多数的阶级必然沦为一无所有的无产者,必然出现狂热生产和商业危机的周期交替,出现整个现在的生产无政府状态。全部过程都为纯经济原因来说明,而根本不需要用掠夺、暴力、国家或任何政治干预来说明。"②

资本主义国家不合理的经济基础必然导致不公正的政治制度,建立在生产资料私有制基础之上的政治制度是一种不公正的、非正义的制度,奴隶制度、封建制度、资本主义制度都是将社会划分为不同的等级,"到处都可以看到社会完全划分为各个不同的等级,看到社会地位分成多种多样的层次"③,社会中不同等级的人的社会地位也呈现出不同的层次性。资本主义政治制度作为从封建社会的灭亡中产生出来的一种制度,现代资产阶级社会也并没有消灭阶级与阶级之间的对立,资本主义社会只是用新的阶级和新的压迫条件以及新的斗争形式代替了原有的。"从封建社会的灭亡中产生出来的现代资产阶级社会并没有消灭阶级对立。它只是用新的阶级、新的压迫条件、新的斗争形式代替了旧

---

① 马克思,恩格斯.马克思恩格斯全集:第46卷下[M].北京:人民出版社,1980:477.
② 马克思,恩格斯.马克思恩格斯选集:第3卷[M].北京:人民出版社,2012:543.
③ 马克思,恩格斯.马克思恩格斯文集:第2卷[M].北京:人民出版社,2009:31.

的。"①因此,实现正义的分配这一目标必须推翻旧的政治制度。

在资本主义社会制度下极少数的资产阶级与广大的无产阶级形成了尖锐的对立,资本主义社会制度应当而且能够被消除,随着资本主义社会制度的消除取而代之的将是一个新的社会制度,现代的阶级差别将在新的制度中消失。正义的政治制度涉及的是实现分配正义的根本途径,完善的政治制度可以发挥分配正义的功能,而变革资本主义政治制度的只有通过革命的方式,通过建立新的政治制度改变资本主义社会分配非正义的状况,共产主义社会能够代替存在着阶级以及阶级对立的资产阶级旧社会。

自由人"联合体"是马克思分配正义实现的政治制度保障,在马克思的分配正义思想中,分配正义实现保障的一个最为重要的方面就是通过合理设计和安排政治制度,诉诸这一完善、科学的政治制度,可以有效保障分配正义的实施。政治制度作为上层建筑最重要的内容,也是构建社会基本结构的一种方式,政治制度的公正性与否直接决定了分配是否正义,并非所有的政治制度都具有实现分配正义的功能,奴隶制度、封建制度、资本主义制度,从根本上看,都不具有实现分配正义功能,这三种不合理的政治制度既不具有内在的公正性,又不能帮助人类社会实现分配正义。因此,只有在共产主义制度下才可能实现真正的自由和真正的平等,"真正的自由和真正的平等只有在共产主义制度下才可能实现;而这样的制度是正义所要求的"②。

(三) 社会保障制度

社会保障制度作为一种政策和措施,是对按劳分配、按生产要素分配等不能解决的问题和弊端的一种必要补充。社会保障的实施是超越分配中公平原则而旨在实现分配正义的一种分配关系,社会保障制度是国家通过立法等强制手段,对国民收入进行分配和再分配,对没有物质保障的、生活困难社会成员给予物质上的帮助。社会保障制度为社会中的全体成员,特别是弱势群体实现基本权利的平等以及获得自由发展提供了基础保障,同时,社会保障制度也是分配正义的一个重要组成部分,对国民收入的再分配以及第三次分配都产生了重要影响。

马克思在批判"不折不扣"的分配思想时指出,社会总产品在用于社会成员的个人分配之前还需要做一些减法,其中就包括了保险基金和后备基金。扣除三部分的社会总产品之后,用于个人消费资料的分配还需要扣除几个部分的费用,其中就包含了扣除为没有劳动能力的人或丧失劳动能力的人所设立基金的

---

① 马克思,恩格斯.马克思恩格斯文集:第2卷[M].北京:人民出版社,2009:32.
② 马克思,恩格斯.马克思恩格斯全集:第1卷[M].北京:人民出版社,1956:582.

部分。这些扣除是保障社会生产正常运行所必须的,社会总产品在分配之前扣除的,用来应对不幸事故、自然灾害,以及用于个人消费资料分配前需要扣除的为丧失劳动能力的人设立的基金,这些都是进行社会保障的必要支出。

作为人类社会应对突发情况以及解决社会问题的一种制度,社会保障制度承载着消除极端贫困,降低社会的非正义性和不公正性,对促进社会全体成员的自由发展发挥着积极的作用。在自由资本主义时期,资本主义社会空前增长的人类劳动生产率,与日益贫困和增多的工人之间的矛盾日益加剧,最终导致经济危机的产生。资本主义经济危机所造成的生产过剩,从来都是一种相对过剩,即相当于穷人的购买力过剩。这表现在分配领域,一方面,是不可计量的产品过剩;另一方面,涌现出无数没有经济能力购买产品以维持自己生活需要的工人。这就需要社会保障制度为全体社会成员提供基本物质生活保障。

因此,分配正义的实现一方面依赖初次分配,另一方面也依赖再次分配,为了保证初次分配和再分配中尽可能地体现公平、实现正义,社会保障制度作为社会制度的一个组成部分也应当是正义的。这种正义体现在充分考虑不同个体的实际生活境况和一些社会成员的偶然因素。马克思就曾指出,"一个劳动者已经结婚,另一个则没有;一个劳动者的子女较多,另一个的子女较少,如此等等。因此,在提供的劳动相同,从而由于社会消费基金中分得的份额相同的条件下,某一个人事实上所得到的比另一个人多些,也就比另一个人富些,如此等等。"①一个已经结婚的劳动者与一个没有结婚的劳动者的负担是不一样的,同样一个多子女的劳动者与一个没有子女或少子女的劳动者的负担也是不一样的,虽然作为劳动者他们提供的劳动是相同的,但是他们所需要的消费资料由于负担不同也存在很大的差别,社会成员个体并没有能力改变和控制这些偶然因素和先天因素,这些非人为的、个体从出生就不得不面对的家庭背景、个人健康状况、智商等自然禀赋因素,仅仅依赖公正平等的分配,是无法消解这些影响因素,反而会造成实质上的分配非正义,这就需要建立正义的社会保障制度去实现分配正义。因此在许多国家中政府的一个重要职能就是对多收入和财富在初次分配的基础上进行一种再分配,通过没收一部分人的产权并将这些产权再分配给另一些人,这种再分配是立足于"各种社会公正"方面的概念。②

---

① 马克思,恩格斯.马克思恩格斯文集:第3卷[M].北京:人民出版社,2009:435.
② 柯武刚,史曼飞.制度经济学:社会秩序与公共政策[M].韩朝华,译.北京:商务印书馆,2000:371.

三、分配正义实现的旨归：人的自由全面发展

针对生产资料私有制对人造成的异化，马克思提出了人的自由全面发展，分配活动只有在扬弃关于人的异化这一基础上，才能消除异化现象，使人成为人自身，成为人自身才是实现分配正义的最高价值目标。

（一）扬弃关于人的异化

在《1844年经济学哲学手稿》中，马克思表达了一个重要观点，即认为：只有在扬弃关于人的异化而使人成为人自身，才是实现社会正义的最高价值和最高目标，人作为实现社会正义的最终价值目的，社会正义包括分配正义的实现必须是作为目的自身的人的全面自由发展，这就需要扬弃关于人的所有异化，只有这样才能实现正义这一最高价值目标。针对资本主义造成的人的种种异化，马克思提出生产资料应该归社会所有，在消灭分工和消灭阶级的基础上对人的异化进行扬弃，任何解放对于人而言，都是使各种被异化了的关系回归到人自身上来。"只有当现实的个人把抽象的公民复归于自身，并且作为个人，在自己的经验生活、自己的个体劳动、自己的个体关系中间，成为类存在物的时候，只有当人认识到自身'固有的力量'是社会力量，并把这种力量组织起来因而不再把社会力量以政治力量的形式同自身分离的时候，只有到了那个时候，人的解放才能完成。"① 通过政治解放的方式，一方面把人归结为法人与公民；另一方面归结为市民社会的成员，市民社会成员是以一种独立的、利己的方式存在的个体。人的解放的完成需要以现实的人把抽象的公民复归于自身，同时抽象的公民复归于自身的现实个人成为类存在物。

在资本主义社会，生产资料私有制条件下的无产阶级，无法摆脱资本逻辑的桎梏。作为被雇佣的劳动工具，工人沦为劳动异化的奴隶，劳动者无法成为自己劳动的主人，只有依靠出卖自己的劳动力换取生活资料，无法自由地支配自己的劳动力，也无法自由地支配劳动对象物，最后导致工人也无法自主地支配自己的劳动成果，非正义的分配方式所导致的资产阶级对无产阶级的剥削和压迫是必然的。

资本主义生产方式下劳动成果的分配所体现的是资本的诉求，资本家和工人对劳动成果不可能共同占有，工人被彻底地排除在与资本家共同享有自己剩余劳动所创造出来的价值部分，这就导致劳动的异化。工人生产出来的劳动产

---

① 马克思,恩格斯.马克思恩格斯文集:第1卷[M].北京:人民出版社,2009:46.

品越多其自身就愈贫困,当人类社会发展处于生产力还很不发达的阶段时,就将导致历史的发展是以两种阶级对立的形式进行着的,在奴隶社会体现为奴隶主与奴隶的对立、在封建社会体现为封建主与农民的对立、在资本主义社会体现为资产阶级与无产阶级的对立,"因为在人类发展的以前一切阶段上,生产还很不发达,以致历史的发展只能在这种对立形式中进行,历史的进步整个说来只是成了极少数特权者的事,广大群众则注定要终生从事劳动,为自己生产微薄的必要生活资料,同时还要为特权者生产日益丰富的生活资料"①。因为不占有生产资料而终生从事劳动是被注定,无产阶级一方面为自己生产的是微薄的必要生活资料,另一方面为特权者生产出来了日益丰富的生活资料。

马克思对生产资料私有制条件下劳动的异化进行了尖锐的批判,"劳动为富人生产了奇迹般的东西,但是为工人生产了赤贫。劳动生产了宫殿,但是给工人生产了棚舍。劳动生产了美,但是使工人变成畸形"②。生产资料私有制让劳动使得工人处于劳动异化的境况,"工人对自己的劳动的产品的关系就是对一个异己的对象的关系。因为根据这个前提,很明显,工人在劳动中耗费的力量越多,他亲手创造出来反对自身的、异己的对象世界的力量就越强大,他自身、他的内部世界就越贫乏,归他所有的东西就越少"③。

因为在资本主义社会,工人不是作为自由全面发展的人,不是按照人的需要进行劳动和分配的,工人在劳动过程中创造的劳动产品越多,反之所造成的结果就是自己愈加变成廉价的商品,"物的世界的增值同人的世界的贬值成正比"④。这种异化就导致人的世界的贬值同物的世界的增值是成正比。资本主义制度下,工人由于不占有生产资料,因而"劳动的现实化竟如此表现为非现实化,以致工人非现实化到饿死的地步。对象化竟如此表现为对象的丧失,以致工人被剥夺了最必要的对象——不仅是生活的必要对象,而且是劳动的必要对象"⑤。只有在生产资料公有制的制度下,劳动者才能成为生产资料和生活资料的真正主人。

对人的异化、劳动异化的扬弃,在分配正义的社会中,会实现上午打猎、下午捕鱼、晚饭后从事批判这样的理想目标。"任何人都没有特定的活动范围,每个人都可以在任何部门内发展,社会调节整个生产,因而使我有可能随我自己的心愿今天干这事,明天干那事,上午打猎,下午捕鱼,傍晚从事畜牧,晚饭后从

---

① 马克思,恩格斯.马克思恩格斯选集:第3卷[M].北京:人民出版社,2012:724.
② 马克思,恩格斯.马克思恩格斯文集:第1卷[M].北京:人民出版社,2009:158-159.
③ 马克思,恩格斯.马克思恩格斯文集:第1卷[M].北京:人民出版社,2009:159.
④ 马克思,恩格斯.马克思恩格斯文集:第1卷[M].北京:人民出版社,2009:156.
⑤ 马克思,恩格斯.马克思恩格斯文集:第1卷[M].北京:人民出版社,2009:157.

事批判,但并不因此就使我成为一个猎人、渔夫或批判者。"①只有对异化劳动的扬弃才能实现劳动者共享劳动成果,实现正义的分配,摆脱了劳动异化的劳动者才真正成为自己劳动的主人,可以自由地对自己的劳动力和劳动对象进行支配,工人也才能实现从被资本奴役的必然王国向人的自由全面发展的自由王国迈进。"只有社会主义才能使科学摆脱资产阶级的桎梏,摆脱资本的奴役,摆脱做卑污的资产阶级私有制的奴隶地位。只有社会主义才能广泛推行和真正支配根据科学原则进行的产品的社会生产和分配,以便使所有劳动者过最美好、最幸福的生活。"②

(二) 实现人的自由全面发展

人的自由全面发展是马克思分配正义思想最高的价值目标。在奴隶制和封建制中,社会进行分配所依据的是人的等级、地位和出身,在资本主义制度下,社会进行分配所依据的是社会成员的财产权,这两种分配依据都是外在于人的。满足人的需要的分配方式作为正义的分配方式被非正义分配方式所代替,即依据人的需要这一内在依据被外在依据所替代,这显然是与符合"一切人"的本性是背道而驰的,这种立足外在依据进行分配的方式直接导致了人的片面发展。

按需分配的依据也彰显了正义,是一种正义的分配方式。人的存在和发展需要以自由全面发展为最高理想价值,人的自由发展和人的全面发展作为人的本质的全面占有以及实现,只有实现了自由全面发展才是合乎正义的。一方面,人的自由发展具有正义性,每个人都享有作为"类"所赋予的权利,作为"类"存在的个体是权利与义务的统一体,资本主义社会将人的权利与义务进行人为的割裂,这种割裂的社会关系实质上是对人"自由权利"的一种否定,这种非正义的社会关系在分配上就体现为资本获得权利而劳动承担义务,这种分配关系就是非正义的。另一方面,人的全面发展也具有正义性,马克思从生产力分工的视角对人的全面发展进行了系统的阐释,在实现共产主义社会之前的历史发展阶段,分工主要表现为资本分工和劳动分工两种方式,在资本主义社会资本分工统治劳动分工,并以"劳动异化"的形式表现出来,资本分工统治劳动分工是非正义的,它导致了人的片面发展。

人的自由全面发展作为一个发展着的过程,分配正义目标的完成也是一个不断追进和逐步实现的过程。"在共产主义社会高级阶段,在迫使个人奴隶般地服从分工的情形已经消失,从而脑力劳动和体力劳动的对立也随之消失之后;

---

① 马克思,恩格斯.马克思恩格斯全集:第3卷[M].北京:人民出版社,1960:37.
② 列宁.列宁选集:第3卷[M].北京:人民出版社,2012:546.

在劳动已经不仅仅是谋生的手段,而且本身成了生活的第一需要之后;在随着个人的全面发展,他们的生产力也增长起来,而集体财富的一切源泉都充分涌流之后——只有在那个时候,才能完全超出资产阶级权利的狭隘眼界,社会才能在自己的旗帜上写上:各尽所能,按需分配!"①只有到了共产主义社会高级阶段才能消除脑力劳动与体力劳动之间的对立,消除个人奴隶般地服从分工,人的劳动已不仅仅作为获取生活资料的手段,而成为人自身生活的第一需要。随着人的全面发展和社会生产力的大幅度提高,进而社会财富一切源泉充分涌流之后,到那个时候才能真正实现各尽所能和按需分配。共产主义的高级阶段随着生产力的发展,进行分配所依据的是人的需要,按需分配的本质是以人的自由全面发展为依据,这是马克思分配正义思想的最高价值目标和理想,分配的依据、过程和结果都充分彰显了人的自由全面发展这一价值旨归。

---

① 马克思,恩格斯.马克思恩格斯文集:第3卷[M].北京:人民出版社,2009:435-436.

第五章　马克思分配正义思想的特征

对马克思分配正义思想进行系统梳理和全面透视,不能仅仅止于对其形成过程、基本内涵的把握,还要求对其本质特征进行深刻勾画,以加深理解和吃透精神。只有达到这个层面,我们才能更加准确地领会其理论精髓,并结合时代实际加以创新性继承和创造性发展。

第一节　事实判断与价值判断的统一

英国哲学家休谟最先提出事实与价值的区别,他在论述道德问题的时候,针对道德命题的表述,注意到这样一个现象,即:对于道德问题所下的判断基本上不再是一种事实判断,而是一种价值判断。休谟认为所有的道德命题都是由一个"不应该"或者一个"应该"所联系起来的,命题通常不再由"不是"与"是"联系词进行连接的。①休谟对事实判断能否过渡到价值判断,以"是"为联系词的判断过渡到以"应该"为联系词的判断,是不是具有合法性等问题进行了研究。在一些西方思想家的论述中价值与事实、价值判断与事实判断之间的关系问题被当作情感与理智之间关系的问题,马克思运用实践唯物主义的方法对事实判断和价值判断的正确性进行了确证,实践作为检验事实判断的标准和价值判断的标准都是确定的,事实判断与价值判断不只是一个理论的问题,还是一个实践的问题,关于分配正义的事实判断与价值判断在马克思的论著中是统一的。

一、马克思分配正义思想体现的事实判断

社会存在决定社会意识是历史唯物主义的核心观点,一定历史时期人们对分配正义的观念以及理想,是社会意识的一种具体表现,生产力发展水平与物

---

① 休谟.人性论[M].关文运,译.北京:商务印书馆,1980:509.

质资料生产方式作为社会存在的基本形式,对人的生活方式和思维方式起决定作用。不同时代的人们对于分配正义的理想也是不同的,超阶级的、超历史的分配正义观念是不存在的。资本主义剥削的实质是对工人劳动产品的无偿占有,马克思对资本主义生产方式以及由此产生的分配非正义进行了描述和剖析,揭露出了资本主义剥削的事实,从这一层面说,马克思对资本主义剥削事实的剖释是一种事实判断。

(一) 马克思对资本主义剥削制度的揭示是事实判断

在《资本论》第一卷中,马克思指明,作为其经济学研究对象的人,实质上只是经济概念的人格化体现,是承载着阶级利益负荷,打上阶级关系标签的社会人。他说:"我决不用玫瑰色描绘资本家和地主的面貌。不过这里涉及的人,只是经济范畴的人格化,是一定的阶级关系和利益的承担者。我的观点是把经济的社会形态的发展理解为一种自然史的过程。不管个人在主观上怎样超脱各种关系,他在社会意义上总是这些关系的产物。同其他任何观点比起来,我的观点是更不能要个人对这些关系负责的。"①在此论断之前,马克思要求我们不能给地主和资本家的面目抹上美丽的玫瑰色,而忽视了其作为社会关系产物的本质。从政治经济学的研究对象来说,马克思对于分配关系的一系列论断,是基于对资本主义生产关系研究基础上的一种事实判断。

恩格斯也有类似论述:"按照资产阶级的经济学的规律,产品的绝大部分不是属于生产这些产品的工人。如果我们说:这是不公平的,不应该这样,那末这句话同经济学没有什么直接的关系。"②人是什么样的就取决于其身处其中的生产关系,而资产阶级的经济学,却把劳动产品同其生产者割裂开来。分配关系作为生产关系的体现,受生产力发展水平的决定和制约,恩格斯认为,判定资本主义分配关系是否正义,同经济学没有直接关系,分配关系是受生产关系决定的经济关系,作为一种客观存在,判断其正义或不正义的标准并不能从经济学理论中寻找,而是要去现实的生产力与生产关系的综合体中寻找。"工资以雇佣劳动为前提,利润以资本为前提。因此,这些一定的分配形式是以生产条件的一定的社会性质和生产当事人之间的一定的社会关系为前提的。因此,一定的分配关系只是历史规定的生产关系的表现。"③

资产阶级经济学把雇佣劳动从工资的关系中剥离出来,把资本从剩余价值的关系中剥离出来,从而使它们都被抽象化地理解,没有看到,理解工资的前提

---

① 马克思,恩格斯.马克思恩格斯文集:第5卷[M].北京:人民出版社,2009:10.
② 马克思,恩格斯.马克思恩格斯全集:第21卷[M].北京:人民出版社,1965:209.
③ 马克思,恩格斯.马克思恩格斯文集:第7卷[M].北京:人民出版社,2009:998.

是对雇佣劳动有所认识,对资本进行理解的前提是对剩余价值要有所研究。同样,我们对一定的分配方式的理解也需要追溯生产条件,一定的分配关系只是历史规定的生产关系的一种表现。依照这种观点,分配关系同生产关系一样都是客观存在的,是不以人们的意志为转移的一种经济关系,分配关系本身的正义还是非正义问题,并不以人们的主观认识为判断依据,从这个角度来说,我们可以认为,马克思分配正义思想对分配关系的论述是一种事实判断。

马克思认识到,人类社会所经历的各种形态都有其历史必然性,就比如说,奴隶社会的奴隶主并不是一种抽象的存在,它是奴隶社会的生产关系的产物,奴隶的存在是其得以存在的前提。奴隶主的存在是生产力发展的产物,同时也一定程度上推动了生产力的发展,"因而马克思也承认剥削,即占有他人劳动产品的暂时的历史正当性。"[1]这就可以看出,"剥削和被剥削、占有和被占有也是一定历史阶段的产物,具有历史必然性。在生产力发展水平还未发展到能够彻底消灭剥削的程度之前,剥削就是一种事实的、不以人的主观意志为转移的存在,没有办法通过人为干预的方式实现分配正义,生产力的这种发展(随着这种发展,人们的世界历史性而不是地域性的存在同时已经是经验的存在了)之所以是绝对必需的实际前提,还因为如果没有这种发展,那就只会有贫穷、极端贫困的普遍化;而在极端贫困的情况下,必须重新开始争取必需品的斗争,全部陈腐污浊的东西又要死灰复燃"[2]。随着生产力的发展,人作为世界历史性的存在物,将不再是理论上的现实,而是可以直接经验到的现实;因为生产力的发展创造的物质基础,使人类摆脱了普遍化的贫穷和普遍化的极端贫困。而在身处普遍贫困的社会状况中的人,为了能够生存下去,争夺微薄的生活资料的斗争,将把人类重新带入野蛮时代的生存状况之中。

由此可以明确,生产力的发展,是人类向高层次社会形态迈进的必由之路。在生产资料私有制制度下,剥削一定意义上促进了生产力的发展。分配非正义具有历史必然性,剥削具有暂时的历史正当性,人类社会发展的特定阶段剥削是不可避免的,在这里是一种事实判断。在唯物史观视域中,处于每一历史时期中特定的社会形态,在该社会形态所能容纳的全部生产力发挥出来之前,这一社会形态就能够继续存在下去;而具有更高级文明形态的生产关系,在物质需求还没有达到充分满足的情况下,也是难以形成和发展起来的。"无论哪一个社会形态,在它所能容纳的全部生产力发挥出来以前,是决不会灭亡的;而新的更高的生产关系,在它的物质存在条件在旧社会的胎胞里成熟以前,是决不会出现的。所以人类始终只提出自己能够解决的任务,因为只要仔细考察就可以

---

[1] 马克思,恩格斯.马克思恩格斯全集:第21卷[M].北京:人民出版社,1965:557-558.
[2] 马克思,恩格斯.马克思恩格斯文集:第1卷[M].北京:人民出版社,2009:538.

发现,任务本身,只有在解决它的物质条件已经存在或者至少是在生成过程中的时候,才会产生。"①新的社会形态的出现、新的社会文明的产生、新的社会关系的形成都是有条件的,这个条件就是生产力的发展。历史唯物主义认为,在一定历史时期内起决定作用的是生产力的发展水平,只要上层建筑与生产方式相适应就具有历史的合理性和正当性,在特定历史时期,具有历史合理性和历史正当性的分配方式因而也是正义的。

(二) 立足于政治经济学的分配正义是事实判断

马克思在批判拉萨尔"公平的分配"主张时指出,工人所要求的公平报酬与资产者所断言的公平分配是两种不同的分配正义主张,工人所要求的公平报酬,与"一定的生产制度所必需的和不可避免的东西"无关,而资产者所断言的公平的分配,则是资本主义生产方式基础上唯一"公平的"分配。"是做一天公平的工作,得一天公平的工资吗? 可是什么是一天公平的工资和一天公平的工作呢? 它们是怎样由现代社会生存和发展的规律决定的呢? 要回答这个问题,我们不应当应用道德学或法学,也不应当诉诸任何人道主义,正义甚至慈悲之类的温情。在道德上是公平的甚至在法律上是公平的,而从社会上来看很可能是不公平的。社会的公平或者不公平,只能用一种科学来断定,那就是研究生产和交换的物质事实的科学——政治经济学。"②工人的一天的工资真正能够对应于工人一天的劳动吗? 换句话说,工人的工资就完全体现了工人劳动创造的价值吗? 马克思认为,道德学说和法学乃至所谓人道主义,是无法回答这个问题的。只有研究生产、交换、分配和流通诸环节构成的经济事实,即政治经济学才能胜任对此问题的回答。

国民经济学家所主张的分配正义,是指资本家支付给工人一天的工资,而这一天的工资就是工人一天劳动所创造的全部价值,资本家按照这样的方式支付工资是有经济学依据的,这个依据就是:劳动力买卖等价交换的原则。而这种分配正义主张,是资本主义社会和当时生产方式基础上唯一的"公平的"分配,是符合国民经济学基本原理的经济事实,因此,从政治经济学意义上讲,这是一种事实判断,资产阶级所主张的分配正义,"忠实地表述了支配目前社会的规律"③。基于资本主义生产关系的分配正义、分配方式,是与经济发展规律相一致的,与生产力发展水平也是相一致的,马克思认为这一分配关系具有历史的合理性。资本主义的分配关系推动了生产力发展,一定程度上起到了推动社

---

① 马克思,恩格斯.马克思恩格斯文集:第2卷[M].北京:人民出版社,2009:592.
② 马克思,恩格斯.马克思恩格斯全集:第19卷[M].北京:人民出版社,1963:273.
③ 马克思,恩格斯.马克思恩格斯全集:第19卷[M].北京:人民出版社,1963:275.

会向前发展的作用。

恩格斯也指出,工人在一定时期的一定层面上,也会对资产阶级的分配正义主张表示接受。"当一种生产方式处在自身发展的上升阶段的时候,甚至在和这种生产方式相适应的分配方式下吃了亏的那些人也会欢迎这种生产方式。大工业兴起时期的英国工人就是如此。不仅如此,当这种生产方式对社会还是正常的时候,满意于这种分配的情绪,总的来说,会占支配的地位;那时即使发出了抗议,也只是从统治阶级自身发出来(圣西门、傅立叶、欧文),而在被剥削的群众中恰恰得不到任何响应。"①当英国工业革命促进了生产力发展,带来大量物质财富的时候,尽管工人在分配中吃了亏,但是与相对落后的封建时代相比,工人还是欢迎资本主义生产方式的。在当时,对这种实质不平等的分配方式持否定态度的声音倒是来自资产阶级内部人士。

空想理论家们对资本主义的谴责,无论多么富有道义,对资本主义制度的否定,无论多么彻底和合乎情理,都是于科学无补的。因为空想理论家们没有拿起"经济科学"的武器,从科学上证明:资本主义社会弊病所产生的根本原因是由现存生产方式所导致的必然结果,资本主义社会中所出现的这些弊病同时也是资本主义这一生产方式快要瓦解前的征兆。无论资本主义分配方式多么不正义,如果资本主义的分配关系阻碍了生产力的发展,则资产阶级所主张的分配正义就失去了历史正当性。"只有在这个时候,这种越来越不平等的分配,才被认为是非正义的。"②

恩格斯进一步指出,要说明资本主义的不正义,只了解资本主义的生产关系各环节的运动还不够,还要对于资本主义之前的生产关系和那些不发达国家的生产关系进行比较研究,才能突破资产阶级经济学那种狭隘的理论视域,对资本主义分配方式作出科学的认知。③立足于政治经济学,马克思作出的立足于资本主义生产方式,资产者的分配正义主张是唯一"公平的"分配是一种事实判断。

二、马克思分配正义思想体现的价值判断

马克思怀有饱满的道德情怀和崇高的道德理想,在对资本主义社会以及资本主义生产关系进行批判时,既有政治经济学批判的视角,也有道德批判的视角,从道德批判的视角对资本主义社会剥削和压迫现象进行了透析。分配正义

---

① 马克思,恩格斯.马克思恩格斯选集:第3卷[M].北京:人民出版社,2012:527-528.
② 马克思,恩格斯.马克思恩格斯文集:第9卷[M].北京:人民出版社,2009:156.
③ 马克思,恩格斯.马克思恩格斯文集:第9卷[M].北京:人民出版社,2009:157.

以及分配非正义,是人们对经济生活中的分配行为及其结果同自身利益之间关系的一种价值判断,分配正义评价主体是对分配关系是否符合自身利益的一种评价,而分配非正义是评价主体对分配关系与自身利益不相符合的评价。马克思站在劳动者的立场上,对资本主义生产关系主导下的分配方式进行了深层次的理论透视,对资本主义分配关系非正义的成因进行了政治经济学批判。从这一层面来说,可以理解为一种价值判断,即马克思认为,资本家对雇佣劳动创造的剩余价值的无偿占有,是对工人阶级的赤裸裸剥夺,资本主义分配方式中资产阶级对无产阶级的经济剥削是非正义的。

(一) 判断分配是否正义是基于个人利益的价值判断

生产力决定生产关系,一定生产关系中处于不同阶级地位和社会集团的个人或群体有不同的分配正义主张,一定时期的同一生产关系往往给不同阶级和社会集团的人带来不同的利益。因此,不同的阶级对于分配正义的主张也是从自身的利益出发所提出的,在这一层面上来说,分配正义是不同分配主体基于自身利益对于经济活动中的分配方式的一种价值判断。资本主义社会中资产阶级的分配正义要求占据的是主导地位,无产阶级的分配正义要求则是从属地位,但这并不意味着无产阶级没有自己的分配正义要求,马克思也充分肯定了无产阶级的这一分配正义要求。站在劳动者的立场,结合劳动者自身利益关系与资本主义社会的现存的分配关系,马克思批判了资本主义分配关系的非正义性:"现今的制度使寄生虫安逸和奢侈,让工人劳动和贫困,并且使所有的人退化;这种制度按其性质来说是不公正的,是应该被消灭的。现在,劳动生产率提高到了这样的程度,以致市场的任何扩大都吸收不了那种过多的产品,因此生活资料和福利资料的丰富本身成了工商业停滞、失业、从而千百万劳动者贫困的原因,既然如此,这种制度就是可以被消灭的。"①资本家就是通过雇佣劳动获得了寄生虫一般的享受。资本主义雇佣劳动制度给工人带来极度贫困,给资本家带来荣华富贵,导致社会两极分化,加剧劳资矛盾,资本家的福利和富贵是建立在工人的身心备受摧残的基础上的,因此,资本主义雇佣劳动充满着罪恶,资本主义所有制必须扬弃。资产阶级私有制和由此决定的分配关系导致了千百万劳动者的贫困,是非正义的,也是可以被消灭的,马克思指出资本主义社会现存的制度"使寄生虫安逸和奢侈","寄生虫""奢侈"等对资本主义分配关系是非正义的这一判断是从工人阶级自身利益出发所作出的价值判断。

进而,马克思在肯定无产阶级分配正义需要之后,又对这一需要进行了具

---

① 马克思,恩格斯.马克思恩格斯全集:第21卷[M].北京:人民出版社,1965:570.

体的表述。"我们的目的是建立社会主义制度,这种制度将给所有的人提供健康而有益的工作,给所有的人提供充裕的物质生活和闲暇时间,给所有的人提供真正的充分的自由。请所有的人在这个伟大的事业中给予社会主义联盟以协助。赞同者应当承认他们彼此之间以及他们同所有的人之间的关系的基础是真理、正义和道德。他们应该承认:没有无义务的权利,也没有无权利的义务。"①代替资本主义生产关系的将是生产资料归全体劳动者占有的公有制。这是劳动者当家作主,并主导经济关系、经济活动、分配行为的社会制度,这种制度将劳动者从超负荷的劳动时间中解放出来,将有助于发展和实现劳动者自我价值的闲暇时间还给劳动者,并在此基础上使劳动者获得充分自由。能够保障这些权利的制度必然是也只能是公有制社会。

当然,挂在资本家口头上的所谓"公平的分配"也是基于一种事实的——不管这一事实是否合理——即资本主义生产方式,资本家总是振振有词质问:难道资本主义的分配事实上不是在现今的生产方式基础上唯一"公平"分配吗?马克思把分配正义视为一种价值判断,即不同价值主体立足自身利益对分配正义所作出的价值选择,这种价值判断不是永恒不变的。在进行"公平的分配"时指出"什么是'公平的'分配了呢?难道资产者不是断言今天的分配是'公平的'吗?难道它事实上不是在现今的生产方式基础上唯一'公平'分配吗?"②只要历史条件改变了,生产关系改变了,价值主体改变了,这种价值判断就一定会改变。一切价值判断都要随着时间、时代、地点、环境、条件的改变而改变。永恒不变的价值判断既不存在,也难以想象。所以,这样的平等观念说它是什么都行,就不能说它是永恒的真理,"希腊人和罗马人的公平观认为奴隶制度是公平的;1789年资产者阶级的公平观要求废除被宣布为不公平的封建制度。在普鲁士的容克看来,甚至可怜的专区法也是破坏永恒公平的。所以,关于永恒公平的观念不仅是因时因地而变,甚至也因人而变,它是如米尔伯格正确说过的那样'一个人有一个理解'"③。

此外,按劳分配的原则也存在着历史的局限性,马克思认为,按劳分配在一定程度上也是非正义的,因为,按劳分配默认了由偶然天赋的不同,以及个人家庭负担等方面的不同所导致的实际所得实质上的分配不平等,按劳分配的非正义性判断也是一种价值判断。衡量两个人的劳动力,标准自然只能是他们所能胜任的劳动强度,而是否能够承担相应的劳动强度,又与劳动者的体力与智力的综合密切相关。一个人具有什么样的体力、智力和能力,既与他(她)的生活

---

① 马克思,恩格斯.马克思恩格斯全集:第21卷[M].北京:人民出版社,1965:570.
② 马克思,恩格斯.马克思恩格斯文集:第3卷[M].北京:人民出版社,2009:432.
③ 马克思,恩格斯.马克思恩格斯文集:第9卷[M].北京:人民出版社,2009:109.

经历有关,又与个人的天赋有关。既和后天的特权有关,又与天然特权有关。"一个人在体力上或智力上胜过另一个人,因此在同一时间内提供较多的劳动,或者能够劳动较长的时间;而劳动,要当作尺度来用,就必须按照它的时间或强度来确定,不然它就不成其为尺度了。这种平等的权利,因为每个人都像其他人一样是劳动者;但是它默认,劳动者的不同等的个人天赋,从而不同等的工作能力,是天然特权。所以就它的内容来讲,它像一切权利一样是一种不平等的权利。"①因此,作为受生产方式即经济基础所决定的国家上层建筑,分配方式也是历史的产物,也一样具有历史的暂时性。马克思认为,在历史上每一个相对进步时代的生产方式,都要比相对落后时代的生产方式要更加正义,进一步推导可知,相对于社会主义乃至共产主义生产方式而言,资本主义私有制就是非正义的,这是对于资本主义分配方式的一种价值判断。

(二) 立足于伦理学的分配正义是价值判断

马克思认为,一度流行于工人中的呼吁——"做一天公平的工作,得一天公平的工资"——其中体现的对于分配正义的诉求,属于道德意义上的价值判断。价值判断是人们着眼于道德规定而对分配是否合乎价值标准作出的一种判断。对此,恩格斯有过进一步的说明,"李嘉图理论的上述应用——认为全部社会产品,即工人的产品属于唯一的、真正的生产者,即工人——直接引导到共产主义。但是,马克思在上述的地方也指出,这种应用在经济学的形式上是错误的,因为这只不过是把道德运用于经济学而已。按照资产阶级经济学的规律,产品的绝大部分不是属于生产这些产品的工人。如果我们说:这是不公平的,不应该这样,那末这句话同经济学没有什么直接的联系。我们不过是说,这些经济事实同我们的道德感有矛盾"②。在李嘉图的经济学理论中,有一个观点,即所有的社会产品都是工人在劳动过程中生产出来的,理所当然应该属于工人所有。好一个"应该",可实际的情况是,工人所得微乎其微,不要说是全部产品,即便是工人应得的也没有保障。为什么会出现这样的矛盾现象?是因为李嘉图把抽象的道德原则运用于经济学所致。严肃的经济学研究是科学,它只凭经济事实说话,而不是求助于什么"应该""不应该"的道德标准。

所以说,对资本主义生产关系批判,不能仅仅局限于道德方面的谴责,也不能寄托于所谓道义上"应该""不应该"的道德命令。而要立足唯物史观基本原理,运用科学的方法,拿起政治经济学批判的手术刀,对资本主义经济结构进行解剖,厘清其发展规律,才有可能为人类找到正确的前进方向。资产阶级经济

---

① 马克思,恩格斯.马克思恩格斯文集:第3卷[M].北京:人民出版社,2009:435.
② 马克思,恩格斯.马克思恩格斯全集:第21卷[M].北京:人民出版社,1965:209.

学由于其研究方法的抽象,常常把整个复杂的经济现象孤立起来,片面地抓住某一方面而忽视其他方面。这样,撇开经济现象背后的私有制度、阶级斗争、政治目的等重要原因,对经济的单一化研究虽然有一些用处,能够达到一定的目的。但是由于其固有的形而上学本性:把一切经济事实归为简单的范畴,从概念的辩证运动中产生一个无所不包的体系,然后把具体的经济环节对应于概念范畴,不是概念范畴要适用于经济过程,而是经济过程要适应概念范畴。一切活生生的经济事实都可以归结为逻辑范畴。对于这样运思的国民经济学家,还能指望他们能告诉我们资本家发家致富的奥秘?资本家的利润所显现出来的是:被资本家隐秘占有的价值,实质上就是在雇佣劳动过程中由工人在剩余劳动时间创造的价值,其量越大,表明其榨取的剩余价值也就越多。

资本家榨取了工人的无偿劳动,对于工人剩余价值的占有是一种剥削,任何分配正义的主张都是特定阶级或社会集团利益的反应,同样,资产阶级和无产阶级的分配正义主张是完全不同的,马克思站在无产阶级的立场上,将资本家无偿占有剩余劳动产品描述为"剥削",我们可以将其理解为一种价值判断。

资本化了的剩余价值从一开始就全部是由无酬的工人劳动产生的,资本家每年从工人阶级那里夺取"贡品","用贡品的一部分从工人阶级那里购买追加劳动力"[①]进行生产,资本家"从来也不隐瞒生财之道就在于占有无酬劳动"[②],资本家获得财富的途径就在于无偿地占有工人剩余劳动。对于从工人那里掠夺来的赃物,应该怎样在各种所有者——工业资本家和游手好闲的土地所有者等人——之间进行利益再分配,关于这种充满学究气的无休无止的争论,在七月革命面前就彻底悄无声息了。马克思将资本家无偿占有的剩余劳动,描述为从工人那里"掠夺来的赃物"[③],谴责资本家掠夺工人劳动成果的行为就是"盗窃""抢劫",把其掠夺的工人创造的劳动成果称为"贡品"等,"从英国工人那里不付等价物而窃取的、逐年都在增长的剩余产品的一大部分,不是在英国而是在其他国家资本化的"[④]。这表明马克思对资本主义剥削非正义的判断是一种价值判断,即资本家对工人劳动的无偿占有,这样的劳动产品的分配方式是非正义的。

① 马克思,恩格斯.马克思恩格斯文集:第5卷[M].北京:人民出版社,2009:672.
② 马克思,恩格斯.马克思恩格斯文集:第5卷[M].北京:人民出版社,2009:687.
③ 马克思,恩格斯.马克思恩格斯文集:第5卷[M].北京:人民出版社,2009:688.
④ 马克思,恩格斯.马克思恩格斯文集:第5卷[M].北京:人民出版社,2009:706.

三、马克思分配正义思想体现了事实判断与价值判断的统一

事实判断作为一种描述性判断是关于事物实际上是怎样的判断,价值判断作为一种规范性判断是关于事物应当是怎样的判断。"正义的价值判断与事实判断是辩证对立统一关系。作为价值判断的正义是应然,作为事实判断的正义是实然;应然存在于人们的理想和主观愿望之中,实然是已经实现了的理想和愿望。"①分配正义的价值判断与事实判断应当是一种辩证的、对立统一的关系。这种辩证的、对立统一的关系也体现为"应然"与"实然"之间的关系,在马克思的论著中,分配正义是事实判断与价值判断的统一,它具体体现为两个相统一:即事实与价值相统一、描述与规范相统一。总之,价值判断离不开事实判断,并且以事实判断为前提,建立在事实判断基础之上的价值判断一方面体现了对事实判断的肯定性评价,另一方面也包含了对事实判断的否定性评价,并在否定性批判的前提下对未来公平的分配进行了科学论证。

(一)价值与事实的统一

价值与事实既对立又统一,就其统一性而言,二者相互依赖、相互作用,并在实践中相互过渡,"人们认识世界和改造世界,是基于追求价值、创造价值的目的,而为了实现这个目的,就必须对事实、客体及其运动的规律有符合实际的认识"②。一般而言,人类的任何活动都是有目的的活动,人类的认识活动和实践活动,总是带有价值选择和价值目标的,这就是我们通常所说的价值尺度。但是,价值尺度发挥作用必须具备一个前提条件,即真理尺度,人的活动不能无视客观规律,基于经济事实之上的经济规律是不能违背的。否则,再高大的价值追求也无法实现。对于经济行为,同样存在着价值尺度与真理尺度的问题。经济分配的价值目标达成要与生产方式的事实相适应,才是正义的,否则就是非正义的。

在马克思看来,判断分配行为是正义的还是非正义的,其标准就是:经济行为的内容在与生产方式相适应的时候就是正义的,经济行为的内容在与生产方式相矛盾的时候就是非正义的。③遵循马克思论述这一问题的思路,我们可以得出结论:资本主义的分配方式只要符合其生产方式,那么对资产阶级而言,资

---

① 孔陆泉.必须坚持历史唯物主义的分配正义观[J].人文杂志,2016(8):21-27.
② 马俊峰.马克思主义价值理论研究[M].北京:北京师范大学出版社,2012:135.
③ 马克思,恩格斯.马克思恩格斯文集:第7卷[M].北京:人民出版社,2009:379.

本主义分配制度就是正义的。而如果随着生产力的发展,立足于更高的社会文明和社会形态,便可以认定资本主义经济制度乃至分配制度是非正义的。"生产当事人之间进行交易的正义性在于:这种交易是从生产关系中作为自然结果产生出来的。这种交易作为当事人的意志行为,作为他们的共同意志的表示,作为可以由国家强加给立约双方的契约,表现在法律形式上,这些法律形式作为单纯的形式,是不能决定这个内容本身的。这些形式只是表示这个内容。这个内容,只要与生产方式相适应、相一致,就是正义的;只要与生产方式相矛盾就是非正义的。在资本主义生产方式的基础上,奴隶制是非正义的;在商品质量上弄虚作假也是非正义的。"[1]

马克思通过剩余价值理论揭示了资本主义生产的秘密,描述了资本家无偿占有工人剩余劳动这样一个事实,而当马克思将资本家无偿占有剩余价值描述成"盗窃"时则明显带有价值评价的意蕴。资本主义生产方式在创造出巨大生产力的同时,资本主义市场经济条件下的商品经济的发展又有内在的不可调和的矛盾,它必然导致周期性经济危机的出现,资本主义生产方式在适应资产阶级发展生产力需要的同时,也成为商品经济再发展的桎梏,最终阻碍了社会经济的发展。因此,在商品经济发展阶段,经济运行规律以及由此所决定的资本主义分配方式有其正义的一面,但是其导致了无产阶级的极端贫困,也有其非正义的一面。当资产阶级所主张的分配正义成为生产力发展的桎梏时,无产阶级需要以革命的方式提出自己的分配正义诉求,"现代资本主义生产方式所造成的生产力和由它所创立的财富分配制度,已经和这种生产方式本身发生激烈的矛盾,而且矛盾达到了这种程度,以至于如果要避免整个现代社会灭亡,就必须使生产方式和分配方式发生一个会消除一切阶级差别的变革。现代社会主义必获胜利的信心,正是基于这个以或多或少清晰的形象和不可抗拒的必然性印入被剥削的无产者的头脑中、可以感触到物质事实,而不是基于某一个蛰居书斋的学者关于正义和非正义的观念"[2]。由资产阶级一手培育的世界市场,催生了市场经济,极大地推动了现代化大工业发展。在这个过程中,资本主义一方面制造了堆积如山的商品,另一方面又造成了赤贫的无产阶级,并且造成了资本和劳工不可调和的对立。这种对立的趋势必然会导致这样一种生产方式的解体,导致资本主义私有制的崩溃。建立在资本主义市场经济上的财富分配制度,与它由之产生的生产关系严重不相容,唯一的解决办法就是摧毁这种生产关系,代之以更加文明的生产关系。所谓正义的问题也必须置于革命的语境下,置于社会制度更替的革命视域中,才能求得现实的、科学的解决。

---

[1] 马克思,恩格斯.马克思恩格斯文集:第5卷[M].北京:人民出版社,2009:379.
[2] 马克思,恩格斯.马克思恩格斯选集:第3卷[M].北京:人民出版社,2012:537.

（二）描述与规范的统一

描述与规范统一也是马克思分配正义思想独特的分析框架,正义具有两个维度:"从时间上看,正义既是一个前后接续的历时性概念,又是一种共时性概念;同时,从空间上看,正义又是一定时空中的共在。"① 每一历史时期的分配方式都是特定历史阶段的产物,每一个时代人的活动及其意识形态都打上了历史的烙印。同时,每一个历史阶段分配方式的设计和安排都蕴含着人类对分配正义的终极价值追求,这一终极价值追求也成了对分配关系、分配方式、分配结果进行价值判断标的标准,是一种规范性的应然评判。

马克思对一定历史时期社会分配关系的描述,不是从分配正义的原则出发的,而是建立在生产力发展水平基础之上的,是从分配正义的事实出发。资本主义语境下的商品交换、借贷交易,都是在生产方式的主导下进行的,所以,探究这些行为的正义性和非正义性,就必须追溯到其发源地那里,这些行为在"生产当事人之间进行的交易的正义性在于:这种交易是从生产关系中作为自然结果产生出来的。这种经济交易作为当事人的意志行为,作为它们的共同意志的表示,作为可以由国家强加给立约双方的契约,表现在法律形式上,这些法律形式作为单纯的形式,是不能决定这个内容本身的。这些形式只是表示这个内容。这个内容,只要与生产方式相适应,相一致,就是正义的;只要与生产方式相矛盾,就是非正义的"②。

马克思的探索总是从一定社会关系中进行物质生产的人出发,不是对分配正义的抽象议论。历史中的人总是进行物质生产的、处于一定社会关系中的人,其思想中的分配正义观念,不是凭空产生的,也不是永远不变的,而是由生产资料的所有者决定的。

运用唯物史观对分配正义进行考察,我们能够得出如下认识:一定社会的分配必然涉及生产条件的分配,而涉及生产条件的分配,既是规范性的又是描述性的社会事实。一个社会经济有机体要能够畅通运转,其分配方式总要与生产方式相适应,分配关系总要与生产关系相适应,资本主义分配方式和分配关系之所以具有相对的公平正义性,主要是较之于原始社会、奴隶社会和封建社会,资本主义社会是一种特殊的存在,具有特殊性也具有历史合理性,这种分配方式虽然存在一定的缺陷,但仍然是那一历史时期最有效率的资源配置方式。正如恩格斯在《反杜林论》中指出的那样:资产阶级建立的世界市场,极大推动

---

① 史瑞杰,等.面向公平正义和共同富裕的政府再分配责任研究[M].北京:中国社会科学出版社,2021:45.

② 马克思,恩格斯.马克思恩格斯文集:第7卷[M].北京:人民出版社,2009:379.

了商品在全球的流通和运动,规模空前的贸易,客观上要求空前的自由,使得贸易主导者"大规模的贸易,特别是国际贸易,尤其是世界贸易,要求有自由的、在行动上不受限制的商品占有者,他们作为商品占有者是有平等权利的。他们根据对他们所有人来说都是平等的、至少在当地是平等的权利进行交换"①。

国民经济学家鼓吹的经济放任主义,就是这种自由贸易的内在要求。马克思区分了生产条件的分配和生产产品的分配,作为既定社会事实的生产条件分配和生产产品分配,我们应当"把经济的社会形态的发展理解为一种自然史的过程",我们不能跳过资本主义社会,或用法律取消非正义的分配方式。马克思对其发展规律进行了探索,揭示了资本主义分配方式的缺陷和非正义性,马克思所阐述的是一种规范性的社会事实。"一个社会即使探索到了本身运动的自然规律——本书的最终目的就是揭示现代社会的经济运动规律——它还是既不能跳过也不能用法令取消自然发展的阶段。但是它能缩短和减轻分娩的痛苦。"②这个事实就是:一边是魔术般增长的财富,一边是与之极不相称的赤贫,社会矛盾也空前尖锐,马克思对资本主义分配正义问题的论述既是描述性的也是规范性的。

第二节 普遍性与特殊性的统一

人作为历史中的人,每一个时代人的活动都是普遍性与特殊性的统一。一方面特定历史时期人的活动是对人类普遍性活动的一种推进,另一方面在推进人类普遍性活动的过程中又展现出自己的特殊性,生产活动以及受生产活动所决定分配活动作为人类活动的一种方式,也是普遍性与特殊性的统一。

一、马克思分配正义所体现的普遍性

在历史唯物主义的视域里,一定社会的生产方式即经济基础,总是决定着这个社会的上层建筑,分配关系是受生产关系所决定的;生产具有普遍性,每一个历史时期人们的生产具有共性,因而人类的分配活动也具有普遍性。

---

① 马克思,恩格斯.马克思恩格斯文集:第9卷[M].北京:人民出版社,2009:110.
② 马克思,恩格斯.马克思恩格斯文集:第3卷[M].北京:人民出版社,2009:10.

（一）生产的普遍性

唯物史观认为,人作为历史中的人,每一个时代人的活动都带有历史的印记,特定时代和社会发展阶段的人的活动,是人类普遍性活动的延续和推进。马克思分配正义思想的普遍性特征首先体现在:分配问题的关键取决于生产资料所有权,谁占有生产资料,谁就主导着包括分配在内的所有经济活动话语权,生产资料所有制在分配问题上占据的是决定性地位,具有普遍性特征。基于生产力水平不同发展阶段,不同历史生产条件下生产资料的分配方式是不同的,进而决定了不同发展阶段分配的特殊性,但是分配的特殊性背后体现的是分配的普遍性,即生产资料与生产关系分配决定社会产品分配。

随着马克思对分配问题的进一步深入研究,马克思采取的方法是:将分配问题置于整个资本主义社会经济发展运动的宏观背景下进行考察,对分配进行了具体区分,将生产、分配、交换、消费四个环节组成的有机整体置于整个社会生活中,在这样的视域中对分配正义问题进行了阐述:"分配关系和分配方式只是表现为生产要素的背面。"[①]分配本身由生产决定的,而劳动产品的归属又是由生产资料占有者决定的,不仅就对象而言可以这样理解,而且就形式而言也可以这样理解。就主体而言,资本家具有绝对的话语权。生产资料对分配的决定性意义具有普遍性的特征,生产结构所决定的生产资料分配以及生产关系的分配是不断变化发展的,而分配方式受此决定是一个普遍性的原则。

马克思指出,同任何时代的生产一样,资本主义生产也需要生产资料、需要生产工具、需要耗费体力和脑力等等,因而具有普遍性,生产本身的普遍性体现在其"生产一般"所具有的共性之中。"资本,别的不说,也是生产工具,也是过去的、客体化了的劳动。可见资本是一种一般的、永存的自然关系。"[②]生产一般作为一个抽象,不同历史发展阶段的生产是可以抽象出其共同点的,具有普遍性。这个一般的、抽象的共同点在不同的时代,又与其具体的生产关系相结合,呈现出具体性。另一些则是一个时代或几个时代所特有的,体现的是生产的特殊性。对不同时代生产所具有的一般规律和规定经过比较后抽出,即生产一般,生产一般是生产普遍性的归纳和总结,在生产过程中,生产活动的主导者即劳动主体是人,劳动对象即客体是自然界,主体和客体统一在劳动中。"生产的一切时代有某些共同标志,共同规定。生产一般是一个抽象,但是只要它真正把共同点提出来……没有生产工具,哪怕这种生产劳动不过是由于反复操作而积聚在野蛮人手上的技巧,任何生产都不可能。资本,别的不说,也是生产工具,

---

① 马克思,恩格斯.马克思恩格斯文集:第8卷[M].北京:人民出版社,2009:19.
② 马克思,恩格斯.马克思恩格斯文集:第8卷[M].北京:人民出版社,2009:9.

也是过去的、客体化了的劳动。可见资本是一种一般的、永存的自然关系。"①

此外,不同时代生产所共同具有的规律和规定,是特定时期进行生产所必不可少的要素,没有了生产一般,任何生产都无从展开,"如果没有生产一般,也就没有一般的生产"②。生产的一般规定体现为一定社会阶段特殊生产形式所具有的普遍性。马克思认为,资本主义生产关系是特定历史阶段存在的一种社会关系,这种社会关系的产生具有普遍性的特征,随着经济社会的发展,必将被更为先进的生产关系所替代。所以,资本主义生产关系是一种过程式的存在。

作为一种观念的分配正义,其概念史经历了从古典分配正义观念到自由主义分配正义观念的演化,作为一种分配正义的观念必然是由物质生产所决定的,而分配正义问题的出现也具有普遍性的特征,与社会性质、社会形态、社会制度,包括阶级斗争都有密切关系。所以会因这些关系的改变而改变。分析分配正义形态的演变可以发现,正是由于物质生产力提供了持续不断的动力,才得以使分配正义形态的演变成为现实,在社会中处于统治阶级的阶级利益和阶级意志决定了正义的实质。"这种演变之所以可能并成为现实,就在于物质生产提供了绵绵不断的动力。正义在其实质上无非是在生产上处于支配地位的阶级的意志和利益的表现。"③在《1857—1858年经济学手稿》研究中,马克思通过对劳资关系的具体分析,揭示了资本主义制度下,由于生产资料所有制这个要害,分配非正义问题的出现就是必然的。资本主义社会中进行物质生产的过程存在着对立的两极:一极是除了自身之外一无所有的劳动者,一极是握有资本的资本家,这是依据生产力发展水平而产生的生产关系,具有历史规定性。"只要与生产方式相适应、相一致,就是正义的。只要与生产方式相矛盾,就是非正义的"④,马克思对历史上出现过的生产方式与分配方式的正义性做了进一步的探究,最终得到的结论是:作为政治经济学研究对象的分配问题具有普遍性的、历史性的规定。

(二)分配正义的普遍性

在生产资料归资产阶级独自占有的前提下,资本主义雇佣劳动是一种异化劳动,劳动产品同劳动者相对立,劳动者丧失了原本属于自己的对象,不仅无权支配自己的劳动产品,反而被其奴役,因为工人所生产出来的劳动产品如果不是属于工人的,而是属于生产资料的占有者——资本家。"如果劳动产品不是属于工人,并作为一种异己的力量同工人相对立,那么这只能是由于产品属于工

---

①② 马克思,恩格斯.马克思恩格斯文集:第8卷[M].北京:人民出版社,2009:9.
③ 林进平.马克思的"正义"解读[M].北京:社会科学文献出版社,2009:129.
④ 马克思,恩格斯.马克思恩格斯文集:第7卷[M].北京:人民出版社,2009:379.

人之外的他人。"①工人的劳动产品站在自己的对立面,统治并役使着它的主人——工人阶级。在资产阶级私有制条件下,雇佣劳动以及分配活动根植于一定的社会关系之中,而且这种社会关系能够有效地控制生产过程。生产资料所有制对分配正义起支配作用,这一点是具有普遍性特征的,无论处在何种历史阶段、受何种生产资料所有制所决定。马克思指出,无论我们身处任何一种形态的社会中,也无论这个社会的生产活动有什么样的特殊性,我们总是可以找到一些共同的规定性,即找到一切生产都具有的共同的地方。马克思认为分配正义具有普遍性的特征,"无论在不同社会阶段上分配方式如何不同,总是可以像在生产中那样提出一些共同的规定来,可以把一切历史差别混合或融化在一般人类规律之中"②。这种普遍性体现在分配问题的关键是对生产资料以及生产关系的分配,而生产资料所有制在分配正义问题上具有决定性地位。

分配正义问题的普遍性,还体现在虽然不同历史生产条件和不同所有制条件下的分配方式是不同的,但是分配方式的不同,其中也映射出一个共性:生产资料所属的方式不同决定着劳动产品的分配,"生产资料分配的决定性还有一个普遍性原则,即生产资料与生产关系分配并非一成不变,而是变化发展的"③。由于历史上不同时期生产资料的归属方式总是变化的。所以,生产资料的分配是随着社会生产力的发展并非保持不变的,这个决定性是一个普遍性的原则,即受生产力发展水平、社会形态以及社会制度发展与变革的影响,分配方式与分配关系也是在不断变化和发展中,这是一个普遍性的原则。立足于唯物史观总体性原则之上,马克思对分配正义问题的分析,是从特殊性与普遍性相统一的视角进行阐释的,进而对古典政治经济学家精心编造的抽象原理进行了扬弃,并批判了国民经济学家把商品生产当作永恒真理的荒诞,"从这里,又一次显出了那些把生产当作永恒真理来论述而把历史限制在分配范围之内的经济学家是多么荒诞无稽"④。

在不同历史时期,人们对分配正义的追寻,既有特殊性,也具有普遍性特征。在同一历史发展阶段,不同地区和民族对分配正义的追寻也具有普遍性特征。特定历史时期的分配方式或者分配关系,以"正义"这一价值为指向和诉求,不断趋近正义的分配。因此,不同的历史发展阶段的特殊分配方式和分配关系,在追求分配正义的同时,也是对人类分配正义的一种推进,蕴含着正义的普遍性,分配正义的普遍性也寓于其中。马克思指出:过去历史上奴隶反抗奴

---

① 马克思,恩格斯.马克思恩格斯文集:第1卷[M].北京:人民出版社,2009:165.
② 马克思,恩格斯.马克思恩格斯文集:第8卷[M].北京:人民出版社,2009:11.
③ 宋珊珊.马克思分配正义思想的整体性意蕴[J].理论视野,2022(4):19-24.
④ 马克思,恩格斯.马克思恩格斯文集:第8卷[M].北京:人民出版社,2009:20.

隶主的斗争、农民反抗地主的起义、资产阶级反抗封建主的革命,都不过是推翻了一个统治集团,取而代之以另一个统治集团,没有一次触及问题的根本,即没有消灭私有制和异化劳动。这就使得历史上的无数次革命都无功而返。无产阶级主导的革命则不同,它不同于以往的一切革命,它要彻底消灭阶级统治与阶级奴役,消除私有制和异化劳动。"迄今为止的一切革命始终没有触动活动的性质,始终不过是按另外的方式分配这种活动,不过是在另一些人中间重新分配劳动,而共产主义革命则针对活动迄今具有的性质,消灭劳动(注意:马克思在这里所说的'消灭劳动',是指消灭资本主义私有制统治下的异化劳动。),并消灭任何阶级的统治以及这些阶级本身,因为完成这个革命的是这样一个阶级,它在社会上已经不算是一个阶级,它已经不被承认是一个阶级,它已经成为现今社会的一切阶级、民族等等的解体的表现。"[①]

共产主义社会进而可以消除分工带来的分配非正义问题,消除体力劳动与脑力劳动的对立,进而劳动发展为人生活的第一需要,而非谋生的手段,未来社会从人的需要出发实行按需分配方式,实现分配的公平正义具有普遍性。每个历史时期的个人以及学派的正义思想与理论都蕴含着人类对正义价值的普遍性追求,具有普遍性的特征,马克思的分配正义思想也不例外。

二、马克思分配正义所体现的特殊性

每一个历史阶段的生产力发展水平是不同的,生产方式以及受此决定的上层建筑都具有历史的暂时性,即相较于其他历史时期具有自身的特殊性,生产活动和分配活动都具有特殊性这一特征。分配正义作为人们理解和处置分配关系时的一种观念,不同历史时期人们的分配正义观念具有特殊性,作为建立在一定经济基础上的社会意识形态由生产方式所决定。

(一)生产的特殊性

马克思认为,生产总是在一定历史条件下进行的,不同的历史条件就赋予了生产以特殊性。同时,生产总是处于一定"境遇"中的具体的劳动者开展的活动,这里的"境遇"指的是这些具体的劳动者身处其中的社会关系。任何形式的生产劳动都离不开这种境遇,既无法摆脱生产力的发展水平,又无法摆脱个人所具有的一定社会性质,在这种境遇中进行生产,就体现出特殊性。

作为历史中的人的活动,既是人类普遍性活动的延续和推进,同时,特定历

[①] 马克思,恩格斯.马克思恩格斯文集:第1卷[M].北京:人民出版社,2009:542-543.

史阶段中人的活动一定具有特殊性,并以特定历史阶段的特殊性凸显了其合理性,存在于人类历史发展之中,并作为历史发展中的特定的链条和环节而存在。"存在于任何时候的一个社会中的社会现象,都会从一种社会形式过渡到另一种社会形式,并且存在于同一历史时刻或不同历史时刻的不同社会形式之间的差异性和相似性,在根本上都是由该社会的生产力水平以及运行这种生产力的经济结构的性质来解释的。"①

一方面,生产不是一成不变的,每一阶段的生产劳动都有其特殊性,劳动成果的分配所折射的是生产关系本身的性质。"资本主义生产方式的基础是:生产的物质条件以资本和地产的形式掌握在非劳动者手中,而人民大众所有的只是生产的人身条件,即劳动力。"②每一个时代、每一个社会都有自己特定的生产关系,这是客观存在的历史产物,每一个身处其中的人和阶级都不能置身其外,其生存方式都深受其影响。不同时代的生产关系是不同的,由生产关系总和构成社会的经济结构和生产结构具有特殊性。"人们在自己生活的社会生产中发生的一定的、必然的、不以他们的意志为转移的关系,即同他们的物质生产力的一定发展阶段相适合的生产关系。……物质生活的生产方式制约着整个社会生活、政治生活和精神生活的过程。"③而每一个时代的生产关系和生产过程都具有特殊性。

另一方面,从生产本身来看,生产作为一个总体,"生产总是一个个特殊的生产部门——如农业、畜牧业、制造业等等,……生产也不只是特殊的生产,而始终是一定的社会体即社会的主体在或广或窄的由各生产部门组成的总体中活动着"④。"生产既支配着与其他要素相对而言的生产自身,也支配着其他要素。"⑤生产总是由许多作用不同、各司其职的部门组成的,每一个部门都具有更具体的环节,社会生产就是在这些复杂的组织中进行和展开的。同时,生产和分配、交换、消费等环节又构成一个更大、更复杂的总体,四大环节之间又相互制约、相互影响、相互作用。每个环节、结构、系统都具有特殊性。从根本上看,生产居于支配地位,生产支配了与分配、交换、消费这些要素相对而言的生产自身,生产也受其他要素的影响:一是市场的增加会扩大生产规模和提升生产分工的细致程度,二是分配在城乡之间和不同群体之间的变化以及资本的积聚因素也会对生产造成影响,三是消费的需要同样决定着生产的方式与规模。由此

---

① 艾伦·布坎南.马克思与正义[M].林进平,译.北京:人民出版社,2013:40.
② 马克思,恩格斯.马克思恩格斯文集:第3卷[M].北京:人民出版社,2009:436.
③ 马克思,恩格斯.马克思恩格斯文集:第2卷[M].北京:人民出版社,2009:591.
④ 马克思,恩格斯.马克思恩格斯文集:第8卷[M].北京:人民出版社,2009:10.
⑤ 马克思,恩格斯.马克思恩格斯文集:第8卷[M].北京:人民出版社,2009:23.

可见,生产的特殊性是受多重因素影响和制约的。生产、分配、交换和消费构成了一个总体的各个环节,因此在马克思看来生产对于分配是起决定作用的,分配一方面是对劳动产品的分配,另一方面是对生产条件的分配、生产工具的分配、生产资料的分配以及"社会成员在各类生产之间的分配"[①]。商品分配之前必须进行生产分配,生产分配作为一种根本意义上的分配,如果不对生产资料、生产工具等进行分配,生产就无法展开和继续下去,而劳动产品的分配只是生产资料和生产关系分配的结果。

（二）马克思分配正义思想的特殊性

生产条件、生产工具等的分配是进行生产的前提,没有分配的生产没法展开。生产分配实质就是生产上的分工,没有精细的分工,就没有强大的生产力。生产分配组成了生产结构,而产品的分配则往往取决于生产分配。分配与生产一样,都不是一成不变的,每一阶段的分配都有其特殊性,而不同阶段分配所体现的特殊性是受这一时期生产的特征所决定的,是生产处于不同发展阶段的一个结果。一种分配方式或者分配关系被认为是"正义"的时候,一般情况下只是表明这种分配方式或者分配关系具有历史合理性,是具有特殊性的一面。

马克思反对将某个历史阶段的特有的分配标准抽象化和普遍化,好像它们是永恒的,可以适用于一切时代和社会各阶段。这是形而上学思维方式在分配原则上的典型表现,拉萨尔主义所采用的就是这样的思维方式:它所主张的平均主义分配原则似乎可以适应一切时代。马克思认为,分配正义的内涵是不断变化的,分配正义的内涵和外延在不同的历史发展阶段是存在差异性的,而不是一成不变的。这一变化取决于具体的历史条件和特定历史时期的生产方式。例如,"资本主义生产方式的基础是:生产的物质条件以资本和地产的形式掌握在非劳动者手中,而人民大众所有的只是生产的人身条件,即劳动力。既然生产的要素是这样分配的,那么自然就产生现在这样的消费资料的分配。如果生产的物质条件是劳动者自己的集体财产,那么同样要产生一种和现在不同的消费资料的分配"[②]。

能够支配生产的阶级在分配上具有主导性,不同社会形态中支配生产的阶级也是不同的,支配生产的阶级随着生产力的发展也在不断变化中,具有特殊性的特征。在奴隶制社会支配生产的是奴隶主阶级,因此分配所体现的也是奴隶主的利益,合乎奴隶主利益的分配则被认为是正义的;在封建社会支配生产的封建贵族阶级,合乎封建贵族利益的分配被认定为是正义的;而在资本主义

---

① 马克思,恩格斯.马克思恩格斯文集:第8卷[M].北京:人民出版社,2009:20.
② 马克思,恩格斯.马克思恩格斯文集:第3卷[M].北京:人民出版社,2009:436.

社会支配生产的是资产阶级,合乎资产阶级利益的分配才被称为是正义的。从历史和现实中,我们可以看到每一种分配方式以及被称作分配正义的标准都是暂时性的,因此具有特殊性。分配正义的内涵也随着支配生产的阶级的不同而不同,"统治阶级的思想在每一时代都是占统治地位的思想"①。分配正义作为一种观念,是占统治地位的物质关系在观念上的表现,而分配正义的标准是支配生产的统治阶级利益的一种体现,作为统治阶级的个人"他们还作为思维着的人,作为思想的生产者而进行统治,他们调节着自己时代的思想的生产和分配;而这就意味着他们的思想是一个时代的占统治地位的思想"②。作为统治阶级的个人,他们同样也是有思想、有物欲的个人,他们根据自己阶级利益和需要。随着统治阶级被推翻和确立,代表统治阶级的思想观念也在不同的变化中,分配正义的主张和标准也随之支配生产的阶级变化而发生改变,具有特殊性的特征。

首先,在资本主义社会中,因为社会的需要,既存在精神生产的分工,又存在物质生产的分工,既有劳苦大众,又有不劳而获的寄生虫,"因为分工使精神活动和物质活动、享受和劳动、生产和消费由不同的个人在分担这种情况不仅成为可能,而且成为现实"③。既有专门从事生产的劳工,又有极尽奢靡消费的资本家,这是资本主义制度下的社会现实。与这种社会分工一同出现的还有分配非正义,"分工立即给我们提供了一个例证,说明只要人们还处在自然形成的社会中,就是说,只要特殊利益与共同利益之间还有分裂,也就是说,只要分工还不是出于自愿,而是自然形成的,那么人本身的活动对人来说就成为一种异己的、同他对立的力量,这种力量压迫着人,而不是人驾驭着这种力量。"④这些现象的产生都有其历史必然性,只要人类还处在阶级社会中,只要还存在着阶级统治和阶级斗争,只要异化劳动和私有制还存在,这些现象的出现就不以人的意志为转移,就会必然出现。在资产阶级私有制条件下,工人所分配到的劳动产品,并未因为自己生产的劳动产品增加而增加。

其次,从资本主义形态过渡到社会主义形态,不是什么人或某个阶级能够刻意为之的,也不是从某种原理中推导出来的,更不是人们的祈祷感动了上帝而兑现了的。这种过渡是由人类历史自身发展的逻辑导致的,社会主义是对资本主义的扬弃,是对资本主义的否定,当然这是一种辩证的否定,即保留了其中积极的因素,克服了其中消极的因素,就是说,还带有由之脱胎出来的旧社会的

---

① 马克思,恩格斯.马克思恩格斯文集:第1卷[M].北京:人民出版社,2009:550.
② 马克思,恩格斯.马克思恩格斯文集:第1卷[M].北京:人民出版社,2009:551.
③ 马克思,恩格斯.马克思恩格斯文集:第1卷[M].北京:人民出版社,2009:535.
④ 马克思,恩格斯.马克思恩格斯文集:第1卷[M].北京:人民出版社,2009:537.

种种印记。"共产主义社会,它不是在它自身基础上已经发展了的,恰好相反,是刚从资本主义社会中产生出来,因此它在各方面,在经济、道德和精神方面都还带着它脱胎出来的那个旧社会的痕迹。"①社会主义阶段的分配正义也是具有特殊性的,这一形态的社会的分配原则是按劳分配,"每一个生产者,在作了各项扣除之后,从社会领会的,正好是他给予社会的。他给予社会的,就是他个人的劳动量"②。在扣除补偿生产资料消费掉的部分、进行再生产的基金和后备基金以及各种公共服务的支出后,每一个生产者得到了一份相当于他所提供劳动量的部分。

最后,到了共产主义新时代,过去世世代代被强迫的违背个人意愿的分工已经不存在了,人类表现出来的阶级差别、职业差别、脑体差别乃至分工差别,也都将消灭;劳动不再是强迫式的、外在的、异己的活动,而是人之为人的本质流露和内在需要,成为人的自觉自愿、合乎人性的生命活动。只有处于这种情形下的劳动才会激发出人的全部活力,从而创造出前所未有的社会生产力。只有在那个时候,才能完全克服过去一切阶级社会中统治阶级的狭隘性,实现真正的各尽所能与按需分配。共产主义社会既是人类历史作为真正人类史的开始,同样共产主义社会也带有那个时代的印记,具有特殊性。之所以说共产主义是真正的人类社会形态,因为在这之前的全部历史中,人类都处于异化状态,还没有从外在的必然王国中解放出来,还没有进入自由王国。

三、马克思分配正义思想是普遍性与特殊性的统一

坚持分配正义普遍性与特殊性的统一,是马克思分配正义思想呈现出来的独特方法论,彰显着历史唯物主义分配正义思想的独特视域。马克思在对分配是否正义这一问题进行评判时所依据的标准有两种:一种是立足于当时的生产力发展水平,依据特定历史时期社会主流的评价标准进行评价,这里所谓的主流,即占统治地位的阶级所持有分配正义观念,具有特殊性;另一种是马克思依据人类历史发展规律,对特定分配方式进行评价的标准,这一评价标准具有普遍性。当然,这种普遍性与特殊性是一个有机整体。

(一) 生产是普遍性与特殊性的统一

马克思认为生产本身是普遍性与特殊性的统一,首先体现在进行生产的人是普遍性与特殊性的统一,人作为历史中的人,任何时代人类的任何活动都兼

---

①② 马克思,恩格斯.马克思恩格斯文集:第3卷[M].北京:人民出版社,2009:434.

具普遍性与特殊性的特征,而且是普遍性与特殊性的统一。

一方面,特定时代人的活动是人类普遍性活动的推进与延续,"这种18世纪的个人,一方面是封建社会形式解体的产物,另一方面是16世纪以来新兴生产力的产物"①。18世纪在社会中进行生产的个人,也深深带有那个时代的烙印。他们已经挣脱了封建制的羁绊,开始以全新的生产方式推进生产力,同时也是这种新兴生产方式的产物;另一方面,特定时代人的活动的特殊性,体现在其扮演着人类历史发展过程中链条和环节的角色,"一切生产都是个人在一定社会形式中并借这种社会形式而进行的对自然的占有"②。任何生产都是人对自然的一种占有形式,当然,这种占有行为都是发生在一定社会形式中的,这是生产能够得以开展的必要条件。③进行生产的个人无论是作为工人,还是作为农民,或者作为教师,都是名副其实的社会产物、一定社会关系中的生物。因此,人作为一定社会发展阶段进行生产的主体,人的本质属性契合了生产所具有的属性,即人在现实性上是一切社会关系的总和,进行生产的个人既具有一切时代人所具有的普遍性特征,也具有特定时代人所具有的特殊性特征,是普遍性与特殊性的统一。

生产作为人类活动的一种特殊形式,既贯穿于人类历史的始终,存在于人类社会的方方面面,又处处带有每一个时代的特征,打上每一个历史阶段的烙印;因此,生产活动是同时兼具普遍性与特殊性的整体。马克思指出,"劳动主体所组成的共同体,以及以此共同体为基础的所有制,归根到底归结为劳动主体的生产力发展到一定阶段,而和该阶段相适应的是劳动主体相互间的一定关系和他们对自然的一定关系"④。劳动者所组成的共同体,以生产关系为基础的所有制,在劳动中结成的人与人的关系、人与自然的关系,以及种种其他关系,归根结底与其所处时代的生产力所达到的高度有关。一方面,生产的一切历史时期都具有某些共同规定和共同标志,这些共同的规定和标志是最新时代和最古时代所共有的,我们可以从生产的一切时代抽象出生产一般,归纳出生产的普遍性特征,这些生产一般是一切时代进行生产所必不可少的前提和要素。另一方面,不同时代的生产也兼具特殊性的特征,"一切生产都是个人在一定社会形式中并借这种社会形式而进行的对自然的占有"⑤,在不同的社会形式框架下开展的生产劳动,无疑与这种特定的社会现实分不开,特别是生产资料所有制的不同导致社会的生产方式和生产关系也呈现出差异。

因此,"一切生产阶段所共有的、被思维当作一般规定而确定下来的规定,

---

① 马克思,恩格斯.马克思恩格斯文集:第8卷[M].北京:人民出版社,2009:5.
②③⑤ 马克思,恩格斯.马克思恩格斯文集:第8卷[M].北京:人民出版社,2009:11.
④ 马克思,恩格斯.马克思恩格斯全集:第30卷[M].北京:人民出版社,1995:488.

是存在的,但是所谓一切生产的一般条件,不过是这些抽象要素,用这些要素不可能理解任何一个现实的历史的生产阶段"①。针对具体问题我们要具体分析,而不能到处套用普遍的公式。从生产方面来看,生产资料和生产关系的分配方式是普遍性与特殊性的统一,生产力的发展水平、不同的社会形态和社会制度都会对生产方式和生产关系造成影响,使其呈现特定历史阶段的特殊性,而不同时代生产特殊性也体现出其背后的普遍性特征,即生产一般,不同时代的生产所具有的共同规律与共同规定。

(二) 马克思分配正义思想是普遍性与特殊性的统一

首先,在马克思看来,生产是普遍性与特殊性的统一,受生产决定的分配也是普遍性与特殊性的统一,不同社会阶段的分配方式是不同的,因而具有特殊性。但是,从这些不同的分配方式中,我们可以抽取出一些共同的规定来,即分配的普遍性,分配是普遍性与特殊性的统一。历史上,"奴隶、农奴和雇佣工人都得到一定量的食物,使他们能够作为奴隶、农奴、雇佣工人来生存。靠贡献生活的征服者,靠税收生活的官吏,靠地租生活的土地所有者,靠施舍生活的僧侣,靠什一税生活的教士,都得到一份社会产品,而决定这一份社会产品的规律不同于决定奴隶等等的那一份产品的规律"②。在封建社会的历史上,农民、手工业者雇佣工人在劳动过程中以出卖劳动力得到一定数量的生活资料维系其自身的生命,他们所获得的生活资料的数量远比农民等人的要高,也来得容易。这就是阶级差别在封建等级制度下的生动体现。

其次,站在唯物史观角度,一方面,分配正义思想作为特定历史阶段的产物,具有鲜明的历史特色和个人特征,每一种正义思想都具有特殊性,马克思分配正义思想也具有特殊性的特征。另一方面,不同历史时期以及不同人的分配正义思想,都蕴含着人类对分配正义价值的普遍性追寻,马克思的分配正义思想也不例外。分配正义理论在马克思的相关阐述中是包含个性与共性相统一的有机整体。

马克思认为,资本主义分配方式和分配关系既具有正义的特殊性,也具有正义的普遍性。一方面,我们不能因为资产阶级私有制条件下分配正义的特殊性,而忽视了其蕴含着的分配正义的普遍性;另一方面,我们也不能因为资产阶级私有制条件下分配正义的普遍性,而否认其特殊性,即资产阶级私有制条件下的分配正义不是永恒的和普世的,是具有历史局限性的一种分配方式。"正义具有两个维度:从时间上看,正义是一个前后接续的历时性概念,又是一种共时

---

① 马克思,恩格斯.马克思恩格斯文集:第8卷[M].北京:人民出版社,2009:12.
② 马克思,恩格斯.马克思恩格斯文集:第8卷[M].北京:人民出版社,2009:11.

性概念;同时,从空间上看,正义又是一定时空中的共在。"①历史中的人以及人的活动,既是人类普遍性活动延续,也是人类历史发展链条上的一个特殊环节,一定历史时期的分配正义,总是同人的生产劳动一样,是蕴含着共性与个性相统一的有机整体。因此,马克思分配正义思想蕴含着特殊性的因素,分配正义思想的普遍性存在于分配正义思想的特殊性之中。

第三节 理想性与现实性的统一

分配正义在马克思的论著中是理想性与现实性的统一,理想的分配正义是作为价值追求来表现的,现实的分配正义是作为经济社会有机体运动的一个部分来呈现的。要让理想的期盼成为现实,要让现实中的不足能够被超越,这就是理想的现实化和现实的理想化。只有实现分配正义理想性与现实性的辩证统一,才能把握好理想分配正义与现实分配正义的关系,把分配正义不断地推向完善。

一、马克思分配正义思想的理想性

分配正义作为一种分配理想,是对现实中分配方式、过程与结果的不正义的一种反抗和批判,也是对未来正义分配的一种设想和希望,马克思在关于未来共产主义社会的设想中表达了对分配正义的祈愿:"真正的自由和真正的平等只有在共产主义制度下才可能实现;而这样的制度是正义所要求的。"②

(一)马克思分配正义目标的理想性特征

马克思的分配正义思想有着鲜明的理想性特征,分配正义被人们当作判定分配活动是否正义的根据,如果用现成的理论和规则作为判断分配正义的标准,就存在这样一个问题,即用来判断是否正义的理论和规则本身是否符合正义的问题。比如,在资本主义生产方式条件下,奴隶制的分配方式是非正义的,而在资本主义生产方式条件下,资本主义经济制度、分配制度依据资本主义现有的分配理论和分配依据则是正义的。因此,分配正义最终是一种超验的、形

---

① 史瑞杰,等.面向公平正义和共同富裕的政府再分配责任研究[M].北京:中国社会科学出版社,2021:45.
② 马克思,恩格斯.马克思恩格斯全集:第1卷[M].北京:人民出版社,1956:582.

上的判断理论和判断规则,具有理想性的特征。正如柏拉图所说的那样:"我们当初研究正义本身是什么,不正义本身是什么,以及一个绝对正义的人和一个绝对不正义的人是什么样的(假如这种人存在的话),那是为了我们可以有一个样板。我们看着这些样板,是为了我们可以按照它们所体现的标准,判断我们的幸福或不幸,以及我们的幸福或不幸的程度。我们的目的并不是要表明这些样板能成为现实中存在的东西。"[①]人们当初研究正义问题,提出什么是应该做到的,什么是不应该做的,并给它们标上:"正义""不正义"的标签,我们不要指望这些关于正义的诉求在现实中都能实现,实际上,这些关于正义的夙愿只是一个引领美好生活的"标准"罢了。正义作为一种理念存在是一种超验的存在,现实中的正义只能是对正义这种理念的不完全的体现,表达了我们对分配正义的理想性诉求和努力的方向。

一方面,马克思分配正义的理想性特征,体现在分配正义的终极价值上。"在共产主义的高级阶段,在迫使个人奴隶般地服从分工的情形已经消失,从而脑力劳动和体力劳动的对立也随之消失之后;在劳动已经不仅仅是谋生的手段,而且本身成了生活的第一需要之后;在随着个人的全面发展,他们的生产力也增长起来,而集体财富的一切源泉都充分涌流之后,只有在那个时候,才能完全超出资产阶级权利的狭隘眼界,社会才能在自己的旗帜上写上:各尽所能,按需分配!"[②]分配正义作为人类的一种永恒追求,人们对分配正义的追求本质上是对自由和平等这两个基本社会价值的追求,社会成员只有享有平等的人格和平等的权利才能在分配的结果上为自己争取合法、合理的利益;只有在生产资料公有制条件下,这种合法、合理的利益才会真正得到保证。同样,自由是实现人的全面发展的必要前提,也是人自我价值实现和自我潜能发展的重要基础。

另一方面,马克思分配正义思想的理想性,体现为分配正义作为一种理想状态被表现出来,马克思指出,在共产主义真正共同体中,人们能够依据自己的兴趣与爱好自由地支配自己的时间,共产主义社会中的成员可以在任何部门里面发展,他们是根据自身发展的需要而不是换取生活资料的劳动的需要确定自己的活动范围。人们能够根据自身发展的需要自由支配自己的时间,自由安排自己的活动,使整个身心都能得到自由全面发展,实现人之为人的全部价值。"任何人都没有特定的活动范围,每个人都可以在任何部门内发展,社会调节整个生产,因而使我有可能随我自己的心愿今天干这事,明天干那事,上午打猎,下午捕鱼,傍晚从事畜牧,晚饭后从事批判,但并不因此就使我成为一个猎人、

---

① 柏拉图.理想国[M].郭斌和,等译.北京:商务印书馆,1986:213.
② 马克思,恩格斯.马克思恩格斯文集:第3卷[M].北京:人民出版社,2009:435-436.

渔夫或批判者。"①处于这种状态下的分配正义就是"按需分配",这种分配制度就能充分保证,人们的发展是自由而全面的,生活状态是人类的理想状态,既是终极性与超验性的统一,又是经验性与实存性的统一。马克思所描述的分配正义的理想状态,是在资本主义社会生活中追求超验性和终极性分配理想的阶段和目标,而这些分配正义理想是来源于资本主义社会生活经验性与实存性的概括,并在此基础上进行了超越。马克思正是对分配正义理想的憧憬与追求,推动着他不断对资本主义分配非正义进行批判,对未来共产主义进行建构,"歌德说过'生活在理想世界,也就是要把不可能的东西当作仿佛是可能的东西来对待'"②,在共产主义社会中,实现分配正义的理想是理想性与现实性的统一。

(二) 马克思分配正义原则的理想性特征

正义作为人类社会中具有永恒意义的基本价值追求和基本行为准则,其实现离不开公正这个前提。"公正是最主要的,它比星辰更加光辉。"③正义的理想性表现出全人类对更理想、更美好、更幸福的社会生活的向往,这里注重的是,全体成员公正地享有该得的幸福,当然具有理想的维度。从古至今的分配正义思想都对理想的分配方式和分配关系进行了设计,并通过这一设计提出一系列分配原则,而这些分配原则都具有理想性的特征。

马克思认为,分配正义受生产过程所决定,而生产过程的基础是生产资料所有制,只有生产资料归社会所有,即"真正的自由和真正的平等只有在共产主义制度下才能实现;而这样的制度是正义所要求的"④,而正义是需要这样的制度来保障的。生产资料的分配是否正义直接决定了分配方式是否正义,生产资料归全体社会成员所有,是扬弃异化劳动和不正义的分配制度,进而实现分配正义的前提。

共产主义社会具有理想性特征,按需分配原则同样兼具了理想性这一特征,按需分配原则尊重人的生存与发展需要,真正保证了人的尊严,满足了人的多层次、多方面、多样化需求,是人类最美好的、最理想的、最高层次的分配正义。人类社会发展到共产主义高级阶段,社会成员个人奴隶般服从分工的情形,随着生产力的发展而得以消除,脑力劳动与体力劳动之间的对立也得以消除,按劳分配的弊端也得以化解,劳动成为人们的第一需要,而非谋生的手段。这里,各尽所能是前提,每个人在社会生产中都能做到各尽所能;按需分配是结

---

① 马克思,恩格斯.马克思恩格斯全集:第3卷[M].北京:人民出版社,1960:37.
② 魏玛.歌德全集[M]//卡希尔.人论.甘阳,译.上海:上海译文出版社,2013:103.
③ 亚里士多德选集:伦理学卷[M].苗力田,编.北京:中国人民大学出版社,1999:103.
④ 马克思,恩格斯.马克思恩格斯全集:第1卷[M].北京:人民出版社,1956:582.

果,每个人将自己的能力、才华和智慧全部奉献给社会,也真正达到了自我实现的价值目标,按需分配就水到渠成了。马克思对分配正义理想性的阐发,根源于人类对美好幸福生活的期盼,根源于人的自由全面发展的内在需要,根源于人对人自身价值全面实现的追求,必然导致对分配正义的永恒的追寻,不断推动人类分配制度从不完善到完善的进步。

马克思对于社会发展的最高理想,就是实现共产主义社会共同体,这是人类的真正共同体,其本质特征和终极目标,就是实现人的自由全面发展。马克思对人类社会野蛮与文明的判断和评价,也体现了对于正义理想性的认知和践行;对资本主义社会分配非正义的揭露与扬弃,对未来共产主义的憧憬与期盼,其中自然包含着对分配正义理想的反思和重构。总之,马克思基于历史唯物主义视域的分配正义思想,一个鲜明特征就是理想性,正是这种分配正义的理想性,构成了人类分配制度文明得以发展延续的基础。

二、马克思分配正义思想的现实性

立足于唯物史观,马克思分配正义思想在体现理想性的同时也体现了现实性,马克思对于分配正义问题的相关论述是基于马克思的政治经济学批判,以及建立在科学社会主义的理论基础上的。资本主义分配方式,从形式上看是正义的,从实体内容上看却是非正义的。形式上的平等背后是内容上的不平等,分配正义的现实性,表现为分配正义所具有的现实功能,在现实分配领域,分配正义作为一种价值追求,人们对这一理想目标的追求,要充分考虑分配正义的现实性。

(一)判断分配正义的标准具有现实性

与分配正义的理想性相比,分配正义的现实性表明,任何一种社会状态对于分配正义的实现都只能是近似的,相对而言比较正义的,而不是绝对正义的和永恒正义的。生产关系决定分配关系,分配正义的现实性,要求人们在评判一种分配关系或者分配方式是否正义时,必须充分考虑生产力发展水平,在生产力发展水平这一现实性客观条件基础上,联系到生产关系和交换关系以及消费关系来统筹安排,而不是仅仅局限分配自身。就是说,要放在一个更为宽广的经济视域进行考察。只有在考虑了与分配相关联的方方面面的关系和前提之后,在充分考虑一个社会经济运行总结构、总过程之后,"分配就其决定性的特点而言,总是某一个社会的生产关系和交换关系以及这个社会的历史前提的必然结果,而且,只要我们知道了这些关系和前提,我们就可以确切地推断出这个社会中占支配地位的分配方式"①。

分配正义的现实性体现的是客观存在的正义,但它又具有不断趋向于理想的内在要求,马克思的分配正义思想源自现实的经济基础,同时,不同历史发展阶段的分配正义也经历着现实的过程,人们对分配正义的追求以及由此制定的分配制度和法律对现实的分配活动起着指导作用。由于不同历史发展阶段的生产力发展水平、社会资源的构成、社会分层结构具有历史性特征,因此分配正义有其实现的现实基础。唯物史观认为,判断一种分配方式或者分配关系是否正义,不能按照关于分配正义的永恒原则和观念去判断,关于分配正义永恒性的主张只是形而上学思维方式在分配问题上的残余。判断分配是否正义,应该基于分配正义历史实现的时代。

马克思分配正义思想的现实性,体现在分配行为的发生、分配方案的设计、分配过程的实施、分配结果的检验等全过程上,都是一个客观现实的物质性活动,分配正义的提出到完成都是一个客观现实的过程。如果离开了分配正义的这种现实运动,只是停留于思维中想象正义、构思平等,那样的分配正义也只能是一个抽象的概念。分配正义的现实状态给个体和群体所带来的种种益处是具有现实性的,给资本家创造了高楼大厦的同时,却给劳动者搭建了茅草棚,给富人带来山珍海味和健康的同时,却给穷人带来了饥饿和疾病,劳动为富人生产了一切享受和文明生活,却给穷人带来肉体上和精神上的无尽摧残。这是马克思和恩格斯笔下多次描写过的资本主义社会的现实状况。"劳动为富人生产了奇迹般的东西,但是为工人生产了赤贫。劳动生产了宫殿,但是给工人生产了棚舍。劳动生产了美,但是使工人变成畸形。劳动用机器代替了手工劳动,但是使一部分工人回到野蛮的劳动,并使另一部分工人变成机器。劳动生产了智慧,但是给工人生产了愚钝和痴呆。"②

马克思分配正义思想的现实性,也表明分配正义的实现是一个过程,受生产力发展水平的制约,这一过程是非正义状态向正义状态的发展与进步,在由非正义状态向正义状态进步过程中的每一个点都构成了分配正义的某种现实状态,与特定历史阶段分配正义现实状态所对应的社会成员个体在分配结果上所获得的收益也是不一样的,封建社会较之于奴隶社会的分配正义其分配的结果是迥然不同的。在这点上,分配正义的现实状态所凸显的是分配正义的现实性。

---

① 马克思,恩格斯.马克思恩格斯文集:第9卷[M].北京:人民出版社,2009:160.
② 马克思,恩格斯.马克思恩格斯文集:第1卷[M].北京:人民出版社,2009:159.

（二）分配正义实现的过程具有现实性

人作为一种历史性的存在,人们对于分配正义的追求也具有历史性,不同的时代背景下的人们,对分配正义内容的理解与把握也是不一样的,分配正义作为一个历史范畴,不同的社会制度下以及同一社会制度的不同发展阶段,分配正义的内涵和性质也是不同的,历史上的分配正义,"始终只是现存经济关系在其保守方面或在其革命方面的观念化、神圣化的表现"[①]。因此,分配正义是相对的和有条件的。

马克思分配正义思想有着鲜明的现实性特征,人们的分配正义观念总是受一定历史时期生产力发展水平和经济基础状况所制约的,这就决定了分配正义观念一定是具体的。马克思认为,分配正义说到底,是在人类的生产、交换、消费等环节的系统中产生和完善的,是在阶级斗争,包括政治斗争、思想斗争、利益斗争甚至流血牺牲的过程中追求和实现的。分配正义的实现,是在分配正义的历史和现实中不断形成的,只有以分配正义的历史作为"自然之镜",才能在不同时期形成新的分配正义的现实。"平等是正义的表现,是完善的政治制度或社会制度的原则,这一观念完全是历史地产生的。在自发的公社中,平等是不存在的,或者只是非常有限地对个别公社中掌握全权的成员来说才是存在的,而且是与奴隶制交织在一起的。在古希腊、罗马的民主政体中也是如此。一切人——希腊人、罗马人和野蛮人,自由民和奴隶,本国人和外国人,公民和被保护民等的平等,在古希腊罗马人看来,不仅是发疯的,而且是犯罪的,它的萌芽在基督教中始终一贯地受到迫害。在基督教中,最初是一切人作为罪人在上帝面前的消极的平等。"[②]一般分配正义的历史就是一部分人类阶级斗争历史的折射,而人类世世代代的斗争和争夺,一定意义看,就是为了分配正义的实现。而现实中的正义总以平等的价值取向表现出来,历史上的一切制度——包括政治制度、经济制度和文化制度等等——都以平等为最高原则。人的平等与分配正义都是相对的和历史的,具有现实性特征,分配正义就是在人类现实生活实践中不断形成和发展的。

人是处于社会中的、关系中的存在物,现实的人究其本质就是一切社会关系的总和。分配关系作为人的社会关系的一个组成部分,像人的其他社会关系一样也是具体的、现实的和历史的。因此,分配关系也是现实的和历史的,马克思分配正义思想在某种程度上就是对具体的、历史的分配关系的一种理论分析和认识。马克思对分配正义问题的探讨,是从资本主义分配的非正义到共产主

---

① 马克思,恩格斯.马克思恩格斯全集:第18卷[M].北京:人民出版社,1964:310.
② 马克思,恩格斯.马克思恩格斯全集:第20卷[M].北京:人民出版社,1971:670-671.

义的分配正义过程,从非正义到正义的演进过程,以及对于这一演进过程的理论把握,其中所体现的正是历史性与现实性的特征。

从非正义到正义的分配关系的演进过程,是不断发展和完善的过程,即使到了共产主义社会,分配正义同样具有历史性和现实性的特征,也是在不断发展和完善的。"共产主义对我们来说不是应当确立的状况,不是现实应当与之相适应的理想。我们所称为共产主义的是那种消灭现存状况的现实的运动。"①分配正义对我们来说,不是应当在思维中确立的状况,也不是现实应当与之趋近并相吻合的美好诉求,而是需要在历史进程中通过现实的斗争和革命实践来实现的。同人类历史的进步和社会形态的演变一样,马克思分配正义思想同样有一个自然生成、发展的变化过程,有一个从理想到现实,理想与现实交互作用的发展过程。总之,人类对分配正义的探索不是万事顺意的,其中充满曲折和艰辛,既有成功经验又有失败教训。

以历史的和现实的眼光来审视,分配正义这一观念带有伦理色彩。原始社会、奴隶社会、封建社会和资本主义社会,都具有与自己时代相适应的、具体的分配正义观念,分配正义具有现实性的特征。人类对于分配正义的探索,也经历了一个历史过程。人作为历史中的人,人们的存在总是决定人们的意识,每一代人的分配正义观念,又是人类历史对分配活动观念的延续和推进。分配正义从本质上说是一个过程。原始社会中人在"自然状态"下所推崇的是"习俗的正义",文明社会中人在"社会状态"下所推崇的是"法律的正义""权利的正义",从阶级社会中一部分人剥削另一部分人的"少数的正义"到共产主义社会"多数人的正义",表明人类从现实的分配正义走向理想的分配正义的历史,就是一个不断从非正义走向正义的历史。"每个原理都有其出现的世纪"②,扎根于特定历史阶段的思想理论都具有现实性,马克思分配正义思想产生于商品经济发展阶段,资本主义市场经济主导下的分配明显带有资本主义时代的烙印,具有现实和历史的性质,并从属于资本主义社会这一特定的历史发展阶段。

三、马克思分配正义思想是理想性与现实性的统一

马克思分配正义思想是理想性与现实性的统一,分配正义的理想性所指向的是一种绝对的正义状态,分配正义的现实性所指向的是分配正义非绝对的正义状态。一定历史阶段的分配正义状态,既不是绝对的正义状态,也不是绝对

---

① 马克思,恩格斯.马克思恩格斯文集:第1卷[M].北京:人民出版社,2009:539.
② 马克思,恩格斯.马克思恩格斯全集:第4卷[M].北京:人民出版社,1958:148.

的非正义状态,而是理想性与现实性的有机统一。处于一定历史阶段的分配活动,一方面体现了分配正义的某些要求,另一方面又在一定程度上表现出某些非正义的特性。分配正义的理想性体现了一种完美的、纯粹的理想正义,分配正义的现实性体现了一种具体的、现实的客观存在着的正义。马克思分配正义思想,作为理想性与现实性的统一,一方面避免了分配正义执着于现实性,而失去自我反思的依据和自我发展的目标这一状况,没有反思的依据和发展的目标,现实中的分配正义容易滑向非正义;另一方面也避免了分配正义恪守理想性,而失去理想的现实化和改变世界的功能,避免了理想的分配正义流于不切实际的幻想。

(一) 分配正义原则的理想性与现实性统一

理想性与现实性的统一首先体现在分配正义的基本原则之中,任何分配总是在一定的原则指导下进行的,这一原则是居于抽象原理与具体操作步骤之间的,规范并指导着具体操作。原则是理想的现实化的重要一环,也是现实的理想化的重要环节。"原则,是介于抽象理念与操作规则之间的东西,是介于对未来的愿望和对当前的判断之间的东西,它是现实的理想化,又是理想的现实化;是规则的抽象化,又是理念的具体化。"[1]马克思阐述了分配正义的平等原则、按劳分配原则和按需分配原则等。一方面,这些原则代表了分配正义的美好追求,体现了分配正义的理想性;另一方面,这些原则符合当前阶段的生产力发展水平以及社会的现实状况,符合客观存在的实际状况,体现了分配正义的现实性。因此,分配正义原则是分配正义的理想价值目标在特定历史阶段中的体现和运用。马克思分配正义思想是理想性与现实性的统一,这种统一体现在马克思所设定的分配正义原则中是有现实根据的,在现实社会生活中是可以实现的,但是受特定历史发展阶段的限制,这种分配正义原则在具有一定局限性的同时,也保持着一定的理想性质,需要随着社会的发展不断地进行完善。

物质生产方式决定了分配正义内容的变迁与演进,马克思和恩格斯在很多地方多次阐述了历史唯物主义的基本主张:人类在世世代代的生产劳动过程中,必然会结成一定的物质性关系,这种关系的核心是与他们创造的物质生产力相一致的生产关系,而社会的经济结构是由生产关系的总和所构成的,政治的和法律的上层建筑竖立在由生产关系综合所构成的社会经济结构之上,"人们在自己生活的社会生产中发生一定的、必然的、不以他们的意志为转移的关系,即同他们的物质生产力的一定发展阶段相适合的生产关系。这些生产关系

---

[1] 沈晓阳.正义论经纬[M].北京:人民出版社,2007:158.

的总和构成社会的经济结构,即有法律的和政治的上层建筑竖立其上并有一定的社会意识形式与相适应的现实基础。物质生活的生产方式制约着整个社会生活、政治生活和精神生活的过程"①。分配正义作为意识形态的一种表现形式,必然受到物质生活的生产力与生产方式的制约。

分配正义原则作为评判人类分配方式价值取向,从根本上看,是一种价值性尺度,其核心是价值观念,换句话说,也是意识形态的一种表现。分配正义观念同自由、平等、正义等观念一样不是永恒的,也不是一成不变的,分配正义是随着具体历史阶段的人们之间的物质关系的改变而变化的,分配正义的实现过程是一个具体的、历史的、现实的进程。同时,分配正义原则所彰显的是改造社会现实状况的一种理想诉求,具有理想性特征,人们对于分配正义的追寻旨在达到人性的完善和人的全面发展。正义原则作为正义观念的一种具体表现形式,价值目标与理想追求是正义价值观念的重要思想内容,透过正义原则可以将价值目标与思想追求表现出来,分配正义原则是正义观念的价值目标与思想追求的具体化,具有理想性特征。马克思分配正义原则是理想性与现实性的统一,实现人的自由全面发展以及物质生产力极大丰富是马克思分配正义观念的高层次目标,而人的存在与发展问题必然要关注到人的现实生活世界。分配正义原则作为一种历史的产物,来源于现实生活又是对现实中非正义分配的一种批判和对理想正义分配的一种设想,"平等应当不仅是表面的,不仅在国家的领域中实行,它还应当是实际的,还应当在社会的、经济的领域中实行"②。

(二)分配正义实践是理想性与现实性统一

理想性与现实性的统一,还具体表现在分配正义的实践环节中。马克思哲学与传统形而上学有着根本性的差别,实践性特征是马克思哲学不同于以往哲学的鲜明特征,"哲学家们只是用不同的方式解释世界,问题在于改变世界"③,这句话集中表达了马克思哲学不同于以往形而上学的典型特质。马克思分配正义思想能够对分配活动起到指导作用,能够在实践中实现思想理论与行动的统一。

马克思分配正义思想的现实性,体现了分配实践的直接现实性品格,分配活动作为人类的一种基本活动,其表现当然体现了实践的本质。分配正义思想的理想性,体现了分配实践的具有否定性的品格即超越性的品格,分配正义是对现实关系的调整和改变,这种调整和改变就是对现状的否定即超越。按照辩

---

① 马克思,恩格斯.马克思恩格斯文集:第2卷[M].北京:人民出版社,2009:591.
② 马克思,恩格斯.马克思恩格斯文集:第9卷[M].北京:人民出版社,2009:112.
③ 马克思,恩格斯.马克思恩格斯文集:第1卷[M].北京:人民出版社,2009:502.

证法的精神,对现实的否定也包含着对现实的肯定,是分配正义不断深化的过程;对现实状况的改变中既贯穿着人们的理想诉求,又需要通过现实的手段来加以实现,是理想与现实交织在一起的实践过程。分配实践虽然寄托着人们的理想,但它绝不是单纯的理想,分配正义需要通过具体的操作,但它也绝不是一种实用手册。只有赋予理想的实践,才具有将分配正义转化为现实的可能性,分配正义的理想也只有在现实中,才能不断发展和升华。因此,马克思分配正义思想是理想性与现实性的统一。

分配制度是分配实践的基石,资本主义分配制度既具有正义的理想性,又具有正义的现实性,我们不能因为资本主义分配制度的现实性而忽视其蕴含的理想性,也不能因为其中具有的理想性而忽视其现实性的关注,资本主义分配正义不是一种永恒的和普世的存在。马克思认为,任何分配只要同生产方式相一致,它就可能是正义的;但是,只要它与生产方式相矛盾,就一定是非正义的。这也表明了一定历史时期的分配正义是理想性与现实性的统一,每一个时代人的活动包括分配活动,都是人类普遍性活动的延续和发展,任何时代的人类分配活动,都具有理想性和现实性,是二者的统一。

当一种分配方式或者分配结果是正义的时候,只是表明这种分配关系具有历史合理性,但同时这种分配关系又只是对人类分配正义关系的一种推进和发展,特定历史阶段具有合理性的分配关系,存在于人类分配历史发展的链条和环节之中。此外,分配正义观念作为意识形态的一种形式,是在一定的经济基础之上形成和发展的,资本主义经济关系产生了资产阶级的分配正义观念,无产阶级的分配正义观念是无产阶级利益观的一种表现。马克思的分配正义思想强调,我们追求分配正义现实性的同时,并没有排斥分配正义的理想性。一定阶段的分配方式要顺应和适应整个经济社会有机体的运动,而不能阻碍其运动。最终要促进物质生产力的发展而不是阻碍其发展,促进生产力发展同促进人们的普遍交往是相辅相成的。

因此,分配正义在马克思的论著中是理想性与现实性的统一,对分配正义理想性的追求与揭示,推动马克思分配正义思想不断发展。分配正义具有随着社会历史发展而发展的特性。理想性与现实性作为马克思分配正义思想的两种基本特性,是相互依存不可分割的,分配正义的理想性,是我们对人类各种分配关系和分配方式进行判断、衡量和比较的度量衡,而分配正义的现实性,则有利于我们根据特定时期生产力发展水平和社会历史条件,设计尽可能正义的分配方式。马克思的分配正义思想,一方面表达了对分配正义理想性的揭示与追求;另一方面也指出分配正义具有随着社会历史发展而发展的现实性特征,分配方式归根结底是生产方式的表现。

总之，分配正义的理想性与现实性，二者是紧密联系、不可分割的。一方面，分配正义的理想性体现在分配活动的最高价值目标，是实现社会全体成员的自由全面发展，这是分配活动所追寻的价值目标；另一方面，分配过程中的实体正义和形式正义的内容又受到生产力发展水平的制约，是随着社会历史条件的变化而变化的，具有现实性特征。人类社会对分配正义这一目标的追寻，由实际的社会历史条件所决定，同时，对分配正义的衡量与比较，又以代表着人类理想的分配正义目标与分配正义观念为标准。注重分配正义的理想性，有利于我们对各种不同历史发展阶段人类分配方式作出一定的衡量和比较；注重分配正义的现实性，则有利于我们具体问题具体分析，根据特殊的社会条件设计不同的分配正义原则。

第六章 马克思分配正义思想的新时代价值

我国经济经过改革开放四十多年来的持续发展,已经成为全球第二大经济体。经济"蛋糕"在做大的同时,如何分好"蛋糕"也是我们面临的一个重要问题。收入分配作为社会与经济发展中的重大问题,事关国家长远发展和人民群众的美好生活诉求。尤其是中国特色社会主义进入新时代之后,人民日益增长的美好生活的需要加剧了解决分配正义问题的紧迫性,对于当前我国分配正义这一问题的解决需要以马克思分配正义思想为指导,构建既合乎原理又科学公正的分配体系,让经济发展的成果更好地满足人民对美好生活的需要。

第一节 新时代我国分配正义问题的表现与原因

中国特色社会主义进入新时代,这一论断表明了时代主题的转变和社会主要矛盾的转化。时代主题历经站起来、富起来向强起来转化,社会主要矛盾由人民日益增长的物质文化需要同落后的社会生产之间的矛盾,转化为人民日益增长的美好生活需要和不平衡不充分的发展之间的矛盾。党的二十大报告提出,"我们要完善分配制度,坚持按劳分配为主体、多种分配方式并存,坚持多劳多得,鼓励勤劳致富,促进机会公平,增加低收入者收入,扩大中等收入群体,规范收入分配秩序,规范财富积累机制。"我国现阶段时代主题和社会主要矛盾的变化,给收入分配也提出了新的课题,立足于时代主题转变和社会主要矛盾的转化,我们对当前我国分配正义问题的出现的背景、具体表现和产生原因等需要作进一步的研究。

一、新时代我国收入差距产生的背景与表现

新的时代主题和新的社会主要矛盾对党和国家的工作提出了新的要求,其中就包含了收入分配领域的工作。收入乃是民生之源,党和国家高度重视收入

分配问题。收入分配问题的产生有其特定的时代背景,这一时代背景包括新时代主题的变化和社会主要矛盾的转化。新的时代主题和新的社会主要矛盾对党和国家的工作提出了新的要求,其中就包含了收入分配领域的工作。

(一) 分配正义问题的新时代背景

第一,新的时代主题变化在分配领域的影响。时代主题作为我们党在系统分析国内外形势,全面总结我国各项事业的发展经验以及经验教训的基础上,对当前特定时期国家发展的方向以及根本任务所作出的研判。每个时代都有其鲜明的时代主题,我们党对每个历史阶段的时代主题都有准确的概括和深刻的揭示,时代主题是分配问题产生的历史背景,时代主题是特定历史阶段鲜明特征的准确概括。

新中国成立之初的时代主题是"站起来",人民成为国家的主人。针对旧中国的工人由于没有生产资料而在分配领域不得不忍受资本家的剥削和压迫,农民由于不占有土地不得不忍受地主的剥削,将近一半的收入上交给地主的状况,我们初步建立了社会主义制度。这一时期由于历史条件以及主观认识的局限,在分配领域也出现过一定问题。在生产力水平较低的条件下,对于财富的分配,追求起点平等、过程平等和结果平等,并没有处理好公平与效率之间的关系,带有平均色彩的分配方式脱离了当时生产力的发展水平。这一时期实施的实物供给制、限制"资产阶级法权"、以行政手段转换不同社会成员的身份等,都反映了在分配领域的理想主义色彩,在生产力发展水平低下和资源相对短缺的前提下,盲目追求分配结果的平等,直接影响了人们的劳动积极性,也在一定程度上阻碍了生产力的发展。

改革开放以来,我们对于过去社会主义建设的理论与实践进行了深刻的反思,总结了历史经验,吸取了社会主义探索时期的教训。全党和全国人民统一了思想,明确了前进的方向,探索并建立了社会主义市场经济体制,有效地调动了劳动者的积极性,国内生产总值持续提高,并在2010年跃升为世界第二大经济体,彰显了"富起来"的时代主题。这一时期很好地执行了以经济建设为中心的路线,但是,因为全力追求经济发展速度,也导致了一些问题的产生。

在分配领域,劳动者报酬占国民收入的比例,与西方发达资本主义国家相比还处于较低水平,我国贫富差距问题一直存在,劳动性生产要素之外的要素在个人收入中占比越来越大,再加上一部分人钻了体制、机制和法制空子而获取的不正当收入,到20世纪末,我国居民收入两极化现象比较严重,基尼系数也超过了国际公认的警戒线。邓小平不断地提醒全党:要防止两极分化的出现,虽然这种现象难以避免,但是我们"要利用各种手段、各种方法、各种方案来解决这些问题"①。如果任由两极分化现象泛滥,就会给社会发展带来不稳定因素,"少部分人获得那么多财富,大多数人没有,这样发展下去总有一天会出问题。分配不公,会导致两极分化,到一定时候问题就会出来"②。在富起来的时代背景下,国内生产总值虽然大幅度提升,但是在发展过程中如何处理先富与后富之间的关系,也一直在不断探索中,分配不公导致的两极分化和贫富差距问题,也一直伴随着发展的始末,在有些时候还有愈演愈烈之势。

新的时代主题由经济富裕转化为全面富强,在这一时代背景下,由单纯追求GDP目标,发展为逐步实现全体人民共同享有发展成果的共同富裕。共同富裕和中国梦的实现以及全面建设社会主义现代化强国,都对分配正义提出了更高的要求。一方面,收入分配可以合理调节生产力的各方面要素,刺激经济良性发展;另一方面,分配正义也是坚持以人民为中心发展思想的本质要求。在"强起来"的时代主题背景下,我们应更加关注收入分配差距问题,探索缩小收入分配差距的解决办法,人民对美好生活的向往作为我们党的奋斗目标。稳定的工作、优质的教育、丰厚的待遇以及社会保障、医疗服务、居住条件等,都要依靠满意的收入来保证。习近平指出:"我们的人民热爱生活,期盼有更好的教育、更稳定的工作、更满意的收入、更可靠的社会保障、更高水平的医疗服务、更舒适的居住条件、更优美的环境,期盼着孩子们能成长得更好、工作得更好、生活得更好。人民对美好生活的向往,就是我们的奋斗目标。"③

新时代我们所面临的分配问题,不仅包含了企业分配问题和个人消费品分配问题,还涵盖了社会公共服务分配问题以及机会、就业、教育、医疗等更广泛的分配问题。在社会主义初级阶段,一方面,社会初次分配环节在实行按劳分配原则上,还有进一步需要加强的地方,由于现阶段按劳分配原则的实现机制为社会主义市场经济体制,因此市场经济体制在某些方面的不健全,会直接影响按劳分配原则的实施,进而影响按劳分配的公平与正义;另一方面,在由政府主导的分配领域,我们应更加突出公平、正义、公正等社会主义的本质,关于分配领域的民生问题、公共服务均等化问题、收入再分配、社会资源再调节等问题,都需要我们格外审慎地处理好。

第二,新的社会主要矛盾转化在分配领域的影响。新时代我国社会主要矛盾已经成为我们调整政策、进一步解放思想、转变思路、实施更加合理的发展方案的基本依据。分配失衡问题也会直接导致不平衡不充分发展,也是社会矛盾的焦点之一,是我们需要解决的主要矛盾的主要方面。

首先,分配失衡问题的表现是多方面的。习近平指出:"由于种种原因,目

---

①② 冷溶,汪作玲.邓小平年谱:下册[M].北京:中央文献出版社,2007:1364.
③ 习近平.人民对美好生活的向往就是我们的奋斗目标[N].人民日报,2012-11-16(1).

前我国收入分配中还存在一些突出的问题,主要是收入差距拉大、劳动报酬在初次分配中的比重较低、居民收入在国民收入分配中的比重偏低。"①我国收入分配领域存在的突出问题有劳动报酬在初次分配中占比较低、居民收入在国民收入分配中占比也较低,进而导致居民收入差距有拉大的趋势。改革开放几十年,幸福指数翻数倍。社会生产力也得到了前所未有的快速发展,在这一背景下,人们物质文化生活需求的结构与层次都在悄然发生变化:从原来物质和文化的两个维度,到今天政治诉求、经济红利、文化享受、生态环境的多个维度。从简单到复杂,从单一化到多元化,从数量到质量,从外在到内在,从注重物质的享受型消费到注重物质与精神并重的健康型消费,人们对生活的理解和追求发生了全方位的变化。这些变化深刻凸显了人们对美好生活的多样性需要,直接给我们解决分配问题提出了新要求和新任务。而过去长期困扰人们这些分配领域出现的失衡问题和正义问题,与人民对美好生活的需要是相悖的,是需要我们谨慎对待和着力解决的问题。

其次,化解新时代分配失衡问题,是解决发展不平衡不充分这一重点问题的必然要求。特定时期的主要任务都是为了解决主要矛盾,着力解决分配失衡和正义问题,既是解决新时代社会主要矛盾的内在要求,又是必然要求。化解社会主要矛盾的方法有两种,一种是向后的方法,一种是向前的方法。向后的方法指的是采取措施抑制社会需求,从而使有限的资源满足有限的需要,向前的方法指的是,不断刺激生产力增长的手段,让充分涌现的资源满足人民的需求。②向后的方法显然不符合历史唯物主义的精神,自然不可取。向前的方法才是合乎历史进步逻辑的方法,当前我们需要做的是,着力调整经济发展的内在结构,消除那些妨碍生产力高速高效增长的不合理环节,大刀阔斧地改革,同时制定更加科学的分配政策,来满足群众对美好生活的需要。两极分化问题是不平衡不充分发展延伸出来的一个问题,收入分配问题则是贫富差距问题的突出问题;因此,化解新时代社会主要矛盾,必须解决贫富差距过大问题和收入分配问题。

再次,新时代社会主要矛盾,是探索解决现阶段分配问题方法、路径以及制定分配政策和制度的基本依据。新中国成立之后,随着社会主要矛盾的改变,收入分配制度也经历了几次变化,从绝对平均分配到效率优先,再到效率优先、兼顾公平。为了化解社会主要矛盾,在分配领域的政策和制度调整,必须朝着更加科学和合理、更加公平和正义的方向努力,直面社会主要矛盾转化中的收

---

① 中央文献研究室.习近平关于社会主义社会建设论述摘编[M].北京:中央文献出版社,2017:37.

② 刘同舫.新时代社会主要矛盾背后的必然逻辑[J].华南师范大学学报,2017(6):47-52.

入分配正义问题,积极探索化解新时代分配正义问题的方案和方法,为实现更加平衡、更加充分的发展提供助力。

总之,时代主题的变化和社会主要矛盾的转化,与收入分配问题具有流变的同时性和同构性,新的时代主题和社会主要矛盾,既给解决收入分配问题提出了新目标新任务,又为解决新时代收入分配问题指明了方向,提供了探索解决方案的基本依据。新时代为解决收入分配问题提出了新要求,收入差距问题是不平衡不充分发展问题的凸显,妥善解决这一问题,也是更好地彰显"强起来"时代主题的必然要求。

(二) 新时代我国收入差距问题的具体表现

党的十八大以来,我国经济社会的改革进入"啃硬骨头"的攻坚期,社会主要矛盾的转化加剧了解决分配正义问题的紧迫性,收入分配差距在新时代具体表现为:城乡居民差距、地区居民收入差距以及各阶层之间的收入差距。[①]不同类型的收入差距问题所指向的是分配正义,效率与公平是一对矛盾,过去特定历史阶段由于特定的历史原因,我们强调平均也有其合理性,但是随着社会的发展,忽略效率的弊端彰显出来了,由于我们没有及时调整思路,导致了普遍的贫穷;作为一对矛盾,如果过于强调效率,又会导致贫富差距问题,在经济发展的初期侧重强调效率有积极意义,在经济发展到一定程度后,则要注意防止贫富差距的恶化。我国收入差距问题具体表现在以下五个方面:

第一,全国居民人均可支配收入基尼系数所表现的分配正义问题。基尼系数[②]作为反映和衡量居民之间贫富差距程度的综合指标,可以较为全面和客观地反映一个国家居民之间的收入差距,为我们预报和预警居民之间出现的贫富

---

① 王小鲁,樊纲.中国收入差距的走势和影响因素分析[J].经济研究,2005(10):24-36.

② 基尼系数是拿人口百分比作为横轴,收入百分比作为纵轴,以此来画一个正方形,然后将居民按照收入进行排列,如果收入绝对平均,则随着人口的增加收入的比例也增加,假如最富有的10%的人群拥有全部收入的95%,则这个点必定在对角线的下方,将这些点连接成线就是洛伦兹曲线,洛伦兹曲线与对角线之间的面积与半个正方形面积之比就是我们通常所称的基尼系数。在一个国家中,每一个国民的收入都一样、收入分配绝对平均时,基尼系数是0;全社会的收入都集中于1个人、收入分配绝对不平均时,基尼系数是1。现实生活中,两种情况都不可能发生。每个人的收入有多有少,差距大时,基尼系数就高,差距小时,基尼系数就低。按照联合国的相关规定,当基尼系数低于0.2时表示收入绝对平均,当基尼系数在0.2~0.3之间的时候表示收入分配比较平均,当基尼系数在0.3~0.4之间表示收入分配相对合理,当基尼系数在0.4~0.5的时候表示收入差距较大,基尼系数在0.6以上表示收入差距悬殊,一般把0.4作为收入分配差距的"警戒线",发达国家的基尼系数通常在0.24~0.36之间。美国的基尼系数偏高,据美国人口普查局的调查,2018年美国的基尼系数为0.485。

两极分化。一般来说,面积较小和人口较小的国家,比国土面积和人口众多国家的基尼系数会低一些;处于经济发展初期、经济处于起步阶段以及工业化前期的国家,基尼系数要大一些;而经济发达国家以及实施高福利政策国家,其基尼系数要小一些。①根据世界银行发布的数据报告,中国贫富分化还处于收入差距较大的区间,从我国的基尼系数上可以初见端倪。根据联合国的统计数据,中国居民人均可支配收入基尼系数一直在0.4~0.5的区间,这一区间表示收入差距较大。我国居民收入基尼系数长期在警戒线之上,这一收入分配新的趋势也向分配正义提出了新的挑战。

第二,全国居民五等份收入所反映的分配正义问题。除了基尼系数这一统计视角外,官方统计的全国居民"收入五等份",也为我们提供了一个有别于基尼系数的视角②,全国居民五等份收入分组的统计数据表明:中国存在收入分配差距过大的状况,这一统计结果对中国社会真实收入差异的反映比较准确。2016年高收入组人均可支配收入为59259元,是低收入组5529元的10.7倍,是中等收入组20924元的2.9倍;2018年高收入组人均可支配收入为70640元,高于低收入组6440元接近11.0倍,是中等收入组23189元的3.0倍;2021年高收入组人均可支配收入是85836元,是低收入组8333元的10.3倍,是中等收入组29053元的2.95倍。③2016年到2021年,不同组别的人均可支配收入占总人均可支配收入的比例也有所不同,从这一数据中我们也可以发现我国收入分配差距的问题所在。此外,财富集中程度也从另一个角度反映了我国收入差距问题,皮凯蒂团队在2017年发布的一项研究成果表明,2015年中国最富有10%的群体占有全部收入的比重为41%,最富的1%的人群占全部收入的比重为14%。此外,在财产分布方面,2015年最富10%人群的财产占全部财产总量的67%,最富1%人群的财产占全部财产的30%;中国最富有的1000万人的人均财产为835万元,最富的1.06万人的人均财产为16.23亿元。④我国城乡收入差距、地域收入差距以及行业收入差距问题,是发展不平衡与不充分的表现,与人

---

① Kuznets S. Economic Growth and Income Inequality [J]. The American Economic Review, 1955,45(1):1-28.
② 国家统计局自2016年开始每年发布《中华人民共和国国民经济和社会发展统计公报》,在居民可支配收入的统计中新增了按五等份收入分组进行统计,这五等份收入分组是指低收入组、中间偏下收入组、中间收入组、中间偏上收入组、高收入组。
③ 国家统计局.中华人民共和国年国民经济和社会发展统计公报:2016—2021年[EB/OL].[2021-02-27].http://www.stats.gov.cn/tjsj/zxfb/202102/t20210227_1814154.html.
④ 丘林.中国过基尼系数到底是多少?[M]//贾康,等.深化收入分配制度改革研究.北京:企业管理出版社,2018:25.

民对美好生活的需要是背道而驰的,这一状况也加剧了解决收入分配差距问题的紧迫性。

第三,分配正义问题在城乡收入差距中的表现。由于历史原因,我国城乡收入差距一直远高于世界平均的城乡收入差距水平。党的十八大以来,党和国家不断增加对农民的各项补贴,努力缩小城乡收入差距,城乡收入差距整体上呈现出下降趋势,但是差距仍然很大,比较突出地暴露了不平衡不充分发展问题。2022全国居民恩格尔系数①为30.5%,其中城镇为29.5%,农村为33.0%,仍有3.5个百分点的差距。②考虑到社会保障待遇以及基本公共服务等因素,实际的城乡收入差距比统计的差距还要大。我国较高的居民人均可支配收入基尼系数,一方面反应了我国贫富差距问题,另一方面折射出了我国特有的城乡二元经济结构对收入差距问题的影响。

第四,分配正义问题在地区之间收入差距上的表现。我国幅员辽阔,领土面积达960万平方公里,经济发展存在地域差距,体现为不同地区经济总量的差距、不同地区人均可支配收入的差距。不同区域的经济总量存在很大的差距,这也是不同区域间人均可支配收入差距大的根本原因。"蛋糕"只有在做大的前提下才有可能"多分"和"分好",东部、中部、西部以及东北地区由于经济总量上存在着很大的差距,直接导致不同地区居民人均可支配收入之间存在较大的差距,也滋生了分配不公和分配正义问题。党的十八大以后,国家通过区域协调发展战略的实施以及区域重大战略的实施,地区收入差距随地区发展差距缩小也呈现出缩小趋势。

第五,分配正义问题在阶层(行业)之间收入差距上的表现。改革开放打破了旧的分配制度,鼓励部分人凭自己的努力获得更多收入,带头先富起来为社会起示范作用,对过去的绝对平均主义进行了纠偏。一部分人先富起来,是走向共同富裕的必经阶段。但是,随着人均收入增加的同时,我国贫富差距依然较大。具体到行业之间的收入差距,主要体现在三个方面:一是不同行业之间的收入差距,二是同一行业内部不同岗位之间的收入差距,三是垄断性行业收入过高问题。比如,我国现有的电信、电力、银行保险、石油、水电气供应以及烟草等七个垄断行业,七个垄断行业约有职工2833万人,是全国职工人数的8%不到,但是这七个行业员工工资和工资外收入占全国职工工资总额的55%,这

---

① 中国政府网.中华人民共和国2022年国民经济和社会发展统计公报[EB/OL].[2023-02-28].http://www.gov.cn/xinwen/2023-02/28/content_5743623.htm.

② 恩格尔系数法作为国际上常用的一种测定贫困线的方法,是指居民家庭中食物支出占消费总支出的比重。恩格尔系数随着家庭收入增加而下降,即恩格尔系数越大就越贫困,这也可以从一个角度反映城乡收入差距问题。

七个行业人均工资水平是其他行业的2到3倍,而实际上的人均收入更高,约是其他行业的5~10倍。①

二、新时代我国分配正义问题归因

新时代我国分配制度还存在各种问题,需要着力完善的地方还很多,这些问题产生,既有历史遗留的原因,也有新出现的情况所导致的新问题。处于社会主义初级阶段这个基本国情,就说明现阶段的经济发展水平还很有限,还远远没有实力做到按需分配。此外,我国分配制度也不够完善,财富的原初集聚带来的财产性收入过高等因素,也是造成新时代分配正义问题的主要原因。

(一) 主要原因:生产力水平制约

马克思在《哥达纲领批判》中对未来共产主义社会的第一阶段作了设想,在这一阶段即社会主义阶段,是不可能忽略分配正义问题的,否则会严重制约生产力的发展。"在劳动成果相同、从而由社会消费品中分得的份额相同的条件下,某一个人事实上所得到的比另一个人多些,也就比另一个人富些,如此等等。要避免所有这些弊病,权利就不应当是平等的,而应当是不平等的。但是这些弊病,在共产主义社会第一阶段,在它经过长久的阵痛刚刚从资本主义社会里产生出来的形态中,是不可避免的。"②社会主义初级阶段在分配领域还存在着不均衡、不平等、不充分等现象,也是"在经过长久阵痛刚刚从资本主义社会产生出来的共产主义社会第一阶段,是不可避免的"。只有到共产主义高级阶段,人类进入真正共同体,具备各方面条件之后,才能实现"各尽所能,按需分配"。现阶段由于我国社会生产力还相对落后,决定了发展生产力是这一阶段的中心工作。"分配关系和分配方式只是表现为生产要素的背面。个人以雇佣劳动的形式参与生产,就以工资形式参与产品、生产成果的分配。分配的结构完全取决于生产的结构。分配本身是生产的产物,不仅就对象说是如此,而且就形式说也是如此。就对象说,所分配的是生产的成果,就形式说,参与生产的一定方式决定分配的特殊形式,决定参与分配的形式。"③这就表明,收入分配状况是受生产状况所主导的。要维系经济社会的良性运转,就必须解决公平与效率关系的问题,党的十四届三中全会首次提出,收入分配要体现"效率优先,兼顾公平"的原则,彻底解放了人们的分配理念,促进了分配实践的合理化,进而

---

① 贾康,等.深化收入分配制度改革研究[M].北京:企业管理出版社,2018:196.
② 马克思,恩格斯.马克思恩格斯文集:第3卷[M].北京:人民出版社,2009:435.
③ 马克思,恩格斯.马克思恩格斯选集:第2卷[M].北京:人民出版社,2012:695.

激发了人们的生产积极性,拉开了人们的收入差距。20世纪末和21世纪以来,我国居民收入差距日益拉大,基尼系数急剧升高。

工业革命之所以能创造出巨大的生产力,其根本原因在于依靠和发挥了市场的力量。因此,我们必须大力培育、发展和完善社会主义市场经济,充分发挥市场在经济运行过程中的资源配置作用。随着我国社会主义市场经济体制的建立,资本主义"市场经济作为一种自由竞争、适者生存的经济也具有明显的缺陷,特别是它对分配正义之需要原则的实现无能为力"[①]。资本主义市场经济,必然催生出与其相适应的自由和平等、私有产权和利己主义的价值观念,并且会要求在制度上得到保障。社会主义市场经济同资本主义市场经济既有共同点,又有本质差别,可以有效克服资本主义市场经济的缺陷和弊端。

现阶段我国实行的基本经济制度,其中非公有制经济的生产资料是私人占有的,在分配领域就无法避免分配正义问题的产生。正如马克思所述:"即使我们排除任何掠夺、任何暴力行为和任何欺骗的可能性,即使假定一切私有财产起初都基于占有者自己的劳动,而且在往后的全部进程中,都只是相等的价值和相等的价值进行交换,那么,在生产和交换的进一步发展中也必然要产生现代资本主义的生产方式,生产资料和生活资料必然被一个人数很少的阶级所垄断,而另一个构成人口绝大多数的阶级必然沦为一无所有的无产者,必然出现狂热生产和商业危机的周期交替,出现整个现在的生产无政府状态。全部过程都由纯经济的原因来说明,根本不需要掠夺、暴力、国家或任何政治干预来说明。"[②]只有生产力充分发展的社会,才能完全避免市场经济给社会带来的阵痛。因此,市场如同其他事物一样也具有两面性,解决市场经济带来的收入分配非正义问题,需要发挥社会和政府的力量,要两只手同时发力,才能让市场经济的潜力完全发挥出来,才能为生产力的发展和普遍交往范围的扩大开辟广阔的前景,为分配正义的实现创造条件。

(二) 具体原因:分配制度不完善

当前,我国市场经济体制、收入分配机制等还存在改造和修正的空间。社会主义作为共产主义的第一阶段,这一过渡性阶段社会不可能完全占有生产资料,因此也不可能实现所有社会成员均分社会劳动成果,因此我们不能脱离生产资料所有制空谈分配正义。社会主义经济制度的基础是以公有制为主体,在公有制为主体的条件下需要发展多种所有制经济以促进经济的发展,不同的分配关系所导致的受益方也是不同的,现阶段引发收入分配问题的最重要的原因

[①] 贾可卿.分配正义论纲[M].北京:人民出版社,2010:266.
[②] 马克思,恩格斯.马克思恩格斯文集:第9卷[M].北京:人民出版社,2009:170-171.

是,改革开放以来我国由于所有制结构不够完善所导致的分配制度不够完善。马克思认为,分配问题是受制于生产力发展水平和生产方式的一个问题,对分配问题产生原因的分析,应当从生产方式和所有制领域去探寻。马克思曾指出,分配表现为生产产品的分配之前,离不开现有生产条件的分配,"在所有的情况下,生产方式,不论是征服民族的,被征服民族的,还是两者混合形成的,总是决定新出现的分配。因此,虽然这种分配对于新的生产时期表现为前提,但它本身又是生产的产物,不仅是一般历史生产的产物,而且是一定历史生产的产物"①。历史生产决定了生产方式,生产方式决定了生产条件分配,生产条件分配决定了产品分配,所有制结构不完善是当前我国出现分配正义问题的一个重要原因。

马克思认为,分配问题是受制于生产力发展水平和生产方式的一个问题,对分配问题产生原因的分析,应当从生产方式和所有制领域去探寻。物质资料的生产决定了生产方式,生产方式决定了生产条件分配,生产条件分配决定了产品分配,一句话,生产关系决定分配关系,所有制结构不完善是当前我国出现分配正义问题的一个重要原因。"一定的分配形式是以生产条件的一定的社会性质和生产当事人之间的一定的社会关系为前提的。因此,一定的分配关系只是历史地规定的生产关系的表现。"②它直接决定了分配制度的调整和改革,决定了这种调整和改革的深度和广度。任何国家的收入分配制度的实行与改变,都与这个国家的经济结构和生产资料所有制密切相关。以按劳分配为主体、多种分配形式并存的分配制度在党的十五大确立后,这一分配制度从根本上说与我国生产资料所有制是相适应的,也极大的促进了生产力的发展。但是,这一分配制度还存在进一步完善和发展空间。党的十九大报告提出:"坚持按劳分配为主体,完善按要素分配的体制机制,促进收入分配更合理、更有序。"

分配制度不完善是导致初次分配中非正义问题产生的一个重要原因,具体表现为劳动报酬占GDP比重偏低,居民收入在国民收入分配中的比重持续下降以及居民人均纯收入的增长率低于GDP或GDP增长率;劳动报酬总额在财富总额中的比例持续下降,资本收入和企业利润与劳动报酬呈现出反向运动的趋势,"利润"侵占工资导致劳动者工资的增长速度远远落后于利润的增长速度;此外,我国的分配关系还存在着秩序混乱的问题。总之,针对当前我国所有制结构以及分配制度需要完善的地方,我们要站在马克思主义的立场,以马克思主义的观点和方法,科学评价和分析当前的分配制度,运用习近平新时代特色社会主义思想指南,全面深化收入分配制度改革,完善现行分配制度。

---

① 马克思,恩格斯.马克思恩格斯选集:第2卷[M].北京:人民出版社,2012:697.
② 马克思,恩格斯.马克思恩格斯文集:第7卷[M].北京:人民出版社,2009:998.

(三) 历史原因：财富原初集聚不公正

收入分配正义问题具有历史性，这一问题始终贯穿于改革开放的全过程，因此，从历史的角度对新时代我国分配正义问题进行审视，有助于我们深刻剖释特定历史阶段分配正义问题的特征与根源，为改变收入差距现状、深化收入分配体制改革提供理论依据。

党的十一届三中全会以来，从改革收入分配制度、调整利益关系开始的改革开放至今已有40多年，收入分配问题既是深化改革开放所面临的一大挑战，也是实现新时代人民对美好生活需要的一大挑战。分配正义问题的产生具有历史性和延续性的特征。改革开放初期，随着国民经济的迅速发展，也带来了居民收入分配格局的变化，经济成分多样化必然带来收入分配的多样化，在这一过程中出现了不合理、不合法的收入，投机倒把和不正当竞争是收入分配差距拉大的一个重要因素。随着收入差距的逐渐拉大，我国社会的两极分化也愈演愈烈，中央反复强调，要通过法律和财税政策手段调节和完善分配结构和分配方式。收入分配问题自始至终贯穿于经济发展的全过程，牵动着千家万户，左右着民心民意。党的十五大报告提出"完善分配结构和分配方式"；党的十六大报告提出"深化分配制度改革"；党的十七大报告强调"初次分配和再分配都要处理好效率与公平的关系，再分配更加注重公平"。由此可见，收入分配问题自始至终贯穿于经济发展的全过程，这一问题具有历史性和发展性的特征。

马克思认为，应该把资本理解为非永恒的、在一定历史阶段才会产生的存在物，即资本是具有历史性的存在物，资本体现了资本主义社会人与人之间的关系，资本的原始积累的前提是雇佣劳动的普遍化，"资本的原始形式只不过是这样发生的：作为货币而存在的价值，由于旧的生产方式解体的历史过程，一方面能买到劳动的客观条件，另一方面也能用货币从已经自由的工人那里换到活劳动本身"①。由此，我们可以看出，雇佣劳动普遍化是资本积累或者说财富积累的基本前提，这对我们剖释现阶段分配正义问题产生具有重要的启示意义。

改革开放初期，社会主义市场经济体制、法律体制等还很不完善，一些财富的获得是通过非法手段、不正当竞争、投机倒把等方式积累起来的，其中由于历史原因，非法所得的财富积累从根源上讲就是非正义的。随着经济不断发展，财富日益向少数人集中，收入分配正义问题也成为一个全民关注的焦点问题。党的十八大报告提出实现发展成果由人民共享，必须深化收入分配体制改革，党的十九大报告指出中国特色社会主义经过长期努力进入了新时代，社会和经

---

① 马克思,恩格斯.马克思恩格斯文集:第8卷[M].北京:人民出版社,2009:160.

济发展在取得许多成就的同时,也面临着许多问题和挑战,城乡区域发展和收入分配差距依然较大就是一个突出问题,党的二十大报告指出我们要完善分配制度,坚持按劳分配为主体、多种分配方式并存,坚持多劳多得,鼓励勤劳致富,促进机会公平,增加低收入者收入,扩大中等收入群体,规范收入分配秩序,规范财富积累机制。

总之,新时代我国还处于社会主义初级阶段,在还未达到共产主义社会高度的时期,分配正义是我们无法超越又必须面对的现实。"我们这里所说的是这样的共产主义社会,它不是在它自身基础上已经发展了的,恰好相反,是刚刚从资本主义社会中产生出来的,因此它在各方面,在经济、道德和精神方面都还带着它脱胎出来的那个旧社会的痕迹。"[①]对于新时代分配正义问题产生的重要原因、主要原因以及历史原因的剖析,有助于我们针对问题提出对策,不断完善我国的收入分配制度。

三、新时代解决分配正义问题的紧迫性

新时代站在新的历史方位,我国经济发展进入了新常态,经济增长由单纯追求高速增长转变为追求高效增长,在分配领域也更加注重公平,经济发展的新常态,也为深化收入分配领域的改革提供了重要依据和基本遵循。在经济发展新常态的背景下,新时代收入分配也呈现出新特点,收入分配正义问题在一定程度和一定范围内仍然存在,对我国社会经济发展以及和谐稳定带来了挑战,新时代社会主要矛盾的转换,以及解决新时代社会主要矛盾凸显了解决分配正义问题的紧迫性。

(一)社会主要矛盾的变化凸显解决分配正义问题的紧迫性

第一,分配正义维系着社会公平正义的实行,维系着千家万户的幸福,社会主要矛盾的转化,凸显了新时代解决分配正义问题的紧迫性。人民对美好生活的期盼是一个多维度、多层次、多类型的复合问题。正义是贯穿人民一系列日益广泛需要的一个轴线,分配正义作为正义的重要表现形式,则是新时代人民美好生活需要的重要保障。一方面,这是由正义、分配正义作为人类共同价值的性质所决定的,正义作为人类的共同价值,是人们对一种美好社会状态以及社会关系的憧憬和期许,分配正义作为正义在分配领域的体现,是人们对建构理想分配秩序、理想经济生活的一种基本价值取向;另一方面,这是由中国特色

---

① 马克思,恩格斯.马克思恩格斯文集:第3卷[M].北京:人民出版社,2009:434.

社会主义本质所规定的,分配正义作为维护保障人民切身利益的重要制度,对于舒缓社会问题,逐步化解社会矛盾,都有着不可替代的价值和作用。

社会主要矛盾的变化也凸显了解决分配正义问题紧迫性。分配非正义作为非正义的一种形式,表现为城乡收入差距、地域收入差距、行业和阶层收入差距等分配问题,这与人民对美好生活的需要是相悖的。经过四十多年的发展,人民的物质文化生活需要在得到满足的情况下,正义要求较之于以往任何时期都变得更加凸显,而分配正义作为正义的核心内容,人民对分配正义的主张日趋强烈。因此,我们可以这样认为,人民对分配正义的需要是人民美好生活需要的一个重要维度,人民对分配正义的期盼,凸显了解决分配正义问题的紧迫性。

第二,新时代社会环境变化凸显解决分配正义的紧迫性。不平衡和不充分发展会带来收入分配不公和贫富差距逐渐拉大等在分配领域出现的公正与正义问题,而这些问题也容易造成社会的割裂,甚至诱发违法犯罪活动,社会环境的变化凸显解决分配正义问题的紧迫性。不平衡不充分发展作为发展的一个样态,是发展的一个特殊阶段,与社会环境相互影响、相互制约,二者的相互作用体现在不平衡不充分发展造成了社会环境的改变,社会环境的改变又反作用于经济社会的发展。如果听之任之,社会环境的恶化会对经济社会发展产生负面的影响,加剧社会的不平衡不充分发展。我国基尼系数长期在较高区间徘徊,对社会和谐稳定具有很大的破坏力,"我国的政治稳定也是一种恒态的稳定,制度完善、改革的边际效应以及国家的维稳成本限制了基尼系数较大的破坏力,但是这种恒态不是牢不可破的"[①]。因此,社会环境的变化也凸显了解决分配正义问题的紧迫性。

社会环境的改变对社会经济发展具有直接的、巨大的反作用,美好的社会环境就是优质的社会经济。收入分配差距,作为社会分化的一个突出问题,容易导致低收入群体的心理失衡,诱发群体性事件,对社会环境造成负面影响,社会分化问题导致的违法犯罪活动以及群体性事件也呈高发态势。社会环境是犯罪心理产生的一个影响因素,犯罪心理在特定的物质和社会条件下,容易催化为犯罪行为,社会不均衡发展容易营造犯罪的物质和社会条件。因为由于不平衡不充分发展所导致的收入差距、阶层分化、贫富悬殊等问题,会滋生收入较低群体的心理不平衡,仇富心理就是其中一个表现。此外,这种两极分化的收入现状也造成了高收入群体与低收入群体之间能力的分化,能力分化最终会导致阶层的固化,使得低收入群体摆脱现状、实现阶层流动的难度也同时加大。

---

① 王美玲.新时代收入差距问题探析[J].理论建设,2019(1):27-33.

同时也容易诱发财产犯罪、抢劫犯罪等。"长期的不均衡不充分发展一方面造成贫富阶层之间收入的分化,滋生了低收入群体的心理不平衡,另一方面又造成了贫富之间能力的分化,使得低收入阶层难以摆脱底层生活的命运,从而形成犯罪的温床。贫穷和在底层生活的绝望诱发了财产犯罪,贫富差距和不平衡的心理引致了抢劫和杀人犯罪。"[①]

总之,公平与正义要求,是新时代人民美好生活需要的重要维度,新时代我国存在的不平衡不充分发展中,内含多种不同形式的不公平和非正义,分配的非正义既与人民对美好生活的需要相悖,又是影响国家稳定和社会稳定的一个消极因素,城乡收入差距、地域收入差距、行业和阶层收入差距等问题,其实质是不平衡不充分的发展造成的,人民日益增长的美好生活的需要,凸显了解决分配正义问题的紧迫性。

(二) 化解社会主要矛盾加剧了解决分配正义问题的紧迫性

收入差距问题是伴随着我国改革开放日益凸显出来的一个问题,造成分配正义问题的因素是多方面的,"宏观层面因素:二元经济、经济发展转型、政策制度的影响,微观层面因素:资强劳弱的产权约束、机会不平等的锁定"[②]。既包含宏观层面因素又包含微观层面的因素,宏观层面的因素有城乡二元经济结构、经济发展的转型、经济政策和制度的制定等,微观层面的因素有机会不平等、就业歧视、资强劳弱的产权约束等。

第一,收入差距凸显了发展不平衡不充分。收入差距问题的本质是分配非正义问题,新时代收入差距的存在与人民对美好生活的需要是相悖的,化解社会主要矛盾加剧了解决分配正义问题的紧迫性。社会基本矛盾的实质是人民群众的需要与社会经济发展之间的矛盾,是当前经济和社会的发展不能满足人民群众发展的需要的矛盾。人民群众的需要作为新时代社会主要矛盾的一方,在矛盾中居于基础性地位,需要没有得到满足的主要原因在于矛盾的另一方,即"发展的不平衡和不充分",发展不平衡不充分所带来的一个突出问题,就是在发展过程中正义与公平等问题突出,其中分配正义问题是一个尤为突出的问题,人民群众对分配正义的渴望比以往任何时期都表现得更加强烈。如何让经济发展的果实更好地惠及全体人民,实现共享发展,从某种程度上讲,是摆在我们面前的一个分配正义问题,这也是解决"发展不平衡不充分"问题的内在

---

① 胡志高,曹建华.公平还是效率:基于我国社会主要矛盾转变的视角[M].马克思主义与现实,2018(6):16-22.

② 伍旭中,曹大伟.我国收入分配不平等的"不合理因素"分析[J].安徽师范大学学报(人文社会科学版),2018(3):103-109.

要求。

新时代人们的分配正义主张与分配正义要求随着经济社会的发展与进步，较之于以往更加强烈，对人民群众分配正义需要的满足，已经成为新时代人民群众所需要的美好生活的一个重要内容，也是影响新时代人民群众获得感、满足感、幸福感的一个重要因素。分配正义需要作为社会主要矛盾一方——"美好生活需要"的一个重要方面，解决分配正义问题是化解社会主要矛盾的一个路径。当前，"我国正处于由中等收入国家向高收入国家迈进阶段，这个阶段是各种矛盾集中爆发的时期"[1]，对社会主要矛盾一方的化解加剧了解决分配正义问题的紧迫性，新时代我们创造条件化解社会主要矛盾，必须正视和解决分配正义问题，通过解决分配正义问题以推动社会和经济的平衡和充分发展，进而推动新时代社会主要矛盾得到合理解决。

第二，解决分配正义问题是化解社会主要矛盾的必要手段。由于种种原因，我们在处理效率与公平的关系时，由于或此或彼的摇摆，导致收入差距问题愈演愈烈，已经严重影响了经济社会的正常运转。自古以来，在中国传统社会中生活的人们就普遍存在这样一个意识，即"不患贫，患不均"，倘若我们化解不了人民群众对分配正义的需要与当前收入差距较大、两极分化较为明显的矛盾，则现阶段我国社会主要矛盾也没有化解的可能性。因此，解决分配正义问题，一方面满足了社会主义的本质要求，另一方面可以有效化解社会主要矛盾，这是我们必须常抓不懈的必要手段和主要路径。"原来我国社会主要矛盾更注重发展效率的优先性，而新时代中社会主要矛盾则更强调发展公平的紧迫性。从效率优先到认知公平的紧迫，这一转变既是效率达到一定程度的结果，也是不公平严重制约社会发展的结果。"[2]收入差距逐渐扩大以及财富集聚不均衡等分配正义问题，与人民对美好生活需要之间的矛盾日益尖锐，也加剧了解决分配正义问题的必要性和紧迫性。

随着我国经济社会发展步入一个新的阶段，受诸多因素的影响，导致我国收入分配出现了比例失衡，以及收入差距拉大的趋势，这一影响因素包含了改革不彻底，制度不健全，以及调控不到位等，致使新阶段经济社会发展的一些弊端暴露出来，并成为整个中国社会关注的焦点。[3]衡量需要和享受，应该以社会为尺度，而不是以满足它们的物品为尺度。新时代随着生产力的发展，在处理效率与公平之间关系时所产生的收入差距问题，已经严重影响了社会主要矛盾

---

[1] 习近平.习近平谈治国理政：第二卷[M].北京：外文出版社，2017：206.

[2] 胡志高，曹建华.公平还是效率：基于我国社会主要矛盾转变的视角[J].马克思主义与现实，2018(6)：16-22.

[3] 林毅夫.解读中国经济[M].北京：北京大学出版社，2018：23.

的走向,人民对分配正义的需要,是对美好生活需要的应有之义。在分析资本主义社会这一问题时,马克思做过精辟的表述:"一座房子不管怎样小,在周围的房屋都是这样小的时候,它是能满足社会对住房的一切要求的。但是,一旦在这座小房子近旁耸立起一座宫殿,这座小房子就缩成茅舍模样了。这时,狭小的房子证明它的居住者不能讲究或者只能有很低的要求;并且,不管小房子的规模怎样随着文明的进步而扩大起来,只要近旁的宫殿以同样的或更大的程度扩大起来,那座较小房子的居住者就会在那四壁之内越发觉得不舒适,越发不满意。"①

新时代我国社会主要矛盾的转化表明,下一阶段国家治理的根本出发点是回应和实现人民对美好生活的需要,通过缓解和消除不平衡不充分发展来满足人民对于美好生活的需要。我国经济的发展仍然是我国当前最为紧迫的任务,牢牢抓住经济建设这个牛鼻子,就能牵动中国航船行稳致远。为此,我们需要对发展的效率与公平作出新的权衡。从注重发展效率的紧迫性到注重发展公平的紧迫性是建立在效率达到一定程度的基础之上的,这种关注重点的转变也是不公平严重制约社会发展的一种结果。

总之,新时代社会主要矛盾的变化凸显了解决分配正义问题的紧迫性,分配正义既是一个重要的理论问题,又是一个严峻的现实问题,当前我国存在的许多分配正义问题与人民的美好生活需要是相背离的,我们在分析和解决新时代分配正义问题时,要以马克思主义政治经济学,特别是马克思分配正义思想为指导。继承和发展马克思分配正义思想,彰显马克思分配正义思想在新时代的理论价值和实践价值,积极探索解决分配正义问题的新思路和新对策,对我们化解新时代社会主要矛盾具有重要的意义。

第二节 马克思分配正义思想的传承与新时代发展

马克思的分配正义思想,在今天仍然具有重要的意义和价值,新时代分配正义问题的解决,需要以马克思主义政治经济学为指导,发挥马克思分配正义思想的理论价值与实践价值,增强马克思分配正义思想理论的解释力和实践的指导力,探索建立能够指导新时代中国特色社会主义收入分配的理论。

---

① 马克思,恩格斯.马克思恩格斯选集:第1卷[M].北京:人民出版社,2012:345.

一、中国共产党人以马克思分配正义思想为指导进行的探索

马克思分配正义思想作为马克思主义理论的一个重要部分,需要结合我国实际国情,创新马克思分配正义思想。马克思主义中国化的诸多成果都蕴含着丰富的分配正义理论,毛泽东思想、邓小平理论、"三个代表"重要思想、科学发展观以及习近平新时代中国特色社会主义思想,都蕴含着丰富的分配正义理论,这些分配正义理论是以马克思分配正义思想为指导,结合不同时期我国的实际国情,是对不同时期收入分配进行了研究和探索的理论成果。

(一) 以马克思分配正义思想为指导

马克思分配正义思想的形成是在批判自由主义的自然正义和古典分配正义思想中形成的,马克思以历史唯物主义方法论为指导,完成了对自由主义分配理论的超越。当代对于马克思分配正义思想的继承和发展,一方面,有助于我们在理论上对当代自由主义分配正义理论、功利主义分配正义理论、民主社会主义分配正义理论以及其他不同形态的分配正义理论作出回应;另一方面,结合中国国情发展马克思分配正义思想,也是坚持、发展、创新马克思主义的必然要求。"我们就把沿着这个途径达不到而且对每个个别人也是达不到的'绝对真理'撇在一边,而是沿着实证科学和利用辩证思维对这些科学成果进行概括的途径去追求可以达到的相对真理。"[①]随着20世纪80年代我国实行改革开放政策,提出让一部分人先富起来、先富带动后富,分配正义问题也随之显现并呈现出愈演愈烈之势,分配正义问题的出现也引起了学界的高度关注。

当前我国所面临的分配正义问题既是一个重大现实问题,也是一个重大理论问题。我国学者在关注这一问题的同时,也不断的尝试从理论上作出建构,我国学者对于分配正义问题的探讨,许多方面都是基于西方经济学和政治哲学的理论和方法,理论指导实践,作为马克思主义的一个重要使命,我们在对当前分配正义问题的研究中,存在一定的失语情况,对西方分配正义理论也缺乏必要的回应。当前我们所处的时代,虽然已经迥异于马克思和恩格斯所处的时代,但是马克思分配正义思想仍然是我们思考和分析当前分配正义问题的重要理论资源,马克思以历史唯物主义方法论为指导,对资本主义社会分配的非正义性、不平等、不公平性进行了分析和批判,并且对共产主义两个阶段具体的分配原则作了科学的分析和预测。学界在对分配正义这一重大现实问题进行理

---

① 马克思,恩格斯.马克思恩格斯全集:第21卷[M].北京:人民出版社,1965:311.

论探索中,西方话语特别是自由主义话语受到格外的关注,与之相对应的马克思分配正义思想的研究力度还有所欠缺,马克思的分配正义思想有着丰富的科学内涵,我们对马克思分配正义思想的探索和发展,有助于我们从理论上对当前西方分配正义理论作出必要的回应。

马克思分配正义思想是在对资本主义分配非正义批判基础上,与他的理论主题联系在一起的,即实现人的自由全面发展和无产阶级、全人类解放的理论主题。当代我们对分配正义问题的探索需要坚持以马克思分配正义思想为指导,马克思分配正义思想"可以成为我们深入理解和准确把握当代中国社会发展中正义问题的思想基础,它不仅为我们提供解决现实社会发展问题的理论参照,而且还能为我国社会主义和谐社会的建设提供坚实的理论支撑"①。马克思分配正义思想以唯物史观为基础,能够为我们回应当前理论和现实问题提供理论指导,历史唯物主义的方法是"从直接生活的物质生产出发阐释现实的生产过程,把同这种生产方式相联系的、它所产生的交往形式即各个不同阶段上的市民社会理解为整个历史的基础,从市民社会作为国家的活动描述市民社会,同时从市民社会出发阐明意识的所有各种不同理论的产物和形式,如宗教、哲学、道德等等,而且追溯它们产生的过程"②。生产方式决定着分配方式,马克思批判了自由主义把抽象的理念和精神看作独立的和真正的主体的思维方法,同时批判了正义是社会的真正基础,具有超越社会和历史的价值,是一种永恒真理的错误观点。马克思在《1844年经济学哲学手稿》中批判了两种不同类型的分配正义:一种是站在道德、法律和人道的立场认为社会状况恶化的根本原因在于私有财产,进而要求废除私有财产,变私有财产为人们所共同占有,持这一分配正义观点的典型代表是蒲鲁东,马克思对此进行了批判。马克思所批判的两种不同类型分配正义的另一种是格律恩、卡贝等人的观点,这种观点因不满意私有财产所导致的两极分化,强调应该在道德、法律或人道在社会中的基础性作用,用它们来调节或取消私有财产。马克思在批判的过程中强调了分配正义的历史性、阶级性和非基础性,是其历史唯物主义在分配领域的展开。

我们要注意避免脱离历史语境和现实条件、脱离现实的生产劳动组织发生方式,去奢谈什么永恒的分配正义。马克思在历史唯物论和剩余价值论框架下对分配问题的深入研究,使得"有产阶级的所谓现代社会制度中占支配地位的是公道、正义、权利平等、义务平等和利益普遍协调这一类虚伪的空话,就失去了最后的根据"③。这对于我们在新时代追求和实现中国特色的分配正义具有

---

① 张兆民.马克思分配正义思想研究[M].北京:中国社会科学出版社,2016:11.
② 马克思,恩格斯.马克思恩格斯选集:第1卷[M].北京:人民出版社,2012:171.
③ 马克思,恩格斯.马克思恩格斯全集:第19卷[M].北京:人民出版社,1974:125.

现实的指导意义。

总之,马克思分配正义思想,是人类思想智慧的精华,是我们思考和解决新时代分配正义问题的重要理论资源。新的历史阶段,结合新时代我国经济社会发展的实际需要,用马克思分配正义思想指导分配实践,以此来凸显马克思分配正义思想研究的新时代价值。

(二) 毛泽东对分配正义理论的探索

新中国成立后,毛泽东致力于将马克思、列宁有关社会主义分配的思想与中国实际国情相结合,毛泽东结合当时中国的社会现实对分配正义进行了系统探索,他把继承、开拓和创新马克思分配正义思想作为社会主义国家的必修课。

其一,马克思认为,生产方式决定分配方式,所有分配非正义问题产生的根源在于生产方式。旧中国的农民不占有土地,工人不占有生产资料,遭受着来自地主和资本家残酷的剥削和压迫。毛泽东认为,工厂与土地对于工人和农民具有重要的意义,改变收入分配非正义问题的前提,必须没收官僚资本,废除封建土地所有制,将占有生产资料的主体由地主和资本家转为工人和农民。

其二,马克思认为,消灭私有制,建立生产资料公有制是解决分配非正义问题的根本。受马克思这一思想的影响,1953年,毛泽东领导对生产资料私有制进行社会主义改造,历时三年时间基本完成了这一重要历史使命,对旧中国遗留下来的旧农业、旧工业和资本主义工商业进行彻底改造。在生产方式发生历史性变革的同时,分配方式也出现了根本性的变革,废除了资本家利用生产资料在分配领域无偿剥削工人,以及地主利用土地在分配领域无偿占有农民劳动产品,毛泽东所制定和实施的一系列分配正义政策有着马克思分配正义思想的深刻理论渊源。

其三,在批判拉萨尔分配主张的基础上,马克思提出:集体劳动所得的社会总产品在进行分配之前应当扣除用来维持生产全过程的生产资料、后备基金或保险基金、消费资料、管理费用基础设施费用、救助基金,等等。①毛泽东发展了马克思这一公平分配的思想,并详细阐释了生产资料公有制基础上,在分配领域如何处理国家利益、集体利益与个人利益之间关系的问题,毛泽东指出:"在分配问题上,我们必须兼顾国家利益、集体利益和个人利益。"②以自己对马克思分配理论的准确理解并结合新中国的基本国情,尊重经济发展的客观规律,毛泽东对社会主义的分配理论进行深入探索,取得许多正确理论成果的同时也出现了一些偏差,比如废除资产阶级法权和薪水制恢复供给制,发起了"大跃

---

① 马克思,恩格斯.马克思恩格斯选集:第3卷[M].北京:人民出版社,2012:361-362.
② 毛泽东.毛泽东文集:第7卷[M].北京:人民出版社,1999:221.

进"等。

（三）中国特色社会主义分配正义理论的探索

进入改革开放新时期,作为党的第一代领导集体成员之一,邓小平对毛泽东的收入分配理论与实践中所积累的经验与教训,有着透彻的理解。邓小平以马克思收入分配理论为指导,对毛泽东收入分配理论中的偏差部分进行了守正,他以大无畏的胆略打破了"大锅饭"的平均主义分配现象,突破了传统平均主义思想的束缚。

首先,马克思认为,共产主义的实现必须以生产力极大发展为前提,以极其丰富的物质资料为基础,才能足以保证在全社会实行按需分配。受到马克思这一思想的启发,以高瞻远瞩的视域,对社会主义本质作出了自己创造性的理解："解放生产力,发展生产力,消灭剥削,消除两极分化,实现共同富裕。"①在收入分配领域,邓小平积极探索能够激发劳动者积极性的生产方式,推行家庭联产承包责任制。在城市,允许和鼓励私人企业办厂兴业,出台优惠政策吸引外资,敞开国门招揽外企,这一系列举措使得国民经济快速发展,中国经济的"蛋糕"越做越大。邓小平继承了马克思分配正义思想中的按劳分配理论,贯彻了按劳分配原则。邓小平认为,在社会主义初级阶段,生产力水平还未达到极大发展这一高度的时候,只能实行按劳分配原则。当时在分配领域中盛行的平均主义,制约了人们生产的积极性,束缚了劳动主体的手脚,必须从思想上和制度上根除。他认为,在生产力还很落后的前提下搞平均主义的结果,只会导致共同落后和贫困,更遑论发展国民经济,提升国家综合实力。马克思对资本主义分配非正义问题进行了深刻和全面的批判,受此启发,邓小平指出："资本主义制度充满罪恶,充满不平等和非正义,也不能避免思想道德的滑坡和堕落,更不能形成共产主义的理想和道德。"②中国走资本主义道路是走不通的,结果只能是一部分人迅速富裕起来而另一部分人连温饱问题都解决不了。

其次,进入21世纪,我国经济总量得到快速提升,伴随着经济增长、社会财富增长以及城镇化进程的加快,居民收入差距和两极分化问题也日益凸显。江泽民继承和发展了马克思分配正义思想,针对新问题提出符合实际的分配正义思想。继承生产方式与分配方式相互关联的原理,结合当时的国情,江泽民指出,我们必须把解放生产力和发展生产力放在第一位,由于我国各地劳动生产力水平相差很大,生产资料所有制形式应该是以公有制为主体,多种所有制共存的,在国民收入分配上,也应该是按劳分配与按生产要素分配相结合的分配

---

① 邓小平.邓小平文选:第3卷[M].北京:人民出版社,1993:373.

② 邓小平.邓小平文选:第2卷[M].北京:人民出版社,1994:167-168.

形式。巩固公有制主体地位以及注重再分配对国民经济的调节是遏制两极分化、缩小贫富差距的关键举措,只有合理科学的分配制度才能实现经济按比例合理发展和共同富裕。"以生产资料公有制为基础的社会主义生产关系,能够从根本上克服资本主义生产方式中生产资料私有制占有同生产社会化的基本矛盾,保证生产、流通、分配置于社会的自觉调节和控制下,实现经济有计划按比例合理发展和社会成员共同富裕。动摇了生产资料公有制,就动摇了社会主义的经济基础,必将损害人民的根本利益,也就谈不上社会主义了。"①江泽民始终站在马克思主义的立场上,分析和思考分配正义问题,将维护广大人民群众的根本利益作为各项工作的旨归,作为解决分配正义问题的落脚点。他指出:"我们在制定和执行政策时,一定要反复调查,充分论证,统筹兼顾,正确处理国家、集体、个人三者利益之间的关系,既体现长远的根本的利益,又照顾当前的利益;既考虑国家的整体利益,也关心群众的现实要求。"②我们的分配政策,必须保障广大人民的根本利益。这也是"三个代表"重要思想的题中应有之义。

再次,以胡锦涛同志为核心的党的第四代领导集体,提出了科学发展观治国方略。只有坚持贯彻科学发展观,才能促进经济社会和人的全面发展。科学发展观的核心是"人",是对马克思以人的自由全面发展为指向的分配正义思想的继承和发展。较之于以往,胡锦涛在这一时期更加关注分配正义问题。他指出:"初次分配和再分配都要处理好效率和公平的关系,再分配更加注重公平。逐步提高居民收入在国民收入分配中的比重,提高劳动报酬在初次分配中的比重。"③科学发展观不是把GDP作为唯一评价标准的发展。胡锦涛在主政期间清醒地意识到,在经济快速发展的同时国民收入分配差距有扩大的趋势,提出整顿分配秩序有力举措,注重公平对效率的反作用,提出再分配需要更加关注公平问题,以遏制两极分化的势头,他指出:"只有切实维护和实现好社会公平和正义,人们的心情才能舒畅,各方面的社会关系才能协调,人们的积极性、主动性、创造性才能充分发挥出来。"④才能真正维护好和实现好社会公平和正义。在批判资本主义社会人的异化、劳动的异化、人性的扭曲等种种弊端时,马克思提出,在共产主义社会里,人与人之间是平等的,一切人都享有自由全面发展的机会和权利,胡锦涛继承和发展这一思想,提出了"构建社会主义和谐社会"这

---

① 江泽民.江泽民文选:第一卷[M].北京:人民出版社,2006:153.
② 江泽民.江泽民文选:第一卷[M].北京:人民出版社,2006:99.
③ 胡锦涛.高举中国特色社会主义伟大旗帜 为夺取全面建设小康社会新胜利而奋斗:在中国共产党第十七次全国代表大会上的报告[M].北京:人民出版社,2007:38-39.
④ 胡锦涛.在省部级主要领导干部提高构建社会主义和谐社会能力专题研讨班上的讲话[M].北京:人民出版社,2005:21.

个伟大命题,分配正义是这个命题的重要组成部分。主政期间,胡锦涛致力于统筹城乡发展、缩小城乡收入差距和地区收入差距、加大扶贫力度,"要加大统筹城乡发展力度,增强农村发展活力,逐步缩小城乡差距……让广大农民平等参与现代化进程、共同分享现代化成果"[①]。此外,在原有社会保障体系的基础上逐步建立了"以权利公平、机会公平、分配公平为主要内容的社会公平保障体系"[②]。

(四) 习近平对马克思分配正义思想的发展

马克思分配正义思想,是习近平新时代中国特色社会主义思想中有关收入分配重要论述的理论来源,结合新时代中国的具体国情,习近平对马克思分配正义思想进行了进一步发展。

首先,马克思分配正义思想,是习近平新时代中国特色社会主义思想有关收入分配重要论述形成的基础。马克思分配正义思想,是与无产阶级解放和全人类解放是联系在一起的,马克思通过对资本主义社会中异化与剥削等分配非正义现象的批判,将批判的矛头直指资本主义生产关系。在批判资本主义社会中的异化与剥削、资本主义生产关系时,马克思系统地表达了分配正义思想,从政治经济学、法学、伦理学等视角,详细揭示和针砭了资本主义社会中的分配非正义问题。马克思分配正义思想是内涵丰富的理论资源。

马克思的政治经济学理论中所包含的分配正义思想,马克思的分工理论、劳动价值理论以及剩余价值理论等,为构建新时代分配体系提供了理论源泉。在分配正义问题上,习近平提出分配不能脱离生产,这一观点就来源于马克思的生产与分配之间辩证统一的观点,"一定的分配关系只是历史地规定的生产关系的表现"[③]。

习近平关于收入分配相关论述中提出的以人民为中心的价值取向,与马克思关于分配正义的最终目标是一脉相承的。习近平指出:"发展不能脱离'人'这个根本,必须是以人为本的全面发展。"[④]广大劳动者是社会财富的创造者,也是劳动成果的受益者,马克思曾指出:"每个人的自由全面发展是一切人的自由

---

① 胡锦涛.坚定不移沿着中国特色社会主义道路前进 为全面建成小康社会而奋斗:在中国共产党第十八次全国代表大会上的报告[M].北京:人民出版社,2012:23.

② 胡锦涛.在省部级主要领导干部提高构建社会主义和谐社会能力专题研讨班上的讲话[M].北京:人民出版社,2005:21.

③ 马克思,恩格斯.马克思恩格斯文集:第7卷[M].北京:人民出版社,2009:998.

④ 习近平.之江新语[M].杭州:浙江人民出版社,1997:116.

发展的条件。"①人的自由全面发展,贯穿于马克思分配正义思想之中,也是习近平关于收入分配重要论述的旨归。

其次,习近平对马克思分配正义思想进行了发展。习近平结合新时代中国的国情,立足于新时代中国特色社会主义的现实,对马克思分配正义思想进行了发展。习近平指出:"学习马克思主义政治经济学,是为了更好指导我国经济发展实践,既要坚持其基本原理和方法论,更要同我国经济发展实际相结合,不断形成新的理论成果。"新时代的中国面临全新的国情,这个基本现实是发展马克思分配正义思想的立足点。"共享"作为习近平论述收入分配的核心理念,是习近平对马克思分配正义思想的一大发展,习近平指出:"共享发展注重的是解决社会公平正义问题。"②共享发展是习近平对如何分配才是正义的一种诠释,突出了以人民为中心的价值指向。在共享发展的具体举措上,习近平指出要通过坚持和完善社会主义基本分配制度来规范初次分配与健全再分配,努力实现"两个同步",即坚持在经济增长的同时实现居民收入同步增长,在劳动生产率提高的同时实现劳动报酬同步提高。

习近平对新时代收入分配领域相关问题的重要论述,作为习近平新时代中国特色社会主义思想的一个组成部分,其中包含的新时代共享发展理念,丰富和发展了马克思分配正义思想,充分体现了马克思分配正义思想的实践性与人民性,"无产阶级的运动是绝大多数人的,为绝大多数人谋利益的独立的运动"③。因此,习近平对马克思分配正义思想的发展,是立足21世纪的国际形势和国内经济形势,总结经济发展新规律新特点,将马克思主义理论全面推向21世纪的最新思想成果,是指导我国分配实践的根本遵循。正如习近平所指出的"我们要立足我国国情和我们的发展实践,深入研究世界经济和我国经济面临的新情况新问题,揭示新特点新规律,提炼和总结我国经济发展实践的规律性成果,把实践经验上升为系统化的经济学说,不断开拓当代中国马克思主义政治经济学新境界,为马克思主义政治经济学创新发展贡献中国智慧"。

二、新时代分配正义的价值指向

分配正义的价值指向所聚焦的,是"为谁分配"这一根本性问题,也就是说分配的对象是全体人民、多数群体还是少数群体,"为谁分配"是进行分配正义

---

① 马克思,恩格斯.马克思恩格斯文集:第2卷[M].北京:人民出版社,2009:53.
② 中共中央文献研究室.十八大以来重要文献选编[M].北京:中央文献出版社,2016:827.
③ 马克思,恩格斯.马克思恩格斯选集:第1卷[M].北京:人民出版社,2012:411.

的路径探索以及构建分配正义原则的价值前提,规定了分配正义的目标导向、路径选择、结果检验和制度安排以及分配正义原则的构建。每个历史阶段都有其时代主题和时代特征,新时代的本质特征是复兴,重要特征是共享;因此,新时代分配正义的价值指向,是在推进中华民族伟大复兴的征程中实现共同富裕。

(一) 新时代分配正义的指向主体:全体人民

我们党已经度过了百年华诞,回首峥嵘岁月,我们实现了从"站起来""富强来"到"强起来"的历史性飞跃,民族复兴伟大事业呈现出无比光明的前景,"复兴"已经成为新时代最响亮的口号。党的初心是"为人民谋幸福",党的使命是"为民族谋复兴"。初心无比珍贵,使命无限光荣。我们历经了从站起来到富起来的奋斗历程,实现了一次又一次的伟大飞跃,新时代我们正阔步行进在强起来的伟大征程中,新时代比以往任何历史时期都更加接近实现中华民族伟大复兴这一宏伟目标。"任何其他概念都无法像'复兴'一样揭示当今时代最深刻的本质特征。"[1]

经过建党一百多年和建国七十余年的奋斗,中华民族伟大复兴,有了强大的政治制度前提,有了坚实的经济物质基础。在民族复兴的伟大征程中,"一个有活力、有效率、经济迅速发展,同时保持收入分配公平、人际关系和谐的社会,应当是一个以市场经济为基本制度的社会;把收入差距保持在合理范围之内的社会"[2];我们要以公众最大福利和发展为基本目标,树立人民至上的理念,让全体人民走向共同富裕。新时代所要实现的共同富裕,就是通过"共享"达到全体人民共同享有发展成果,党的十九大报告关于我国社会主要矛盾的新判断,"我国社会主要矛盾已经转化为人民日益增长的美好生活需要和不平衡不充分的发展之间的矛盾"[3]。这是我们在研判新形势、把握新国情的基础上作出的正确判断,是我们今后一段时间制定方针政策的根本依据。满足人民日益增长的美好生活需要,必须历经"共享"这一途径,"共享"既是解决发展不平衡和不充分问题的必由之路,又是走向共同富裕的根本出路。

"让全体人民共享发展成果"是习近平新时代中国特色社会主义思想以人民为中心的重要体现。"以人民为中心的发展思想,不是一个抽象的、玄奥的概念,不能只停留在口头上、止步于思想环节,而要体现在经济社会发展各个环节。要坚持人民主体地位,顺应人民对美好生活的向往,不断实现好、维护好、

---

[1] 贾立政.关于新时代主题及其本质特征的思考[J].人民论坛,2019(10):58-60.
[2] 王小鲁.市场经济与共同富裕[M].北京:中译出版社,2022:347.
[3] 中国共产党第十九次全国代表大会文件汇编[M].北京:人民出版社,2017:9.

发展好最广大人民根本利益,做到发展为了人民、发展依靠人民、发展成果由人民共享。"①"共享"不是空洞的,而是有着丰富内容的,具体展开就是:全民共享、全面共享、共建共享和渐进共享。全民共享讲的是:共享的主体是人民,解决的是为了谁、依靠谁的问题;全面共享讲的是共享涉及的广度,它不是单面的而是全面的;共建共享讲的是共享的实现方式;渐进共享讲的是共享的实现逻辑。所以说,"共享发展成果"是一个系统工程,不是一个空洞的概念,更不是嘴上喊喊的口号,而是一个现实的发展过程。这就给我们提出了更高的要求,就需要在分配领域更加注重公平和正义,这也是社会主要矛盾对党和国家工作提出的新要求,"共享"既是人民主体地位的根本体现,又是社会主义制度的必然要求,更是新时代的重要特征。"必须始终把人民利益摆在至高无上的地位,让改革发展成果更多更公平惠及全体人民,朝着实现全体人民共同富裕不断迈进。"②面对新时代新的矛盾,要求我们始终把人民放在最高的位置,经由共享发展之路实现共同富裕。

(二) 新时代分配正义的实现程度:共同富裕

全面建成小康社会之后,共同富裕这一目标又迈上一个新的台阶,实现中华民族伟大复兴,这是一个伟大宏伟的目标,赋予分配实践神圣的使命,给分配领域的工作提出了更高的要求。需要我们要深刻把握新时代社会主要矛盾的转化,为推进新时代共同富裕创造条件。

解决"不平衡不充分的发展"问题,实现共同富裕,仍然需要打牢物质基础。不平衡的发展容易滋生两极分化,给社会稳定带来隐患。不充分的发展则严重制约了社会发展的整体谋划,掣肘经济进步的步伐。总之,"不平衡不充分的发展"已经成为阻碍社会发展、制约人民群众实现美好生活需要的根本性因素。不平衡不充分的发展,归根结底是由生产力发展水平所决定的,"我国社会主要矛盾的变化,没有改变我们对社会主义所处历史阶段的判断,我国仍处于并将长期处于社会主义初级阶段的基本国情没有变,我国是世界最大发展中国家的国际地位没有变"③。我国的生产力水平决定了我们仍处于并将长期处于社会主义初级阶段。在生产力发展还远远未达到实现个人自由发展的阶段,不平衡不充分发展的问题必然会体现在经济和社会生活的很多方面,既有地域发展的不平衡,又有阶层、行业等发展的不平衡,存在居民收入差距、机会和权利不均

---

① 习近平.习近平在省部级主要领导干部学习贯彻党的十八届五中全会精神专题研讨班上的讲话[N].人民日报,2016-05-10(2).
② 中国共产党第十九次全国代表大会文件汇编[M].北京:人民出版社,2017:36.
③ 中国共产党第十九次全国代表大会文件汇编[M].北京:人民出版社,2017:10.

等、城乡区域发展差距较大等问题。这些问题与人民群众对美好生活的需要是相悖的。因此,新时代要解决我国社会的主要矛盾,必须抓住起支配和主导作用的主要方面,通过解决不平衡不充分的发展这一问题,不断满足人民群众追求美好生活的需要。

同时,还要在分配领域着力建立更加公平合理的收入分配制度,为共同富裕提供制度保障,才能推进共同富裕持续向前发展。马克思站在历史唯物主义的立场指出,人的需要与人的本性是统一的,"他们的需要即他们的本性"[1],不同历史时期以及不同个体的需要也是不一样的,"人民日益增长的美好生活需要"的内涵至少包括了以下五个方面:

第一,新时代"人民日益增长的美好生活需要",表明广大人民群众是主体,是我们为之服务的对象,而不是单个的群体或者某个阶层,美好生活是属于最广大人民群众的需要。

第二,新时代"美好生活"作为人民群众的一种需要,是对"物质文化需要"的一种发展和丰富,不仅其中内蕴着物质文化需要,而且提升了需要的层次、高度和广度,体现了新时代人民群众需要的理想性和丰富性。"人民美好生活需要日益广泛,不仅对物质文化生活提出了更高要求,而且在民主、法治、公平、正义、安全、环境等方面的要求日益增长。"[2]

第三,新时代人民群众的需要具有阶段性、历史性,"日益增长"的需要,就是每一个阶段都比上一个阶段有所提升的需要,是随着历史的进步而不断提升的需要。"美好生活需要"是建立在原来需要被满足的前提下提出的更高层次的需要,具有阶段性和历史性的特征,人民群众的需要受到特定阶段生产力发展水平的制约。

第四,新时代人民群众的需要还具有多样性的特征,需要的多样性体现在从不同的视角可以对需要作出不同的划分,既有生存需要和发展需要、享受需要之分,又有物质需要与精神需要之分等。人民群众的需要是一个多层次、分类型、差异化的复合整体。

第五,新时代人民群众的需要还具有无限性的特征,人民群众原有需要在被满足之后会催生新的更高级的需要,这种需要的提升是无止境的,随着社会的发展而发展,随着时代的进步而进步,因而是无限的。这种无限的提升是一个动态渐进的过程,"美好生活需要"是随着生产力的发展而"日益增长"的,可谓"人以其需要的广泛性和无限性区别于一切动物"[3]。

---

[1] 马克思,恩格斯.马克思恩格斯全集:第3卷[M].北京:人民出版社,1960:514.
[2] 中国共产党第十九次全国代表大会文件汇编[M].北京:人民出版社,2017:9.
[3] 马克思,恩格斯.马克思恩格斯全集:第49卷[M].北京:人民出版社,1982:130.

从马克思需要理论的视角来看,社会主要矛盾实质上是人民群众的需要与社会发展之间的矛盾[①],新时代人民日益增长的美好生活需要和不平衡不充分的发展之间的矛盾,其实质是人民群众需要与经济社会发展之间的矛盾,由于经济和社会发展的不平衡、不充分,进而不能完全满足人民群众的需要。

总之,共同富裕作为新时代分配正义的价值指向,它表明了分配正义涉及的主体是全体人民,分配正义所达到的水准是共同富裕,而共同富裕的实现是建立在缩小收入差距,解决城乡、地区、行业以及阶层收入差距基础之上的。共同富裕是社会主义制度优越性的体现。正如党的二十大报告所指出的:"共同富裕是中国特色社会主义的本质要求,也是一个长期的历史过程。我们坚持把实现人民对美好生活的向往作为现代化建设的出发点和落脚点,着力维护和促进社会公平正义,着力促进全体人民共同富裕,坚决防止两极分化。"[②]它不是一蹴而就的,需要我们付出长期的努力和奋斗,锲而不舍、久久为功。

三、新时代分配正义原则的构建

分配正义是人类对于物质财富、精神财富以及权利与机会等社会资源进行合理分配所体现出的正义性,而人们对这些社会资源进行分配,需要依据一定的规则或者准则进行,正义原则作为应然的制度设计原则,"分配正义原则是人类在社会资源分配活动中对资源分配应该体现的公正性或正义性所作的准则性规定,它是人类为了实现分配正义而为其自身确立的价值目标和行动准则"[③]。人是分配正义原则的主体,分配正义原则作为一种人为建构的产物,具有重要的政治价值、经济价值、伦理价值,新时代我们需要践行分配正义的基本原则有:平等原则、贡献原则、需要原则以及共享原则。

(一) 新时代践行分配正义的平等原则

马克思认为,一定社会的经济基础决定其观念上层建筑和政治上层建筑,在现代文明社会,每个国家公民在基本权利上都是平等的,平等的核心是在利益分配上不同的相关者分配的利益数额完全相等,彼此之间没有差别,"一切人,作为人来说,都有某些共同点,在这些共同点所及的范围内,他们是平等的,

---

① 高峰,胡云皓.从马克思的需要理论看新时代中国社会主要矛盾的转化[J].当代世界与社会主义,2018(5):64-69.

② 习近平.高举中国特色社会主义伟大旗帜 为全面建设社会主义现代化国家而团结奋斗:在中国共产党第二十次全国代表大会上的报告[M].北京:人民出版社,2022:22.

③ 向玉乔.分配正义[M].北京:中国社会科学出版社,2014:144.

这样的观念自然是非常古老的。但是现代的平等要求与此完全不同;这种平等要求更应当是从人的这种共同特性中,从人就他们而言的这种平等中引申出这样的要求:一切人,或至少是一个国家的一切公民,或一个社会的一切成员,都应当有平等的政治地位和社会地位"①。平等的政治地位和社会地位是平等进行分配的前提,平等原则作为分配正义的一个重要原则,是分配在现实操作上的一个最为基本的测量尺度,正如亚里士多德所言,正义总是寓于某种平等之中。

而平等又具有两种类型:"所谓平等有两类,一类为其数相等,另一类为比值相等。'数量相等'的意义是你所得的相同事物在数目上和容量上与他人所得者相同;'比值相等'的意义是根据个人的真价值,按比例分配与之相衡称的事物。"②"数量相等"比较容易理解,"比值相等"的实质就是其收获与其付出是成正比例的。亚里士多德告诉我们的是,令人满意的分配既要注意分配数量的平等,又要兼顾比值的平等。市场经济需要践行的平等是一种法权意义上的平等,说到底是一种形式上的平等。社会主义市场经济,应当超越传统市场经济法权意义上的平等,将平等延伸至经济领域和社会领域。也就是说,社会主义中国将不满足于形式上的平等,试图在结果平等上也能够有所实现。

分配正义问题受制于特定时代的生产条件,作为社会主义国家的中国,人民享有平等的权利,生产资料以公有制为主体,分配制度以按劳分配为主体,按劳分配作为社会主义阶段向共产主义阶段过渡期间的一种分配方式,"按劳分配制度本身是存在缺陷的,会造成实质上有差别的平等"③。劳动报酬在初次分配中比重偏低、居民收入差距较大等分配正义问题的解决,需要我们补上现行分配制度的短板,不断完善现行的分配制度,弥补按劳分配制度的不足。在一定程度上实现实质平等和结果平等,这就要求我们必须发挥政府对市场经济的调节和监管作用。坚持平等原则,是实现分配正义的必然要求。在分配领域坚持平等原则,就是要努力消除表面平等与实质平等之间的偏差,"平等是正义的表现,是完善的政治制度或社会制度的原则,这一观念完全是历史地产生的。"④平等原则包含了如下的准则,即资源占有的平等、权利平等以及机会平等。

其一,在社会主义社会,全体成员共同拥有全部生产资料的终极所有权,在共有的资源面前,所有社会成员都是平等的,坚持资源占有的平等,是消灭剥削和解决分配正义问题的主要途径。"剥削存在的决定因素是财产的初始分配,从

---

① 马克思,恩格斯.马克思恩格斯选集:第3卷[M].北京:人民出版社,2012:480.
② 亚里士多德.政治学[M].吴寿彭,译.北京:商务印书馆,1965:236-237.
③ 张兆民.马克思分配正义思想研究[M].北京:中国社会科学出版社,2016:197.
④ 马克思,恩格斯.马克思恩格斯全集:第20卷[M].北京:人民出版社,1971:668.

更一般意义上讲,是生产资料私有权制度,这种制度允许财产分配被累积为代代相传的巨大的不平等。"①历史上阶级社会存在阶级剥削和阶级压迫现象,存在社会分配不平等现象,其总根源就是生产资料私有制。

其二,政府采取政策措施,逐渐消除当前我国城乡二元结构带来的权利不平等,权利的平等是历史的和具体的,受到经济和社会发展程度的制约。从历史的角度来看,我国城乡分割的二元经济结构,是为了最大程度地促进工业发展。但是,随着城市化规模的扩大,大量农民从土地中解放出来,并进入城市,客观上改变了这种城乡二元结构,促进了全体公民基本权利的平等,使城乡居民享受等质等量的基本公共服务,是践行分配正义平等原则的必然要求。

其三,机会平等原则作为分配正义的一项重要原则,是社会主义市场经济遵循的重要规则。机会平等是对分配正义原则的实际操作和具体运用,生产方式决定分配方式,机会平等保证了具有一定资格的人或市场主体,有权利平等参与到生产的竞争中。"流通中发展起来的交换价值过程,不但尊重自由和平等,而且自由和平等是它的产物;它是自由和平等的现实基础。作为纯粹概念,自由和平等是交换价值过程的各种要素的一种理想化的表现;作为法律的、政治的和社会的关系上发展了的东西,自由和平等不过是另一次方上的再生产物而已。"②商品流通、货物贸易必须建立在机会平等的基础上,即尊重自由和平等的原则,进行交换和贸易的双方如果处于不自由不平等的地位,交换和贸易是无法进行下去的。

(二) 新时代践行分配正义的贡献原则

我国当前阶段的劳动还主要是人们谋生的一种手段,这就决定了:在分配领域还没有条件实行按需分配。社会主义初级阶段的社会形态,决定了我们的生产结构、市场结构、经济结构都具有独特的特点:比如,在生产之外,对于经济的贡献还有资本要素、土地要素、思想智慧要素、科学技术要素、管理能力要素等,这些要素都和生产要素共同发挥着作用。"所谓'贡献'是指作为'劳动'的贡献,'劳动'也是指向'贡献'的劳动。"③生产要素的决定作用是在归根结底的意义上讲的。有时候在特定情况下,资本要素也许比其他要素更重要,土地的重要性更加凸显,思想智慧也许比其他要素具有更加突出的地位,科学技术要素渗透到其他要素之中,又能极大地提升生产能力和水平。既然诸如此类的情况

---

① 罗默.在自由中丧失:马克思主义经济哲学导论[M].段忠桥,等译.北京:经济科学出版社,2003:118.
② 马克思,恩格斯.马克思恩格斯全集:第46卷下[M].北京:人民出版社,1980:477.
③ 贾可卿.共同富裕与分配正义[M].北京:人民出版社,2018:93.

是客观存在的,那么,在分配领域,就应该全面考虑资本要素、土地要素、思想智慧要素、科学技术要素、管理能力要素等在经济运行过程中的贡献,根据它们贡献的大小决定它们获取报酬的多少,这就是科学的分配机制,也在分配领域彰显了公平正义的价值观。马克思对社会主义阶段中的分配做过这样的描述:"每一个生产者,在作了各项扣除之后,从社会方面正好领回他所给予社会的一切。他所给予社会的,就是他个人的劳动量……他从社会方面领回一张证书,证明他提供了多少劳动,而他凭这张证书从社会储存中领得和他所提供的劳动量相当的一份消费资料。他以一种形式给予社会的劳动量,又以另一种形式全部领回来。"①党的十九届四中全会指出:"健全劳动、资本、土地、知识、技术、管理、数据等生产要素由市场评价贡献、按贡献决定报酬的机制。"②

践行分配正义的贡献原则,要求我们在分配上兼顾生产劳动的贡献和非生产劳动的贡献。要充分体现按劳分配,同时兼顾资本、土地、知识、技术、管理等要素参与到分配中,不同要素按各自贡献都能获得相应回报。既考虑劳动力的投入、付出与贡献,又考虑劳动者以其他方式投入生产过程的贡献,无论以什么方式参与经济过程,只要对经济增长作出贡献,我们就给予相应的报酬,谁的贡献大,其得到的报酬就多。

一方面,劳动作为人类改造自然之物,使其成为有用之物的对象性的实践活动,马克思不止一次强调劳动是价值创造的唯一源泉,"任何一个民族,如果停止劳动,不用说一年,就是几个星期,也要灭亡,这是每一个小孩都知道的"③。因此,在分配领域不要拘泥于形式,而要注重内容(这里内容意指对于经济发展的贡献),轻方式、重结果,要保护一切合法的劳动收入。

另一方面,非生产劳动包含了资本要素、土地要素、思想智慧要素、科学技术要素、管理能力要素、网络大数据要素等,它们都不同于传统意义上的生产要素,都是时代发展形成的新的生产要素,以这些要素投入生产过程的主体也应该按照其贡献的大小获得相应的收入分配。马克思曾以运输业为例,说明了从事非生产劳动的主体也对财富的生产作出了独特贡献,应该获得相应的收入,在商品的生产、流通、消费过程中,运输业的作用不可忽视,所以非生产劳动要素应当按其贡献大小参与到分配当中去。"物品的使用价值只是在物品的消费中实现,而物品的消费可以使物品的位置变化成为必要,从而使运输业的追加生产过程成为必要。因此,投在运输业上的生产资本,会部分地由于运输工具

---

① 马克思,恩格斯.马克思恩格斯文集:第3卷[M].北京:人民出版社,2009:434.
② 中共中央关于坚持和完善中国特色社会主义制度 推进国家治理体系和治理能力现代化若干重大问题的决定[N].人民日报,2019-11-06(1).
③ 马克思,恩格斯.马克思恩格斯文集:第10卷[M].北京:人民出版社,2009:289.

的价值转移,部分地由于运输劳动的价值追加,把价值追加到所运输的产品中去。后一种价值追加,就像在一切资本主义生产下一样,分为工资补偿和剩余价值。"①

(三)新时代践行分配正义的需要原则

马克思认为,在社会生产力还没有达到高度发达的阶段,社会产品还未达到极大丰富,决定了这一阶段实现的分配原则,只能是"等量劳动获取等量报酬"。作为共产主义高级阶段的分配原则,"按需分配"则需要以生产力高度发达为保障。经过改革开放40多年的持续奋斗,我国社会生产力有了很大程度的发展,但是离生产力高度发达状态还有很大的距离。我国当前还处于社会主义初级阶段就决定了在这一阶段实行的分配原则只能是"等量劳动获取等量报酬"。作为共产主义高级阶段的分配原则,"按需分配"则需要以生产力高度发达为保障。今天的中国离生产力高度发达状态还有很大的距离。因此,基于当前生产力水平的物质基础,我们需要创新马克思按需分配原则,使之在新时代的实践中焕发出生机和活力。

按照唯物史观的逻辑,社会发展矛盾运动的根本表现,是人的需要与供给的矛盾运动,人的需要是社会发展最原始的动力。人有衣食住行的需要,在衣食住行这一消费形式中人生产了自己的身体所需的生活资料,"没有生产,就没有消费;但是,没有消费,也就没有生产,因为如果没有消费,生产就没有目的。……没有需要,就没有生产"②。生产是中介着消费的,因为生产能够创造出消费的材料。同时,生产又是需要的前提和基础,真正意义上的按需分配,必定是建立在社会物质基础之上的,生产力的发展水平达到了让社会财富涌流的阶段。依据当前我国的生产力发展水平,在资源稀缺的前提下,"按需分配"只能是按照"合理"的需要进行分配。

何为合理的需要呢?即与社会发展水平和生活实际相适应的需要。人民对于美好生活的需要就是"合理的需要",是与当前我国社会生产力发展水平以及人民生活相适应的需要。新时代践行分配正义需要原则的最终归宿,是满足人民对美好生活的需要,"如果需求被理解为对纯粹的生活必需品的需求,这个原则就不太具有吸引力。社会主义政府如果只满足人民的最基本的物质需要,就很难说得上是对西方某些民主福利国家的发展"③。因此,新时代我国践行分配正义的需要原则,已经不再完全是以往时代的需要,人民需要的内容和形式、

---

① 马克思,恩格斯.马克思恩格斯文集:第6卷[M].北京:人民出版社,2009:167-168.
② 马克思,恩格斯.马克思恩格斯文集:第8卷[M].北京:人民出版社,2009:15.
③ 金里卡.当代政治哲学[M].刘莘,译.上海:上海三联书店,2004:342.

需要的深度、高度和广度都不同于过去。最新科技成果的广泛应用,创造出来的社会物质产品也极大地丰富起来,社会必须的水准也随之越来越高。新时代我们在处理分配正义问题上,要将满足人民对美好生活的需要作为出发点和落脚点。

新时代践行分配正义的需要原则,需要发挥国家的调剂作用,在社会财富总额既定的前提下,分配政策需要灵活机动,根据需要,从一部分人调剂向另一部分人,如果国家的调剂作用发挥不到位,就会产生贫富差距过大的问题。在许多情况下,需要原则的"需要"既是合理的又是必需的,是在当前我国经济条件下所有社会成员都应当得到满足的,"存在着对人类而言什么可算作是最低限度的体面生活的共享的社会规范,通过援引这些社会规范,我们就能把那些防止人们滑落到这种最低限度之下的东西定义为需要。我们可以说住房是一种需要,因为我们体面的生活的规范是把露宿街头排除在外的"[1]。例如,当前我国坚持房子是用来住的,不是用来炒的定位,政府进行的公租房建设等,都是在践行分配正义的需要原则,满足人民群众对住房的合理需要。

(四) 新时代践行分配正义的共享原则

马克思指出,要彻底改变无产阶级窘迫和悲惨生活状况,唯有消灭私有制,建立公有制。使无产阶级共同享有自身创造和发展带来的成果,包括物质、精神、政治、文化等一切成果。"把资本变为公共的、属于社会全体成员的财产,这并不是把个人财产变为社会财产。这里所改变的只是财产的社会性质。"[2]从根本上来说,这里要求改变的是生产资料所有权,即消灭生产资料私有制,取而代之以公有制。

生产资料公有制的实行,为实现共享劳动产品打下了基础,在具体消费产品的分配上,还需要进行共享的分配原则。马克思曾指出,在对消费产品的分配上,由于个人天赋的不同以及个人家庭负担的不同,平等分配在实质上是不平等的。通过论述两种不同类型的"野营旅行",科恩指出,社会主义的平等原则需要以共享原则来进行调节,"共享的互惠与市场的互惠不是一回事,因为市场对生产性贡献的激发不是基于一个人对其人类同胞的奉献,和在被他们服务的同时也服务于他们的愿望,而是基于金钱的回报"[3]。共享原则是不同于市场的原则,"根据这一原则,我为你提供服务不是因为这样做我能得到作为回报的

---

[1] 米勒.社会正义原则[M].应奇,译.南京:江苏人民出版社,2005:305.
[2] 马克思,恩格斯.马克思恩格斯选集:第1卷[M].北京:人民出版社,2012:415.
[3] 段忠桥.为社会主义平等主义辩护:G.A.科恩的政治哲学追求[M].北京:中国社会科学出版社,2014:230.

什么,而是因为你需要或你想要我的服务,而你给我提供服务也是处于同样的原因"①。科恩认为,以社会主义机会平等的名义加以禁止的不平等现象,可以以共享的名义来实现,如果社会主义的机会平等得以实现,分配结果上的差异,反映的只是偏好和选择的差异,而不再是自然和社会的能力以及权利上的差异,"某些不能以社会主义机会平等的名义加以禁止的不平等,却应以共享的名义加以禁止"②。

马克思对未来社会蓝图描绘的主题是共富和共享,二者是有机地联系在一起的,共享既是共富的途径和手段,也是共富的目标和指向。当前,人民对于美好生活的需要以及对于这种需要的满足,内含共享的价值取向和价值旨归,习近平指出:"共享发展注重的是解决社会公平正义问题。"③分配问题的根源在于生产资料所有制,解决收入差距问题需要以人民为中心,落实共享发展理念。马克思指出:"由社会成员组成的共同联合体来共同地和有计划地利用生产力;把生产发展到能够满足所有人的需要的规模;结束牺牲一些人的利益来满足另一些人的需要的状况;彻底消灭阶级和阶级对立;通过消除旧的分工,通过产业教育、变换工种、所有人共同享受大家创造出来的福利,通过城乡的融合,使社会成员的才能得到全面发展——这就是废除私有制的主要结果。"④这就需要从两个方面发力:一方面,要着力打破束缚生产力发展的桎梏,调动劳动者的积极性、主动性和创造性,不懈奋斗,做大经济"蛋糕";另一方面,要完善分配政策,健全分配机制,分好经济"蛋糕",让公平正义之光洒向每一个社会成员,让人民有更多的获得感。"一是充分调动人民群众的积极性、主动性、创造性,举全民之力推进中国特色社会主义事业,不断把'蛋糕'做大。二是把不断做大的'蛋糕'分好,让社会主义制度的优越性得到更充分体现,让人民群众有更多获得感。"⑤

经世济用,是中华民族的传统;用科学理论指导实践,是马克思主义的本性。马克思分配正义思想对我们解决新时代分配正义问题,具有重要的实践价值。新时代人们对于美好生活的需要包含了对分配正义的需要,社会对公平与正义的呼声很高,亟须我们解决不同区域人民的收入差距、不同行业从业人员的收入差距,以及不同阶层人民的收入差距,这些问题都是收入分配正义问题。

---

① G.A.科恩.为什么不要社会主义[M].段忠桥,译.北京:人民出版社,2011:37.
② G.A.科恩.为什么不要社会主义[M].段忠桥,译.北京:人民出版社,2011:27.
③ 习近平.在党的十八届五中全会第二次会议上的讲话:节选[J].求是,2016(1).
④ 马克思,恩格斯.马克思恩格斯文集:第1卷[M].北京:人民出版社,2009:689.
⑤ 中共中央文献研究室编.习近平关于社会主义经济建设论述摘编[M].北京:中央文献出版社,2017:43.

实现好、维护好、发展好最广大人民根本利益,是我们党的根本宗旨,是党坚持不懈、常抓常新的根本目标,是党的初心和使命的具体化,需要持之以恒地奋斗。习近平指出:"要建设体现效率、促进公平的收入分配体系,实现收入分配合理、社会公平正义、全体人民共同富裕。"①党的二十大报告指出:"我们要实现好、维护好、发展好最广大人民根本利益,紧紧抓住人民最关心最直接最现实的利益问题,坚持尽力而为、量力而行,深入群众、深入基层,采取更多惠民生、暖民心举措,着力解决好人民群众急难愁盼问题,健全基本公共服务体系,提高公共服务水平,增强均衡性和可及性,扎实推进共同富裕。"②

四、新时代实现分配正义的路径探索

在马克思看来,分配正义问题是受制于特定历史时期的生产力发展水平、受制于特定生产方式的问题。马克思主义是要用来解决实践问题的,恩格斯在致韦尔纳·桑巴特的信中指出:"马克思的整个世界观不是教义,而是方法。它提供的不是现成的教条,而是进一步研究的出发点和供这种研究使用的方法。"③马克思主义中国化时代化的过程,就是把马克思主义与时代特征和中国实际国情相结合的过程,是运用马克思主义立场、观点、方法解决当代中国实际问题的过程。马克思指出:"理论在一个国家的实现程度,决定于理论满足这个国家的需要的程度。"④马克思分配正义思想对指导我们当前分配领域的改革与实践具有重要的价值,我们要运用马克思主义理论武器,对新时代出现的分配正义问题作出科学的分析,进行制度和实践层面的探索,进而有针对性地提出解决问题的对策。

(一)以发展生产力为前提,推动分配正义

马克思认为,分配是由生产决定的,分配问题归根到底是由于生产资料占有方式所导致的,而生产方式是受到生产力发展水平所决定的。当前,我国分配领域存在诸多难题,究其原因,既有历史的原因又有现实的原因,既有自身的原因也有外在的原因。其中的根源在于解放和发展生产力。马克思指出:"生

---

① 新华社.习近平在中共中央政治局第三次集体学习时强调 深刻认识建设现代化经济体系的重要性 推动我国经济发展焕发新活力迈上新台阶[N].人民日报,2018-02-01.
② 习近平.高举中国特色社会主义伟大旗帜 为全面建设社会主义现代化国家而团结奋斗:在中国共产党第二十次全国代表大会上的报告[M].北京:人民出版社,2022:46.
③ 马克思,恩格斯.马克思恩格斯文集:第10卷[M].北京:人民出版社,2009:691.
④ 马克思,恩格斯.马克思恩格斯全集:第1卷[M].北京:人民出版社,1956:462.

产力的这种发展（随着这种发展，人们的世界历史性的而不是地域性的存在同时已经是经验的存在了）之所以是绝对必需的实际前提，还因为如果没有这种发展，那就只会有贫穷、极端贫困的普遍化；而在极端贫困的情况下，必须重新开始争取必需品的斗争，全部陈腐污浊的东西又要死灰复燃。"①习近平也强调："没有经济发展，分配就是无源之水、无本之木。"②因此，新时代必须解放和发展社会生产力，为实现正义的分配提供必不可少的物质基础。

物质生产力的极大发展，是实现共产主义的基础和前提，只有在共产主义社会才能实现按需分配，彻底解决分配正义问题。"当人们还不能使自己的吃喝住穿在质和量方面得到充分保证的时候，人们就根本不能获得解放。"③在共产主义社会中，"社会生产力的发展将如此迅速，以致尽管生产将以所有的人富裕为目的，所有的人的可以自由支配的时间还是会增加"④。在历史唯物主义视野中，正义是与市民社会、政治解放相伴随的一个范畴，是人类一定发展阶段的必然诉求。只要人类历史还没有达到共产主义的高度，正义就是人类无法超越和必须面对的事实。发展既是解决人类问题的着力点，又是解决我国实际问题的基础和关键，发展生产力也是解决分配正义问题的根本途径。正因如此，习近平多次强调："我们党执政，就是要带领全国各族人民持续解放和发展社会生产力，不断改善人民生活。"⑤

社会主义市场经济在发展生产力的同时需要处理好公平与效率之间的关系，需要注意避免发展带来的社会阵痛，社会基本矛盾内含着不公正、非正义问题，可以看作一种社会阵痛。在不平衡不充分发展中，存在城乡收入差距、地区收入差距、行业和阶层收入差距等问题，在社会主义初级阶段是不可避免的"阵痛"。"这些弊病，在经过长久阵痛刚刚从资本主义社会产生出来的共产主义社会第一阶段，是不可避免的。权利绝不能超出社会的经济结构以及由经济结构制约的社会的文化发展。"⑥从这个方面来看，分配方式受制于经济运行中的结构和制度，受制于物质生产的组织方式。"分配方式与生产方式相适应就是正义的；分配方式与生产方式相矛盾时就是非正义的。"⑦

---

① 马克思,恩格斯.马克思恩格斯选集:第1卷[M].北京:人民出版社,2012:166.
② 习近平2016年5月16日在中央财经领导小组第十三次会议上的讲话[R/OL].[2016-05-16].http://www.xinhuanet.com/politics/2016-05/16/c_1118875925.htm.
③ 马克思,恩格斯.马克思恩格斯文集:第1卷[M].北京:人民出版社,2009:527.
④ 马克思,恩格斯.马克思恩格斯文集:第8卷[M].北京:人民出版社,2009:200.
⑤ 中共中央文献研究室.习近平关于社会主义经济建设论述摘编[M].北京:中央文献出版社,2017:10.
⑥ 马克思,恩格斯.马克思恩格斯文集:第3卷[M].北京:人民出版社,2009:435.
⑦ 马克思,恩格斯.马克思恩格斯文集:第7卷[M].北京:人民出版社,2009:379.

解决不平衡不充分发展问题的根本,是要坚持以经济建设为中心,为人民的美好生活奠定坚实的物质基础。我国人均GDP还比较低,经济建设仍然是党和人民踔厉奋发、笃行不怠的中心工作。"实现中华民族伟大复兴的中国梦,不断提高人民生活水平,必须坚定不移把发展作为党执政兴国的第一要务,坚持解放和发展社会生产力,坚持社会主义市场经济改革方向,推动经济持续健康发展。"①

巧妇难为无米之炊,只有打下雄厚的物质基础,创造丰富的物质财富和精神财富,才能满足人民对美好生活的需要。"贫穷不是社会主义,社会主义要消灭贫穷。不发展生产力,不提高人民的生活水平,不能说是符合社会主义要求的。"②只有在社会物质财富不断被创造出来的时候,人民的生活水平才具备了提高的前提。因此,分配正义作为人民对美好生活需要中的一种需要,离不开社会生产力的支撑,也离不开经济建设所创造的物质资料这一基础,新时代解决分配正义问题的基础,是解放和发展社会生产力。

(二) 以完善生产资料所有制为基础,促进分配正义

社会生产总过程中的生产、分配、交换与消费四个环节,是相互影响、相互联系和相互制约的,在四个环节中,生产是起到决定作用的,决定着其他环节的运行。马克思指出:"在分配是产品的分配之前,它是(1) 生产工具的分配,(2) 社会成员在各类生产之间的分配(个人从属于一定的生产关系)——这是同一关系的进一步规定。这种分配包含在生产过程本身中并且决定生产的结构,产品的分配显然只是这种分配的结果。如果在考察生产时把包含在其中的这种分配撇开,生产显然是一个空洞的抽象;相反,有了这种本来构成生产的一个要素的分配,产品的分配自然也就确定了。"③同时,分配也会对生产起到能动的反作用,辩证地看待生产资料所有制与分配制度的关系,是马克思分配正义思想的特质,也是我们解决新时代分配正义问题的基本遵循。

分配正义问题,作为我国现行经济制度和分配制度体系下产生的一个必然性问题,在新时代这一特定历史阶段不能彻底根除。一方面,只有通过解放和发展社会生产力这一重要途径,才能得以解决;另一方面,通过经济、政治等制度结构的变革或者科学设计,为非正义的消灭提供现实的物质条件,或者减轻分配非正义所带来的痛苦。

从根本上讲,人民群众对分配正义的要求,与不平等不充分发展带来的分

---

① 中国共产党第十九次全国代表大会文件汇编[M].北京:人民出版社,2017:25.
② 邓小平.邓小平文选:第3卷[M].北京:人民出版社,1993:116.
③ 马克思,恩格斯.马克思恩格斯文集:第8卷[M].北京:人民出版社,2009:20.

配非正义之间的矛盾,是由于我国生产力水平还比较低造成的。这一矛盾只是暂时的,具有阶段性的特征,随着时代的进步会被化解的。高举马克思主义旗帜的中国特色社会主义,不同于空想的社会主义,"我们所主张的分配正义是与生产力的发展结合在一起的,分配正义的实现过程同时也是生产力的发展过程,是共同富裕的实现过程"①。

  我国的经济制度和分配制度,是基于我国处于社会主义初级阶段国情作出的选择,具有历史必然性。"分配本身是生产的产物,不仅就对象说是如此,而且就形式说也是如此。就对象说,能分配的只是生产的结果,就形式说,参与生产的一定方式决定分配的特殊形式,决定参与分配的形式。"②在这样的制度条件下,分配非正义、不公平在一定发展阶段难以避免,因为所能进行的分配必定是生产的产物,不同时期生产力发展水平是不同的,能够拿来进行分配的产品种类与数量也是不同的,这具有历史的必然性。社会主义初级阶段出现分配正义问题,既具有历史必然性,又具有阶段性、暂时性。只要时刻把人民利益放在首位,我们就可以通过完善生产资料所有制,促进分配正义,实现共同富裕。"社会上有一些人说,目前贫富差距是主要矛盾,因此'分好蛋糕比做大蛋糕更重要',主张分配优先于发展。这种说法不符合党对社会主义初级阶段和我国社会主要矛盾的判断。"③

  首先,坚持生产资料公有制的主体地位。马克思认为生产关系是以生产资料所有制为基础的,其中劳动者与生产资料的结合方式是其本质部分。"人们在自己生活的社会生产中发生的一定的、必然的、不以他们的意志为转移的关系,即同他们的物质生产力的一定发展阶段相适应的生产关系,这些生产关系的总和构成社会的经济结构,即有法律的和政治的上层建筑竖立其上并有一定的社会意识形式与之相适应的现实基础。"④社会中占统治地位的生产关系,即经济基础决定了一个国家的体制和社会性质,生产资料所有制起到了一种关键作用,经济关系的核心本质是生产关系,生产资料所有制的形式决定了生产关系的性质。

  进入新时代,实现分配正义和共同富裕,必须继续坚持和践行生产资料公有制,生产资料公有制是实现分配正义的制度根基,我们要牢牢夯实这个根基。习近平指出"公有制主体地位不能动摇,国有经济主导作用不能动摇。这是保

---

① 贾可卿.共同富裕与分配正义[M].北京:人民出版社,2018:13.
② 马克思,恩格斯.马克思恩格斯文集:第2卷[M].北京:人民出版社,2009:36.
③ 中共中央文献研究室.习近平关于社会主义经济建设论述摘编[M].北京:中央文献出版社,2017:12.
④ 马克思,恩格斯.马克思恩格斯文集:第2卷[M].北京:人民出版社,2009:2.

证我国各族人民共享发展成果的制度性保证"①。无论我国处于什么样的发展阶段,公有制的主体地位都是不能动摇的,同时国有经济在社会主义市场经济中的主导作用也是不能动摇的,因为国有经济是保证我国各族人民共享发展成果、将经济命脉掌握在国家手中的制度性保证。新时代的中国,发展以生产资料公有制为主体的国有经济,在实现经济高质量发展、脱贫攻坚、疫情防控等工作中发挥了重要作用,其地位不可替代。

其次,促进多种所有制经济共同发展,将按劳分配与多种分配方式相结合,以实现分配正义。新时代,就实现分配正义的制度基础而言,一方面,我们要坚持以公有制为主体,坚持全体人民共同占有生产资料这一基本原则;另一方面,我们也要促进除了公有制经济之外的其他所有制经济的发展,调动技术、资本、管理等生产要素和生产资源,在分配上,也需要充分考虑这些生产要素所作出的贡献。以按劳分配为主体、多种分配方式并存,作为我们国家的基本经济制度和国家治理体系的制度优势,我们需要发挥这一制度优势在促进分配正义中的积极作用。

在2018年11月召开的民营企业家座谈会上,习近平曾指出,民营经济为我们国家的税收贡献了一半以上,七成以上的技术创新也是来源于民营经济,八成以上的城镇劳动就业也是民营经济带动的,而社会中九成以上的企业数量的性质都是民营经济。"贡献了50%以上的税收,60%以上的国内生产总值,70%以上的技术创新成果,80%以上的城镇劳动就业,90%以上的企业数量。"②多种所有制经济推动了我国经济的发展,也丰富了我国的分配方式,但是非公有制经济在发展过程中,资本逐利的本性决定了其最终目标是实现利润的最大化,这也容易导致在分配上"资强劳弱"分配局面的形成,这种分配方式本质上是非正义的分配。因此,新时代实现分配正义,我们必须坚持以生产资料公有制为主体,在这一基础上促进多种所有制经济共同发展,逐步平衡资本与劳动在非公有制经济中的占比,这也构成新时代分配正义的所有制基础。

(三)以构建合理分配体系为重点,完善分配正义

长期以来,我们始终关注的焦点是生产问题、经济发展问题,不论是人们日益增长的物质文化需要的满足、还是对人们日益增长的美好生活需要的满足都需要建立在经济发展基础之上,如果没有经济发展,分配则会变成无源之水。随着经济这一大盘日益扩大,大盘中的物品也日益丰富,如何分好经济大盘中

---

① 中共中央文献研究室.习近平关于社会主义经济建设论述摘编[M].北京:中央文献出版社,2017:63.

② 习近平.在民营企业家座谈会上的讲话[M].北京:人民出版社,2018:4-5.

的物品也成为摆在我们面前一个亟须解决的问题。邓小平说:"中国发展到一定程度后,一定要考虑分配问题。也就是说,要考虑落后地区发展和发达地区的差距问题。不同地区总会有一定差距,这种差距太小不行,太大也不行。如果仅仅是少数人富有,那就会落到资本主义去了。要研究提出分配这个问题和它的意义。"①习近平也深刻地指出:"要建设体现效率、促进公平的收入分配体系,实现收入分配合理、社会公平正义。"②

在解决分配正义的问题上,我们要通过完善分配制度,构建合理的分配体系来实现。党的二十大报告指出:"分配制度是促进共同富裕的基础性制度。坚持按劳分配为主体、多种分配方式并存,构建初次分配、再分配、第三次分配协调配套的制度体系。"③党的十一届三中全会之后我们实行改革开放的政策最大限度地促进市场经济的发展,试图通过"先富"带动"后富"最终实现共同富裕,但是经过改革开放四十多年的发展在取得经济总量快速攀升的同时,我们所面临的收入分配问题、分配正义问题等也日益突出,并成为提升人们幸福感、获得感的一个重要阻碍因素。因此,新时代我们要建设体现效率、促进公平的收入分配体系,从而实现收入分配合理、社会公平正义。在解决分配正义的问题上,我们要通过完善分配制度,构建合理的分配体系来实现分配目标。

第一,调整初次分配。在经济快速增长的同时,我们必须正视不同区域、不同行业、不同阶层之间收入差距过大的问题。这些分配正义问题的出现,原因是多方面的,但是最为重要的原因,还是改革开放以来一直存在的所有制结构不完善导致的,即初次分配是收入分配差距扩大的根源,其中最为突出和核心的问题是在初次分配中存在"资强劳弱"的问题,劳动报酬占GDP的比重长期偏低。党的二十大报告指出:"努力提高居民收入在国民收入分配中的比重,提高劳动报酬在初次分配中的比重。坚持多劳多得,鼓励勤劳致富,促进机会公平,增加低收入者收入,扩大中等收入群体。完善按要素分配政策制度,探索多种渠道增加中低收入群众要素收入,多渠道增加城乡居民财产性收入。"④

首先,要正确处理政府职能与市场职能之间的关系。初次分配坚持以市场为导向,减少政府在资源配置方面过度干预,建立兼顾效率与公平的要素分配

---

① 中共中央文献研究室.邓小平年谱:下[M].北京:人民出版社,2004:1356-1357.
② 新华社.习近平在中共中央政治局第三次集体学习时强调 深刻认识建设现代化经济体系重要性 推动我国经济发展焕发新活力迈上新台阶[N].人民日报,2018-02-01.
③ 习近平.高举中国特色社会主义伟大旗帜 为全面建设社会主义现代化国家而团结奋斗:在中国共产党第二十次全国代表大会上的报告[M].北京:人民出版社,2022:46-47.
④ 习近平.高举中国特色社会主义伟大旗帜 为全面建设社会主义现代化国家而团结奋斗:在中国共产党第二十次全国代表大会上的报告[M].北京:人民出版社,2022:47.

市场。资本主义的发展历史,给我们提供了一个警示:一个完全由适者生存支配的市场经济会产生太多问题,它所支持的权利和机会平等不能满足分配正义的全部要求。传统社会主义实践的发展也为我们总结了经验,如果完全抛弃市场,依照计划支配一切,则无助于实现分配正义,也会深度制约经济发展。现实中的经济生活纷繁复杂,不是政府直接干预的政治分配就可以消除在分配领域的剥削和非正义的,做法不当还会阻碍生产力的发展,抑制人民生活水平的提高,这在改革开放之前我们对社会主义的探索中已有许多教训。

政府有其自身的特殊利益,这一特殊利益可能会造成政府公共政策的失效。马克思认为,国家对经济生活的干预不是越多越好,完全由国家控制的计划经济,也不一定有助于实现分配正义。国家作为一种特殊工具,一方面,要维护统治阶级的利益,另一方面也要维护国家机关自己的特殊利益,但是这种特殊利益既不等同于全体社会成员的利益,也不必然等同于统治阶级的利益。国家机关为了自己的特殊利益,而侵犯统治阶级利益的情况也时有发生。恩格斯指出,"社会为了维护共同的利益,最初通过简单的分工建立了一些特殊的机关。但是,随着时间的推移,这些机关为首的是国家政权——为了追求自己的特殊利益,从社会的公仆变成了社会的主人。这样的例子不但在世袭君主国内可以看到,而且在民主共和国国内也同样可以看到"[①]。这种情况,即使在无产阶级夺取政权后也不会立即根除,"国家再好也不过是在争取阶级统治的斗争中获胜的无产阶级所继承下来的一个祸害;胜利了的无产阶级也将同公社一样,不得不立即尽量除去这个祸害的最坏方面,直到在新的自由的社会条件下成长起来的一代有能力把这个国家废物全部抛掉"[②]。因此,马克思、恩格斯所主张的是,国家的权利逐步归还社会,而非用国家垄断和计划经济的形式实现分配正义。新时代我们改进初次分配,就要着力强化政府顶层设计的职能,合理划分政府、市场主体以及人民在初次分配中所占的比重。

其次,初次分配中,要注意管控资本挤占劳动报酬的现象,提高劳动收入份额。就资本、劳动、管理、技术四种要素所占收入分配的比例而言,资本这一要素长期占据着主导地位,而劳动这一要素在参与分配的过程中,则长期处于最为被动的地位,管理、技术次之。党的十九届四中全会指出:"着重保护劳动所得,增加劳动者特别是一线劳动者劳动报酬,提高劳动报酬在初次分配中的比重。"[③]

[①] 马克思,恩格斯.马克思恩格斯文集:第3卷[M].北京:人民出版社,2009:110.

[②] 马克思,恩格斯.马克思恩格斯文集:第3卷[M].北京:人民出版社,2009:111.

[③] 中共中央关于坚持和完善中国特色社会主义制度 推进国家治理体系和治理能力现代化若干重大问题的决定[N].人民日报,2019-11-06(1).

长期以来我国经济增长与居民收入增长和劳动者报酬增长是不同步的,劳动者报酬增长相对于经济增长而言是比较缓慢的,劳动者报酬占比过低的分配结构偏低多年来一直存在,解决居民收入差距过大问题,就必须对此进行调整,力争使劳动者报酬增长与GDP增长同速,甚至快于GDP增长速度。因此,一方面必须健全和完善相关的政策和制度规定,另一方面运用法律和行政手段推进劳动报酬的增长,具体的手段包括提高最低工资标准、建立和完善工资协商谈判机制、加强对劳动者的法律保护等。推动劳动报酬的增长是提高人民收入水平的必然举措。"坚持按劳分配为主体、多种分配方式并存,提高劳动报酬在初次分配中的比重,完善工资制度,健全工资合理增长机制,着力提高低收入群体收入,扩大中等收入群体。"①

第二,完善再分配。国家作为再分配的主体,是在初次分配的基础上,通过税收等手段,在各收入主体之间实现现金或实物转移的收入再分配,这一分配过程也是政府对要素收入进行调整的过程。再分配领域中,制度是核心,通过税收制度、财政制度以及社会保障制度等作用的发挥来调节收入差距。党的二十大报告指出:"加大税收、社会保障、转移支付等的调节力度。完善个人所得税制度,规范收入分配秩序,规范财富积累机制,保护合法收入,调节过高收入,取缔非法收入。"②正义的分配作为人们对理想的分配方式的一种期望和愿景,不论当前社会所处的阶段如何,经济发展的水平如何,我们都要努力克服人为因素造成的不公平、非正义现象,注意发挥制度对于公平正义的保障作用。

首先,再分配要更加注重公平。我国现行的分配制度,从根本上保障了劳动者在同等条件下获得相一致的劳动报酬,促进了分配的公平与正义。但是,在再分配领域仍然存在一些问题,税收制度的作用还很有限,调节功能发挥得还不够,调节过高收入的作用发挥还不是很明显,需要进一步加强。党的二十大报告指出:"加大税收、社会保障、转移支付等的调节力度。完善个人所得税制度,规范收入分配秩序,规范财富积累机制,保护合法收入,调节过高收入,取缔非法收入。"③公共财政体制也有需要进一步完善的地方,此外,民生支出占财政支出的比例仍然偏低,需要有所提升。在分配领域,不仅要满足于形式上的平等和正义,还要在结果上能够实现,马克思认为,社会财富的分配,应当充分考虑个人的先天条件以及家庭因素的影响。一方面,社会财富分配,应该在尊重和承认个人先天条件存在差异的基础上,实现正义的分配,另一方面社会财

---

① 中国共产党第十九届中央委员会第五次全体会议文件汇编[M].北京:人民出版社,2020:56.

②③ 习近平.高举中国特色社会主义伟大旗帜 为全面建设社会主义现代化国家而团结奋斗:在中国共产党第二十次全国代表大会上的报告[M].北京:人民出版社,2022:47.

富的分配也要考虑婚姻、家庭、生育等因素。"一个劳动者已经结婚,另一个则没有;一个劳动者的子女较多,另一个的子女较少,如此等等。因此,在提供的劳动相同,从而由于社会消费基金中分得的份额相同的条件下,某一个人事实上所得到的比另一个人多些,也就比另一个人富些,如此等等。"① 因此,我们要"完善再分配机制,加大税收、社保、转移支付等调节力度和精确性,合理调节过高收入,取缔非法收入"②。我们在取缔非法收入的同时也需要对过高收入进行调节,通过较为完善的分配机制以及转移支付、社保、税收等途径加大调节力度和精确度。

其次,进一步完善社会保障制度。社会保障制度与居民收入是紧密相关联的,社会保障制度可以对收入分配起到有效的调节作用。社会保障是满足弱势群体基本生活需要的一种方式。一方面社会保障体现了对人的不同天赋能力的矫正,另一方面社会保障也体现了对历史上出现的不正义的矫正。社会保障制度保证了人民的利益诉求,作为一种补偿式的分配正义,客观上有助于社会的稳定。社会保障制度的不完善,扩大了收入差距,分配正义从根本上说就是利益分配的合理性问题,社会保障制度如果不健全,则不能有效弥补分配非正义所带来的负面问题。完善的社会保障制度,是践行分配正义平等原则、贡献原则、需要原则和共享原则的具体体现。它一方面能够保证人民的基本权利和生活安全,另一方面也是创造社会成员各得其所、各尽所能的社会环境的必然要求。

早在1951年,我们就颁布了《中华人民共和国劳动保险条例》,随着改革开放的深入和经济的发展,我国开始建立全面的社会保障制度,但是距离完善的社会保障制度还有一定的差距。我们要健全社会保障体系,健全覆盖全民、统筹城乡、公平统一、安全规范、可持续的多层次社会保障体系,扩大社会保险覆盖面。一是完善社会保障制度以实现分配正义的目标,我们应提升社会保障资金的投入,扩大社会保障资金的覆盖面;二是提升社会保障的统筹层次,缩小甚至抹平地区和行业的差异;三是加大对社会保障资金使用的监督力度,加快社会保障法制化和民主化建设。

再次,加快推进公共服务均等化。居民的家庭收入只是居民收入的一个表现,对于居民收入,一方面要看家庭可支配收入,另一方面还要看政府为改善民生所提供的公共服务。人民群众对美好生活的需要,其中就包含了对公共服务的需要,而对分配正义的需要,其中也包含了对公共服务均等化的需要。在推

---

① 马克思,恩格斯.马克思恩格斯文集:第3卷[M].北京:人民出版社,2009:435.
② 中国共产党第十九届中央委员会第五次全体会议文件汇编[M].北京:人民出版社,2020:56.

进中国式现代化的过程中,我们必须积极推进基本公共服务均等化,满足人民群众对于美好生活的需要和分配正义的需要。

具体来说:一方面,我们可以通过完善多层次社会保障体系、组建多维度的社会保障网来推进公共服务均等化。目前我国已经建成世界上最大的社会保障网,基本医疗保险覆盖超13.5亿人,基本养老保险覆盖超10亿人。另一方面,通过推进住房保障和供应体系建设,实现公共服务均等化。在住房方面,通过建设各类保障性住房和棚户区改造,安置住房帮助困难群众改善住房条件。此外,在人民群众关心的教育领域,要不断提升教育公平和质量;在人民群众关心的医疗领域,要改善基本医疗和公共卫生服务,提升公共服务均等化水平。推进公共服务均等化,人民群众通过自己劳动得到的收入、经营得到的收入、转移支付得到的收入增加的同时,使得一些没有进入家庭的收入通过公共服务提供给广大群众。"健全幼有所育、学有所教、劳有所得、病有所医、老有所养、住有所居、弱有所扶等方面国家基本公共服务制度体系,使改革发展成果更多更公平惠及全体人民。"①要使这些措施真正落实,生产力发展是前提和基础,制度正义是保障,在制度正义和生产发展的推动下,人民对美好生活的需要得到满足,社会的安定与和谐得到延伸,人的自由全面发展方能逐渐成为可能。

完善的社会保障制度是解决分配正义问题的促进剂,在邓小平所表述的社会主义定义中,"'共同富裕'体现了生产力和生产关系的统一:'富裕'是就生产力发展水平而言,'共同'则是就生产关系而言"②。社会保障与分配正义是紧密关联,不可分割的关系,"我们为社会主义奋斗,不但是因为社会主义有条件比资本主义更快地发展生产力,而且因为只有社会主义才能消除资本主义和其他剥削制度所必然产生的种种贪婪、腐败和不公现象"③。虽然资本主义制度下也有社会保障制度,但是只有社会主义制度,才能使社会保障做真、做实、做好。

第三,促进第三次分配。市场经济条件下的收入分配,具体包括三次,每次分配也各有侧重:第一次分配是由市场按照效率原则进行的分配,侧重效率;第二次分配是由政府按照兼顾效率和公平原则进行的分配,侧重二者平衡,通过税收、社会保障支出等手段所进行的再分配;第三次分配是在道德力量的作用

---

① 中共中央关于坚持和完善中国特色社会主义制度 推进国家治理体系和治理能力现代化若干重大问题的决定[N].人民日报,2019-11-06(1).
② 贾可卿.共同富裕与分配正义[M].北京:人民出版社,2018:8.
③ 邓小平.邓小平文选:第3卷[M].北京:人民出版社,1993:143.

下,通过个人资源捐赠而进行的分配。①第三次分配是实现分配正义、缩小收入分配差距的又一重要途径,慈善捐赠对于社会财富的重新分配和调整,具有重要的意义和作用,有助于弥补初次分配和再次分配造成的收入差距。"第三次分配具有缩小收入差距、增强社会凝聚力、促进社会和谐和建设友爱社会等重要功能,无论之于物质生活的共同富裕还是之于精神生活的共同富裕,第三次分配都被赋予积极的评价和乐观的期待。"②在第三次分配领域,我国目前现状是慈善事业还处于起步阶段,扶危济困、乐善好施的社会风气还有待营造,企业回报社会的责任意识还有很大的提升空间。党的二十大报告也有针对性地提出了"引导、支持有意愿有能力的企业、社会组织和个人积极参与公益慈善事业"③。支持和引导有意愿、有能力的个人、企业以及社会组织等参与公益慈善事业。

首先,建立和健全促进第三次分配的法律法规和制度体系。促进我国第三次分配的发展,我们既要健全和完善法律法规体系,也要建立和完善慈善捐赠的税收政策,我们对于慈善事业的发展也要健全监管体制,此外,我们还需要培育和强化社会成员的慈善意识、建设慈善文化。一方面,国家要通过出台相关的法律和捐赠税收政策,促进我国慈善事业的发展,对捐赠的程序要简单化、公开化和透明化,国家对捐赠政策、法律和法规的制定,要走在第三次分配实践的前面,对第三次分配进行引导和规范。另一方面,国家要健全和完善监管体制,一些捐赠污点事件对公众的捐赠热情打击很大,也损害了捐赠组织的社会公信力,例如,郭美美事件、合肥市儿童福利院用捐款买奔驰事件、武汉红十字会在疫情期间物资仓库管理不规范等,这些负面事件发生的主要原因,是我国对慈善事业的监管缺失所致。因此,我们既要健全法律法规体系,又要健全监管体制,以使第三次分配制度化、法律化、透明化。

其次,培育和强化社会成员的慈善意识。当前,我国参与第三次分配的主体仍然是企业,社会成员还缺乏参与的自觉和热情,2021年捐赠总量为1450亿元,彩票公益金总量为1062亿元,志愿者服务贡献价值折现为1954亿元年度。④企业仍然是捐赠的主力,捐赠总额占了半壁江山,而个人捐赠、行业协会

---

① 厉以宁.股份制与现代市场经济[M].南京:江苏人民出版社,1994:53.

② 吴波,荆飞飞.共同富裕视域下第三次分配的辩证分析[J].思想理论教育导刊,2022(12):37-44.

③ 习近平.高举中国特色社会主义伟大旗帜 为全面建设社会主义现代化国家而团结奋斗:在中国共产党第二十次全国代表大会上的报告[M].北京:人民出版社,2022:47.

④ 中国日报.2022年度中国慈善捐赠报告[EB/OL].[2022-11-03].https://baijiahao.baidu.com/s? id=1748461647695371975&wfr=spider&for=pc.

商会捐赠以及事业单位捐赠占比较低。政府除了要担当起建立和完善社会保障制度、推进公共服务均等化的重任以外,在第三次分配中,也要发挥正面的引导作用,积极培养社会成员,尤其是企业家的社会责任感。企业家拥有比一般社会成员更多的社会财富,同时也肩负着比其他社会成员更多的社会责任,企业家的社会财富来源于社会,其最终也应当对社会有所回报。政府要建立企业回馈社会的机制,鼓励企业家将更多的利润回馈到社会公益事业中去。加强对慈善事业的宣传,以培育和强化社会成员的慈善意识;下力气推进慈善文化建设,以形成良好的慈善氛围。促进社会成员助力发展第三次分配,进而缩小收入差距。

总之,生产关系的变革及其变革的方向和形式,归根结底取决于生产力的状况和要求,而经济体制、分配体制的改革,是生产力与生产关系矛盾运动的必然结果。新时代,我国解决分配正义问题的途径,还需要通过经济体制和分配体制的变革与完善,疏通各方面环节,使分配正义运转畅通。收入分配调节机制如果设计不健全、运行不顺畅、执行不到位,就很难通过调节机制调节收入分配、缩小收入差距。"资本以前的各个生产阶段都同样表现为生产力的桎梏。而资本本身,如果理解得正确,只有当生产力需要外部的刺激而这种刺激同时又表现为对生产力的控制的时候,才表现为生产力发展的条件。"①分配制度作为上层建筑的一个部分,也会随着经济基础的变化而相应地发生变革,"改变了的分配将以改变了的、由于历史过程才产生的新的生产基础为出发点"②。因此,新时代要建立与生产力发展水平相适应的分配制度,处理好效率与公平之间的关系,"坚持在经济增长的同时实现居民收入同步增长、在劳动生产率提高的同时实现劳动报酬率同步提高。拓宽居民劳动收入和财产性收入渠道。履行好政府再分配调节职能,加快推进基本公共服务均等化,缩小收入分配差距"③。我们要努力构建包括初次分配、再分配、第三次分配在内的完整的分配制度体系,优化体系内各个环节的协作配合,让协调配套的制度体系保障分配的公平公正,让协调配套的制度体系成为人民合法权益的坚实保障,让分配正义真正守住人民的心。

---

① 马克思,恩格斯.马克思恩格斯文集:第8卷[M].北京:人民出版社,2009:96.
② 马克思,恩格斯.马克思恩格斯文集:第8卷[M].北京:人民出版社,2009:209.
③ 中国共产党第十九次全国代表大会文件汇编[M].北京:人民出版社,2017:38.

第七章 结　　语

　　唯物史观认为,任何思想理论的出现都不是偶然的,都有其时代和历史的必然性。马克思分配正义思想的形成,有其深厚的历史根源和社会背景,是由资本主义时代的社会生产力水平及其相应的社会生产关系所决定的。马克思极其深刻的分配正义思想,深潜于其浩瀚的论著中,值得我们深耕细掘,绵绵不断地汲取其理论养分,用来指导我们今天的分配实践。消除分配非正义问题,与实现人的自由全面发展,与新时代我们所提出的共同富裕,在本质上是一致的。人的自由全面发展这一终极目标,只有在共产主义制度下才能实现,"代替那存在着阶级和阶级对立的资产阶级旧社会的,将是这样一个联合体,在那里,每个人的自由发展是一切人的自由发展的条件"①。在未来自由人联合体中实行按需分配,消灭剥削和贫富差距,才能真正实现分配正义。

　　马克思分配正义思想,是建立在对资本主义私有制进行批判这一逻辑起点之上的,以按劳分配原则和按需分配原则为实现路径,以实现人的自由全面发展为价值指向,马克思运用唯物史观的理论与方法,对分配正义问题进行了深刻的洞察和阐述,并对未来社会正义的分配方式进行了设想。分配是否正义既是一个经济问题,又是一个政治问题,还是一个伦理问题。分配正义直接关系到社会成员所获取的物质利益,对机会、权利的分配直接关系到个人的发展,分配正义作为分配伦理所追求的价值终极目标,分配正义的实现有助于社会秩序的稳定和社会的发展进步。马克思分配正义思想既科学地回答了"为谁分配""谁来分配"和"分配的原则和依据"等问题,又回答了"何为分配正义""谁之分配正义"和"如何实现分配正义"等问题。

　　马克思分配正义思想包含着丰富的内容,对新时代中国社会分配制度改革,以及分配关系的深度调整等,都具有多方面的指导意义。分配正义是社会主义的本质要求,也是发展社会主义市场经济的客观需要,同时也是满足新时代人民日益增长的美好生活需要的重要路径。习近平指出:"增进民生福祉是社会发展的根本目的。必须多谋民生之利、多解民生之忧,在发展中补齐民生

---

① 马克思,恩格斯.马克思恩格斯文集:第2卷[M].北京:人民出版社,2009:53.

短板、促进社会公平正义,在幼有所育、学有所教、病有所医、老有所养、住有所居、弱有所扶上不断取得新进展,深入开展脱贫攻坚,保证全体人民在共建共享中有更多获得感,不断促进人的全面发展、全体人民共同富裕。"①分配正义的实现,需要使分配尺度与人的发展尺度相统一,通过缩小贫富差距不断促进人的自由全面发展。中国当前面临的两极分化问题较为严重,引领中国分配制度改革的基本理论应该继承马克思的遗产,我们要创造性运用马克思分配正义思想,统摄新时代我国在分配问题上的矛盾与冲突,为新时代我国分配理论提供科学的价值评判标准。

对马克思分配正义思想的研究,一方面,需要我们坚持和继承这一思想精华,另一方面,需要我们紧密联系实际,发展和创新这一伟大思想,让马克思的思想光芒不断放射出真理的伟力。本书对这一问题的研究,旨在找寻满足人民对美好生活需要同马克思分配正义思想的契合点,用发展着的马克思分配正义思想为当前我国分配领域的改革提供理论借鉴和实践指导。如何发挥马克思分配正义思想在经济社会发展中的引导作用,是一个不断探索和创新,总结经验和教训的过程。新的历史时期,我们需要用发展了的马克思分配正义思想指导我们当前的分配实践。

改革开放以来,我们党对分配领域的公平正义进行了艰辛探索,表明党对收入分配政策的认识、对如何实现公平正义的认识、对实现正义分配的认识,都在不断深化和推进。党的十四届三中全会提出"效率优先、兼顾公平";党的十五大报告提出"坚持按劳分配为主体、多种分配方式并存的制度";党的十六大报告提出"初次分配注重效率,再分配注重公平";党的十七大报告提出"初次分配和再分配都要处理好效率与公平的关系,再分配更加注重公平";党的十八大报告指出"实现发展成果由人民共享,必须深化收入分配制度改革";党的十九大报告提出"坚持按劳分配原则,完善按要素分配的体制机制,促进收入分配更合理、更有序。鼓励勤劳守法致富,扩大中等收入群体,增加低收入者收入,调节过高收入,取缔非法收入";党的二十大报告提出"我们要完善分配制度,坚持按劳分配为主体、多种分配方式并存,坚持多劳多得,鼓励勤劳致富,促进机会公平,增加低收入者收入,扩大中等收入群体,规范收入分配秩序,规范财富积累机制"。这些探索表明,党对收入分配政策的认识、对如何实现公平正义的认识、对实现分配正义的认识,都在不断深化和推进。中国特色社会主义分配正义方式与关系的改革步伐正在不断加快,改革目标也更加清晰;同时,分配正义改革的内容也更加具体、更加合理、更加科学,改革的步骤也更加明确,改革的

---

① 习近平.决胜全面建成小康社会 夺取新时代中国特色社会主义伟大胜利:在中国共产党第十九次全国代表大会上的报告[M].北京:人民出版社,2017:23.

步伐更加坚定。

  正如习近平总书记所言:"收入分配是民生之源,是改善民生、实现发展成果由人民共享最重要最直接的方式。"①在习近平新时代中国特色社会主义思想的指引下,经过持续不断的理论研究与实践探索,当前我国存在的收入分配正义问题和两极分化问题,正在逐步得到解决,分配正义正在逐步实现。收入分配作为民生之源,我们要通过多种手段解决好分配正义问题,以维护社会公平正义,使全体人民共享发展成果。分配正义的阳光正在全面洒向中国大地,照亮每一个地方,人民日益增长的美好生活需要正在得到满足,人民群众的获得感、满足感、幸福感正在日益提升。

---

① 习近平总书记系列重要讲话读本:2016[M].北京:学习出版社,人民出版社,2016:217.

参考文献

[1] 马克思,恩格斯.马克思恩格斯选集[M].北京:人民出版社,2012.

[2] 马克思,恩格斯.马克思恩格斯文集[M].北京:人民出版社,2009.

[3] 马克思,恩格斯.马克思恩格斯全集[M].北京:人民出版社,1956—1985.

[4] 马克思,恩格斯.马克思恩格斯全集[M].2版.北京:人民出版社,1995—2003.

[5] 列宁.列宁选集[M].北京:人民出版社,2012.

[6] 毛泽东.毛泽东选集[M].北京:人民出版社,1991.

[7] 邓小平.邓小平文选[M].北京:人民出版社,1993.

[8] 江泽民.江泽民文选[M].北京:人民出版社,2006.

[9] 胡锦涛.胡锦涛文选[M].北京:人民出版社,2016.

[10] 习近平.习近平谈治国理政:第一卷[M].北京:外文出版社,2018.

[11] 习近平.习近平谈治国理政:第二卷[M].北京:外文出版社,2017.

[12] 习近平.习近平谈治国理政:第三卷[M].北京:外文出版社,2020.

[13] 习近平.习近平谈治国理政:第四卷[M].北京:外文出版社,2022.

[14] 中国共产党第十八次全国代表大会文件汇编[M].北京:人民出版社,2012.

[15] 中国共产党第十九次全国代表大会文件汇编[M].北京:人民出版社,2017.

[16] 习近平.高举中国特色社会主义伟大旗帜 为全面建设社会主义现代化国家而团结奋斗:在中国共产党第二十次全国代表大会上的报告[M].北京:人民出版社,2022.

[17] 中共中央文献研究室.习近平关于社会主义经济建设论述摘编[M].北京:中央文献出版社,2017.

[18] 陈征.论现代科学技术劳动:马克思劳动价值论的新发展[M].福州:福建人民出版社,2017.

[19] 陈彦斌,陈小亮.理解贫富差距:基于财产不平等的视角[M].北京:科学出版社,2017.

[20] 陈红.基于完全生产要素全周期价值贡献的积极分配机制研究[M].北京:经济科学出版社,2012.

[21] 陈永成.社会分配法研究[M].北京:法律出版社,2014.

[22] 邱敏学.收入分配制度改革中中小企业劳动关系调整研究[M].北京:商务印书馆,2015.

[23] 邓晓臻.马克思的正义思想研究[M].北京:中国社会科学出版社,2015.

[24] 段忠桥.马克思的分配正义观念[M].北京:中国人民大学出版社,2018.

[25] 段忠桥.为社会主义平等主义辩护:G.A.科恩的政治哲学追求[M].北京:中国社会科学出版社,2014.

[26] 范宝周.财富幻想的哲学批判:中国面向未来的财富观建构[M].上海:上海人民出版社,2016.

[27] 冯友兰.三松堂全集:第4卷[M].郑州:河南人民出版社,1986.

[28] 国家行政学院经济学教研室.中国供给侧结构性改革[M].北京:人民出版社,2016.

[29] 国家发展和改革委员会就业收入分配和消费司,北京师范大学中国收入分配研究院.中国居民收入分配年度报告.2020[M].北京:社会科学文献出版社,2021.

[30] 国家统计局住户调查办.中国住户调查年鉴.2020[M].北京:中国统计出版社,2020.

[31] 何传启.中国现代化报告.2020:世界现代化的度量衡[M].北京:北京大学出版社,2020.

[32] 何怀宏.正义:历史的与现实的[M].北京:北京出版社,2017.

[33] 何建华.分配正义论[M].北京:人民出版社,2007.

[34] 胡海波.正义的追寻:人类发展的理想境界[M].长春:东北师范大学出版社,1997.

[35] 胡真圣.两种正义观:马克思与罗尔斯正义思想比较[M].北京:中国社会科学出版社,2004.

[36] 胡爽平.马克思主义分配正义理论及其在当代中国的发展[M].北京:中国社会科学出版社,2013.

[37] 黄有璋.当代中国分配正义研究[M].武汉:湖北人民出版社,2018.

[38] 侯雨夫.马克思的劳动价值论研究:理解、坚持、完善、发展[M].北京:社会科学文献出版社,2010.

[39] 韩心灵.新时代国民收入分配格局的经济增长效应研究[M].北京:中国财政经济出版社,2020.

[40] 贾康.深化收入分配制度改革研究[M].北京:企业管理出版社,2018.

[41] 贾可卿.共同富裕与分配正义[M].北京:人民出版社,2018.

[42] 贾可卿.分配正义论纲[M].北京:人民出版社,2010.

[43] 江小国.供给侧改革:方法论与实践逻辑[M].北京:中国人民大学出版社,2017.

[44] 靳海山.当代中国经济关系中的平等问题[M].北京:首都师范大学出版社,2011.

[45] 蒋志红,黄其洪.马克思批判性正义观研究[M].北京:人民出版社,2016.

[46] 蓝春娣.马克思正义思想历史轨迹研究[M].北京:人民出版社,2019.

[47] 厉以宁.文化经济学[M].北京:商务印书馆,2018.

[48] 厉以宁.股份制与现代市场经济[M].南京:江苏人民出版社,1994.

[49] 李全伦.企业收入分配的典型形式及产权逻辑[M].北京:中国社会出版社,2017.

[50] 李阳春.制度正义论[M].广州:广东人民出版社,2016.

[51] 李惠斌,李义天.马克思与正义理论[M].北京:中国人民大学出版社,2010.

[52] 劳动和社会保障部劳动工资研究所.重构与创新:现代企业工资收入分配制度[M].北

京:中国劳动社会保障出版社,2001.

[53] 林进平.马克思的"正义"解读[M].北京:社会科学文献出版社,2009.

[54] 林毅夫.解读中国经济[M].北京:北京大学出版社,2018.

[55] 刘灿.中国特色社会主义收入分配制度研究[M].北京:经济科学出版社,2017.

[56] 吕健.共享发展的社会主义政治经济学[M].上海:复旦大学出版社,2016.

[57] 陆寒.历史唯物主义视域中的政治正义[M].北京:人民出版社,2017.

[58] 冷溶,汪作玲.邓小平年谱:上、下[M].北京:中央文献出版社,2007.

[59] 马俊峰.马克思主义价值理论研究[M].北京:北京师范大学出版社,2012.

[60] 庞永红.分配正义与转型期弱势群体研究[M].北京:中央编译出版社,2016.

[61] 裴长洪,王震,孙婧芳.中国基本分配制度[M].北京:中国社会科学出版社,2016.

[62] 秦子忠.劳动整体性与分配正义[M].北京:中国社会科学出版社,2021.

[63] 孙伟平.事实与价值:休谟问题及其解决尝试[M].北京:中国社会科学出版社,2000.

[64] 沈晓阳.正义论经纬[M].北京:人民出版社,2007.

[65] 史瑞杰,等.面向公平正义和共同富裕的政府再分配责任研究[M].北京:中国社会科学出版社,2021.

[66] 石仲泉,等.中国共产党八大史[M].北京:人民出版社,1998.

[67] 唐代兴.公正伦理与制度道德[M].北京:人民出版社2003.

[68] 谭亚莉.理念与制度:基于实践视野的经济正义研究[M].成都:西南财经大学出版社,2016.

[69] 王国益.民营企业收入分配新论[M].杭州:浙江人民出版社,2006.

[70] 王广.正义之后:马克思恩格斯正义观研究[M].南京:江苏人民出版社,2010.

[71] 王增收.论自由主义正义的限度及超越:从马克思到G.A.柯亨[M].北京:中国社会科学出版社,2014.

[72] 王琳.当代中国共同富裕思想研究[M].北京:光明日报出版社,2015.

[73] 王玉.当代中国市场失范的经济哲学分析[M].上海:上海人民出版社,2016.

[74] 王兆申.劳动价值形成和价值量决定的理论分析:马克思劳动价值理论在新时代的深化研究[M].北京:学习出版社,2014.

[75] 王巍.马克思视域下的资本逻辑批判[M].北京:人民出版社,2016.

[76] 王延中.中国社会保障:公平与共享[M].北京:社会科学文献出版社,2017.

[77] 王丽平.中国社会福利与社会救助问题研究[M].北京:人民日报出版社,2014.

[78] 王文臣.马克思劳动批判理论视域下的社会经济正义问题研究[M].上海:复旦大学出版社,2020.

[79] 汪荣有.初次分配公正论[M].北京:人民出版社,2018.

[80] 万俊人,梁晓杰.正义二十讲[M].天津:天津人民出版社,2007.

[81] 吴忠民.社会公正论[M].济南:山东人民出版社,2012.

[82] 吴忠民.走向公正的中国社会[M].济南:山东人民出版社,2008.

[83] 向玉乔.分配正义[M].北京:中国社会科学出版社,2014.
[84] 徐滇庆,李昕.看懂中国贫富差距[M].北京:机械工业出版社,2011.
[85] 徐俊忠,等.历史·价值·人权:重读马克思[M].广州:广东高等教育出版社,2000.
[86] 徐向东.全球正义[M].杭州:浙江大学出版社,2010.
[87] 夏芸芸.基于法律的视角:企业劳资收入分配正义论[M].武汉:武汉出版社,2014.
[88] 姚先国.社会主义企业收入分配论[M].杭州:浙江大学出版社,1992.
[89] 姚洋.转轨中国:审视社会公正和平等[M].北京:中国人民大学出版社,2004.
[90] 姚大志.何谓正义:当代西方政治哲学研究[M].北京:人民出版社,2007.
[91] 姚大志.当代西方政治哲学[M].北京:北京大学出版社,2011.
[92] 杨娟.马克思主义分配正义视域下中国贫富差距问题研究[M].上海:上海社会科学院出版社,2021.
[93] 叶飞文.要素投入与中国经济增长[M].北京:北京大学出版社,2004.
[94] 杨静.通往共享之路:马克思社会共同需要思想的当代阐述及运用[M].北京:经济科学出版社,2016.
[95] 杨圣明.马克思主义经典作家关于劳动价值理论和剩余价值理论的基本观点研究[M].北京:人民出版社,2017.
[96] 杨宝国.公平正义观的历史·传承·发展[M].北京:学习出版社,2015.
[97] 杨宝国.公平与效率:实现公平正义的两难选择[M].北京:中国社会科学出版社,2017.
[98] 袁久红.正义与历史实践:当代西方自由主义正义理论批判[M].南京:东南大学出版社,2003.
[99] 杨文森.共同富裕:理论、实践与挑战[M].北京:社会科学文献出版社,2013.
[100] 于昆.共享发展研究[M].北京:高等教育出版社,2017.
[101] 张守文.分配危机与经济法规制[M].北京:北京大学出版社,2015.
[102] 张兆民.马克思分配正义思想研究[M].北京:中国社会科学出版社,2016.
[103] 张二芳.自由、平等与社会公正[M].北京:中国社会科学出版社,2011.
[104] 张宇,等.论马克思主义经济学的分析范式[M].北京:经济科学出版社,2005.
[105] 张东升.中国居民收入分配年度报告.2013[M].北京:中国财政经济出版社,2013.
[106] 张全胜.马克思和科恩正义思想比析[M].北京:中国社会科学出版社,2017.
[107] 张文显.法哲学范畴研究[M].北京:中国政法大学出版社,2001.
[108] 张岱年.中国哲学大纲[M].北京:中国社会科学出版社,1982.
[109] 庄三红.劳动价值论的时代化研究[M].北京:中国社会科学出版社,2016.
[110] 赵海洋.马克思正义思想[M].上海:上海人民出版社,2016.
[111] 赵苑达.西方主要公平与正义理论研究[M].北京:经济管理出版社,2010.
[112] 赵庆元.马克思劳动价值论及其当代诠释[M].北京:经济科学出版社,2012.
[113] 肖曙光.从源头上提高劳动所得比重的新型劳资分配关系研究[M].北京:经济管理

出版社,2015.
[114] 邹琨.中国特色社会主义分配正义理论研究[M].成都:电子科技大学出版社,2015.
[115] 周洪宇.教育公平:维系社会公平正义的基石[M].北京:中国人民出版社,2014.
[116] 周晓桂.马克思主义分配公正视域下的中国收入分配问题研究[M].北京:经济科学出版社,2019.
[117] 周平轩.论公平与效率:关于公平与效率的理论分析和历史考察[M].济南:山东大学出版社,2014.
[118] 朱春晖.马克思分配正义理论的承传与创新研究[M].北京:人民出版社,2015.
[119] 柏拉图.理想国[M].郭斌,张竹明,译.北京:商务印书馆,1986.
[120] 亚里士多德.政治学[M].吴寿彭,译.北京:商务印书馆,1965.
[121] 亚里士多德.尼各马科伦理学[M].苗力田,译.北京:中国社会科学出版社,1990.
[122] 查士丁尼.法学总论[M].张企泰,译.北京:商务印书馆,1995.
[123] 诺兰.伦理学与现实生活[M].姚新中,译.北京:华夏出版社,1988.
[124] 乔治·恩德勒.经济伦理学大词典[M].李兆雄,等译.上海:上海人民出版社,2001.
[125] 约翰·贝茨·克拉克.财富的分配[M].王翼龙,译.北京:华夏出版社,2008.
[126] 艾伦·布坎南.马克思与正义[M].林进平,译.北京:人民出版社,2013.
[127] 艾伦·布坎南.伦理学、效率与市场[M].廖申白,谢大京,译.北京:中国社会科学出版社,1991.
[128] 罗尔斯.政治自由主义[M].万俊人,译.北京:译林出版社,2002.
[129] 罗尔斯.正义论[M].何怀宏,等译.北京:中国社会科学出版社,1988.
[130] 亚伯拉罕·马斯洛.动机与人格[M].许金声,等译.北京:中国人民大学出版社,2007.
[131] 塞缪尔·亨廷顿.变革社会中的政治秩序[M].李盛平,等译.北京:华夏出版社,1988.
[132] 塞缪尔·弗莱施哈克尔.分配正义简史[M].吴万伟,译.南京:译林出版社,2010.
[133] 阿瑟·奥肯.平等与效率[M].王奔洲,译.北京:华夏出版社,1987.
[134] 佩弗.马克思主义、道德与社会正义[M].吕梁山,等译.北京:高等教育出版社,2010.
[135] 麦金泰尔.谁之正义?何种合理性?[M].万俊人,等译.北京:当代中国出版社,1996.
[136] 罗伯特·诺奇克.无政府、国家与乌托[M].何怀宏,等译.北京:中国社会科学出版社,1991.
[137] 威廉·格雷德.资本主义全球化的疯狂逻辑[M].张定淮,等译.北京:社会科学文献出版社,2003.
[138] 汉娜·阿伦特.马克思与西方政治思想传统[M].孙传钊,译.南京:江苏人民出版社,2007.
[139] 乔治·恩德勒.经济伦理学大辞典[M].王淼洋,李兆雄,陈泽环,译.上海:上海人民出版社,2001.
[140] 罗纳德·德沃金.认真对待权利[M].信春鹰,吴玉章,译.北京:中国大百科全书出版社,1998.

[141] 迈克尔·桑德尔.公共哲学:政治中的道德问题[M].朱东华,等译.北京:中国人民大学出版社,2013.

[142] 博登海默.法理学:法律哲学与法律方法[M].邓正来,译.北京:中国政法大学出版社,2004.

[143] 罗默.在自由中丧失:马克思主义经济学哲学导论[M].段忠桥,刘磊,译.北京:经济科学出版社,2003.

[144] 洛克.政府论:上;下[M].叶启芳,等译.北京:商务印书馆,1964.

[145] 霍布斯.利维坦[M].黎思复,黎廷弼,译.北京:商务印书馆,1985.

[146] 大卫·休谟.人性论[M].关文运,译.北京:商务印书馆,1997.

[147] 哈耶克.哈耶克论文集[M].邓正来,译.北京:首都经济贸易大学出版社,2001.

[148] 哈耶克.自由秩序原理[M].邓正来,译.上海:生活·读书·新知三联书店,2003.

[149] 柯亨.如果你是平等主义者,为何如此富有?[M].霍政欣,译.北京:北京大学出版社,2009.

[150] 柯亨.自我所有、自由和平等[M].李朝晖,译.北京:东方出版社,2008.

[151] 科恩.为什么不要社会主义[M].段忠桥,译.北京:人民出版社,2011.

[152] 约翰·穆勒.政治经济学原理及其在社会哲学上的若干应用[M].朱荣潜,等译.北京:商务印书馆,1991.

[153] 杰里米·边沁.道德与立法原理导论[M].时殷弘,译.北京:商务印书馆,2009.

[154] 约翰·斯图亚特·穆勒.功利主义[M].叶建新,译.北京:九州出版社,2007.

[155] 理查德·海曼.劳资关系:一种马克思主义的分析框架[M].黑启明,译.北京:中国劳动社会保障出版社,2008.

[156] 以赛亚·伯林.自由论[M].胡传胜,译.南京:译林出版社,2003.

[157] 德沃金.认真对待权利[M].信春鹰,吴玉章,译.上海:上海三联书店,2008.

[158] 托马斯·莫尔著.乌托邦[M].戴镏龄,译.北京:商务印书馆,1982.

[159] 亚当·斯密.道德情操论[M].蒋自强,等译.北京:商务印书馆,2002.

[160] 亚当·斯密.国民财富的性质和原因的研究:下卷[M].郭大力,王亚南,译.北京:商务印书馆,2002.

[161] 大卫·李嘉图.政治经济学及赋税原理[M].郭大力,等译.北京:商务印书馆,1962.

[162] 戴维·米勒.社会正义原则[M].应奇,译.南京:江苏人民出版社,2001.

[163] 卢梭.社会契约论[M].何兆武,译.北京:商务印书馆,2003.

[164] 蒲鲁东.贫困的哲学[M].余叔通,王雪华,译.北京:商务印书馆,1980.

[165] 蒲鲁东.什么是所有权[M].孙署冰,译.北京:商务印书馆,1982.

[166] 埃蒂耶纳·卡尔.伊加利亚旅行记:第2卷[M].李雄飞,译.北京:商务印书馆,1982.

[167] 保尔·拉法格.思想的起源[M].王子野,译.上海:生活·读书·新知三联书店,1963.

[168] 鲍·撕拉文.被无知侮辱的思想:马克思社会理想的当代解读[M].孙凌齐,译.北京:中央编译出版社,2006.

[169] 金里卡.当代政治哲学[M].刘莘,译.上海:上海三联书店,2004.
[170] 拉迪卡·德赛.地缘政治经济学[M].童珊,译.重庆:重庆出版社,2022.
[171] 康德.法的形而上学原理[M].沈叔平,译.北京:商务印书馆,1991.
[172] 康德.道德形而上学原理[M].苗力田,译.上海:上海人民出版社,1986.
[173] 黑格尔.法哲学批判[M].北京:商务印书馆,1991.
[174] 黑格尔.法哲学原理[M].范扬,张企泰,译.北京:商务印书馆,1982.
[175] 马克思·韦伯.新教伦理与资本主义精神[M].于晓,陈维纲,译.上海:上海三联书店,1987.
[176] 列奥·施特劳斯.政治哲学史:上、下[M].李天然,等译.石家庄:河北人民出版社,1993.
[177] 贝格,等.破解收入分配难题:欧美政治、商业、工会领袖解析国民收入差距[M].何卫宁,译.北京:新华出版社,2012.
[178] 柯武刚,史曼飞.制度经济学:社会秩序与公共政策[M].韩朝华,译.北京:商务印书馆,2000.
[179] 斯宾诺莎.伦理学[M].贺麟,译.北京:商务印书馆,1983.
[180] 斯宾诺莎.政治论[M].冯炳坤,译.北京:商务印书馆,1999.
[181] 凯尔森.法与国家的一般理论[M].沈宗灵,译.北京:中国大百科全书出版社,2003.
[182] 陈勇.论公平与效率的辩证的历史的统一[J].哲学研究,1993(10):29-35.
[183] 段忠桥.马克思认为"正义是人民的鸦片"吗?答林进平[J].社会科学战线,2017(11):1-10.
[184] 段忠桥.何为分配正义?与姚大志教授商榷[J].哲学研究,2014(7):3-9.
[185] 段忠桥.历史唯物主义与马克思的正义观念[J].哲学研究,2015(7):3-11.
[186] 冯颜利.基于生产方式批判的马克思正义思想[J].中国社会科学,2017(9):5-16.
[187] 高峰,胡云皓.从马克思的需要理论看新时代中国社会主要矛盾的转化[J].当代世界与社会主义,2018(5):64-69.
[188] 干成俊.增强中国特色社会主义文化自信的实践之维[J].安徽师范大学学报(人文社会科学版),2020(5):71-76.
[189] 郭彩霞,等.马克思分配正义的历史逻辑及其当代价值:从资本参与分配是否符合正义的争论谈起[J].中共中央党校学报,2018(6):53-60.
[190] 高峰,胡云皓.从马克思的需要理论看新时代中国社会主要矛盾的转化[J].当代世界与社会主义,2018(5):64-69.
[191] 胡志高,曹建华.公平还是效率:基于我国社会主要矛盾转变的视角[J].马克思主义与现实,2018(6):16-22.
[192] 黄玉顺.论"行为正义"与"制度正义":儒家"正义概念辨析[J].东岳论丛,2021(4):168-175.
[193] 贾中海,张景先.三种经典公平正义理论之比较[J].理论探讨,2011(4):143-145.

[194] 李佃来.马克思正义思想的三重意蕴[J].中国社会科学,2014(3):5-16.

[195] 刘同舫.新时代社会主要矛盾背后的必然逻辑[J].华南师范大学学报(社会科学版),2017(6):47-52.

[196] 林进平.对分配正义的批判:马克思与哈耶克[J].华南师范大学学报(社会科学版),2004(6):8-12.

[197] 米庭乐.马克思的正义观研究[D].北京:中共中央党校,2015.

[198] 孟捷.论马克思的三种正义概念:也谈资本占有剩余价值在什么意义上是不符合(或符合)正义的[J].中国人民大学学报,2013(1):15-26.

[199] 孙君,张前程.中国城乡金融不平衡发展与城乡收入差距的经验分析[J].世界经济文汇,2012(3):108-120.

[200] 王小鲁,樊纲.中国收入差距的走势和影响因素分析[J].经济研究,2005(10):24-36.

[201] 汪盛玉.马克思社会公正观的基本内涵[J].教学与研究,2010(5):35-41.

[202] 伍旭中,曹大伟.我国收入分配不平等的"不合理因素"分析[J].安徽师范大学学报(人文社会科学版),2018(3):103-109.

[203] 吴波,荆飞飞.共同富裕视域下第三次分配的辩证分析[J].思想理论教育导刊,2022(12):37-44.

[204] 向玉乔.社会制度实现分配正义的基本原则及价值维度[J].中国社会科学,2013(3):106-124.

[205] 熊建生,张振华.马克思的分配正义观及其现实启示[J].马克思主义研究,2014(5):76-83.

[206] 熊玉先.马克思收入分配理论中国化研究[D].北京:中央财经大学,2017.

[207] 赵书昭,等.对新时代社会主要矛盾转化中诸多"变化"的分析与思考[J].新视野,2018(2):24-29.

[208] 赵海洋.马克思正义思想的逻辑结构[J].毛泽东邓小平理论研究,2015(10):63-70.

[209] 俞吾金.资本诠释学:马克思考察、批判现代社会的独特路径[J].哲学研究,2007(1):23-31.

[210] 俞可平.重新思考平等、公平和正义[J].学术月刊,2017(4):5-14.

[211] 张文喜.在马克思主义政治经济学和历史唯物主义之间的哲学反思[J].理论探讨,2011(3):58-62.

[212] 祝洪娇.促进第三次分配以缩小收入分配差距[J].当代经济管理,2018(7):6-9.

[213] 邹琨,邓淑华.马克思分配正义的历史规定性[J].理论与改革,2013(1):47-49.

[214] 朱成全,李东杨.习近平劳动分配正义思想及其渊源研究[J].上海师范大学学报(哲学社会科学版),2019(2):25-31.

[215] Wood. A W. The Marxian Critique of Justice [J]. Philosophy and Public Affairs, 1972,1(3).

[216] Aristotle. Politics[M]. London: Everyman's Library, 1959.

[217] Ayres, Clarence E. The Theory of Economic Progress: A Study of the Fundamentals of Economic Development and Cultural Change[M]. Raleigh: University of North Carolina Press, 1978.

[218] David M, Gordon, et al. After the Waste Land: A Democratic Economics for the Year 2000[M]. New York: M.E. Sharpe, Inc., 1990.

[219] Dow G K. The Function of Authority in Transaction Cost Economics[J]. Journal of Economic Behavior and Organization, 1979(8).

[220] Daniel C. Dennett, Freedom Evolves[M]. New York: Penguin Putnam Inc, 2003.

[221] Foss, Foss N J. Christian Knudsen Towards a Theory of the Firm[M]. London, Routledge, 1996.

[222] Brenkert G. Freedom and Private Property in Marx[J]. Philosophy & Public Affairs, 1979,8(2).

[223] McCabe H. Marx and Engels's "German Ideology" Manuscripts: Presentation and Analysis of the "Feuerbach Chapter"[J]. German Politics, 2015(2).

[224] Michael J, William M. The Theory of The Firm: Managerial Behavior, Agency Costs and Ownership Structure[J]. Journal of Financial Economics, 1976(3): 305-360.

[225] Roland J. Equality[M]. New York: Atherton Press,1967.

[226] Simon K. Economic Growth of Nations, Total Output and Production Structure[M]. Cambridge: Harvard University Press, 1971.

[227] Panu K. The Study of Cooperatives in Modern Economics: A Methodological Essay[C]. Helsinki School of Economics, Working Paper, 2003:351.

[228] Louis K O, Mortimer A J. The Capitalist Manifesto[M]. New York: Random House, 1958.

[229] Louis K O, Patricia H. Two-Factor Theory: The Economics of Reality[M]. New York: Random House, 1967.

[230] Louis K O, Adler Mortimer A J. The New Capitalists[M]. New York: Random House, 1961.

[231] Cauthen K. The Passion for Equality[M]. New Jersey: Rowman and Littlefield, 1987.

[232] James M. The Theory of Labor Managed Firms and of Profit Sharing[J]. Economic Journal, 1972,82:402-28.

[233] Michael J. Sandel, Liberalism and the Limits of Justice[M]. Cambridge: Cambridge University Press, 1998.

[234] Leo P, Gindin S. Capitalist Crises and the Crisis This Time[M]// Socialist Register 2011. The Crisis This Time. Pontypool, Wales: Merlin, 2010:1-20.

[235] Twomey P. Reviving Veblenian Economic Psychology[J]. Cambridge Journal of Economics, 1998:22.

[236] Coase R H. Essays on Economics and Economists[M]. Chicago: The University of Chicago Press,1994.

[237] Coase R H. The Nature of the Firm[J]. Economical, 1937(4).

[238] Coase R H. Nobel Lecture: The Institutional Structure of Production. Williamson and Winter. The Nature of the Firm: Origins, Evolution, and Evolution and Development [M]. Oxford University Press, 1993.

[239] Shaw S W. Nationalization versus Privatization. In Economics Perspectives on Key Issues[J]. Deddington: Philip Allan Publisher, 1985.

[240] Joseph S E. The Price of Inequality[M]. New York: W. W. Norton & Company,2012.

[241] Booth W J. Economies of Time: On the Idea of Time in Marx's Political Economy [J]. Political Theory, 1991,19(1).

[242] Ziyad Husami, Marx on Distributive Justice [J]. Philosophy and Public Affairs, 1978,8(1).